EX
LIBRIS
C.TE HALLEZ D'ARROS

GÉNÉALOGIE

DE LA

MAISON DE BOURBON

PARIS. IMP. SIMON RAÇON ET COMP., RUE D'ERFURTH, 1.

GÉNÉALOGIE

DE LA

MAISON DE BOURBON

De 1256 à 1871

PAR

L. DUSSIEUX

PROFESSEUR HONORAIRE A L'ÉCOLE MILITAIRE DE SAINT-CYR

Qui qu'en grongne.

Ancienne devise de la maison de Bourbon.
(Lettre de Henri IV, 17 mai 1596.)

SECONDE ÉDITION

PARIS

LIBRAIRIE JACQUES LECOFFRE

LECOFFRE FILS ET CIE, SUCCESSEURS

90, RUE BONAPARTE, 90

—

1872

ERRATA ET ADDENDA

Page 9, note 5, ligne 10, lisez : 1464 au lieu de 1564.

Page 45, ligne 8, lisez : Lénoncourt au lieu de Hénoncourt.

Page 46, ligne 10, lisez : Gabrielle de Culand au lieu de Gabrielle de Tulant.

Page 50, ligne 26. Jean-Louis, comte de Busset, s'est marié au château de Châteaugay, paroisse de Pompignac.

Page 53, ligne 6, lisez : née au château de Vézigneux en 1720 et ondoyée en la chapelle dudit château le 18 décembre (*Registres de Saint-Martin-du-Puits.* — Communiqué par M. le comte de Chastellux).

Même page, ligne 14, lisez : comte d'Ouroy au lieu de comte d'Ouray. Quelques-uns veulent qu'on dise le comte d'Auroy.

Page 55, ligne 7, lisez : né au château de Busset le 11 novembre 1753 au lieu du 10 juin.

Page 57, ligne 6, lisez : morte le 8 juillet 1764 au lieu de 1784.

Page 57, ligne 27 : Antoine-Louis-Jules de Bourbon, né en Hollande le 20 janvier 1787; baptisé à Saint-Sulpice le 20 février 1788, tenu par son grand-père François-Louis-Antoine de Bourbon, comte de Busset, et par Marie-Anne-Julie le Tonnelier de Breteuil, duchesse de Clermont-Tonnerre.

Page 59, ligne 30. Louise de Bourbon est née du second mariage de Gaspard-Louis-Joseph de Bourbon, comte de Châlus, avec Marie-Anne de Castelnault.

Pages 95 et 96. — On me fait remarquer que, parmi les enfants de madame de Montespan, *g.* et *k.* sont évidemment le même. Il faut donc attribuer à *g* (p. 95) les dates et les notes qui s'appliquent à *k* (p. 96).

Page 118, ligne 6, lisez : reine de Sardaigne au lieu de reine d'Espagne.

Page 119, ligne 23, ajoutez que le prince de Lucinge est mort en 1866.

Même page, ligne 28, lisez : la baronne de la Contrie est encore vivante, au lieu de : la baronne de la Contrie est morte également en 1848.

Page 140, note 3. Madame de Montesson est née le 4 octobre d'après les registres de Saint-Sulpice (*Communiqué par M. le comte de Chastellux*).

ERRATA ET ADDENDA.

Page 150, ligne 21. La mère de la duchesse d'Orléans est Caroline de Saxe-Weimar et non pas Auguste-Frédérique de Hesse-Hombourg.

Page 171, ligne 5. D'après les registres de Saint-Sulpice, la comtesse de Roussillon est morte le 4 octobre (*Communiqué par M. le comte de Chastellux*).

Page 188, ligne 11, lisez 1841 au lieu de 1851.

Même page, ligne 12. Le chevalier de Vauréal n'est pas fils de Louis-François, prince de Conty, comme le dit la Correspondance secrète citée note 4. Une lettre de Madame Victoire à la comtesse de Chastellux, en date du 5 août 1785, dit formellement que le chevalier était fils de Louis-François-Joseph, prince de Conty. « M. le prince de Conty a perdu son fils, M. de Vauréal, de la petite vérole ; il est dans une douleur qui fait compassion. » (Voy. *Mesdames de France, filles de Louis XV*, par Ed. de Barthélemy, Paris, 1870, in-8°, p. 469)

Page 194, ligne 26. La duchesse de San-Fernando est née en Espagne et non pas à Paris. Elle est morte en décembre 1846, d'après l'Annuaire de la noblesse.

Page 212, ligne 10. — Ce n'est pas le prince des Asturies qui a été baptisé le 27 janvier 1866, et qui a été tenu sur les fonts par le roi et la reine des Belges, c'est son frère don François-d'Assise-Léopold, mort le 13 février 1866.

Page 220, ligne 3. Le prince de Capoue s'est marié à Gretna-Green.

Page 232, dernière ligne, lisez : 3. LOUISE-MARIE-ANNONCIADE-HENRIETTE-THÉRÈSE de Bourbon, née à Cannes le 24 mars 1872 ; baptisée à Cannes le 29 avril 1872 par l'évêque de Fréjus, tenue au nom de Mgr le comte de Chambord et de Madame la comtesse de Chambord, par M. Amédée-Joseph de Pérusse, comte des Cars, et madame Pauline-Geneviève de Pérusse-des Cars, duchesse de Vallombrosa.

Page 247, ajoutez à la liste des princesses qui ont porté le titre de Madame : — 1795-1805, Marie-Thérèse de Savoie, femme du comte d'Artois, frère de Louis XVIII, depuis la mort de Louis XVII et l'avénement de Louis XVIII, époque à laquelle le comte d'Artois prend le titre de Monsieur.

Page 257. Supprimez les lignes 20 à 24, c'est-à-dire toute la note pour la page 52. La demoiselle de Bourbon-Busset, née en 1720 au château de Vézigneux, n'est pas la fille du baron de Vézigneux, mais bien de Louis II, comte de Busset. (Voy. plus haut à l'Errata, p. 53, ligne 6.)

AVERTISSEMENT

On est si souvent arrêté, en lisant les Mémoires, les Lettres et les Gazettes des dix-septième et dix-huitième siècles, par la difficulté de savoir quel est le personnage dont il est question, que j'ai essayé de faire une généalogie nouvelle de la maison de Bourbon, en y marquant avec soin tous les noms, titres et appellations de convention qu'ont portés les divers membres de cette illustre famille.

Déjà, pendant le règne de Louis XV, les appellations de convention des Bourbons de la cour de Louis XIV étaient devenues des énigmes, et Saint-Simon se voyait obligé de faire connaître aux lecteurs de ses Mémoires qui avait porté le titre de Monsieur le Prince, de Monsieur le Duc ou de Monsieur le Comte. Si, en 1740, époque à laquelle le duc de Saint-Simon rédigeait ses Mémoires, on confondait déjà les personnages, à plus forte raison aujourd'hui, après tant de révolutions et de changements, est-il plus difficile encore de les connaître et de les distinguer. Il n'est pas aisé, en effet, de savoir qui porte, telle année et tel jour, le titre de Madame ou celui de Mademoiselle tout court. Les listes des princesses qui ont été revêtues de ces titres honorifiques, et que l'on trouvera dans ce volume, donnent immédiatement la solution de la difficulté que l'on a à résoudre.

Les changements de noms, si fréquents, sont une cause perpétuelle de recherches et d'erreurs. Ainsi Louise-Anne de Bourbon-Condé a changé six fois de nom ; en naissant, elle s'appelle Mademoiselle de Sens ; en 1707, Mademoiselle de Charolais ; en 1734, Mademoiselle tout court en juillet 1745, Mademoiselle de Charolais ; en décembre 1745, Mademoiselle ; enfin, en 1750, elle reprend son nom de Charolais. — Louise-Françoise de Bourbon, fille légitimée de Louis XIV, a eu également six noms : Mademoiselle de Nantes, la duchesse de Bourbon ou Madame la Duchesse, la duchesse seconde douairière de Bourbon, la duchesse de Bourbon douairière, la duchesse première douairière de Bourbon, enfin la duchesse de Bourbon douairière. — Les douairières de Condé et de Conty, assez nombreuses, changent fréquemment de nom, par suite de la mort de l'une d'elles ; on est souvent embarrassé de savoir exactement quelle est la princesse appelée première, seconde ou troisième douairière. — En 1690 et en 1707, toutes les filles de la maison de Condé changent de nom ; ce n'est pas sans quelque peine que j'ai pu trouver les dates de ces changements, dates importantes à connaître, si l'on veut éviter de faire de fausses attributions ; en effet, Louise-Élisabeth de Bourbon-Condé s'appelle, de 1693 à 1707, Mademoiselle de Charolais ; puis, en 1707, Mademoiselle de Bourbon ; le nom de Charolais passe en 1707 à sa sœur, Louise-Anne de Bourbon-Condé, qui jusqu'alors s'était appelée Mademoiselle de Sens. Il est évident que si l'on ne sait pas la date du changement, ou si l'on n'y fait pas attention, on prendra, à un moment donné, Louise-Élisabeth pour Louise-Anne. La plupart des tables contiennent de pareilles erreurs.

Le but que je me suis proposé d'atteindre a été de réunir, comme je le disais en commençant cet avertissement, le plus de renseignements possible sur les noms, les titres, les appellations et les changements de noms. J'ai donné tous ceux que j'ai trouvés dans les Mémoires, les correspondances et la *Gazette*, afin de venir en aide à l'amateur de Mémoires ou à l'érudit qui a une note biographique à rédiger ou une table de noms propres à dresser. Je n'ai pas négligé pour cela la partie purement généalogique, bien au contraire, et on trouvera plusieurs indications nouvelles en divers chapitres, principalement pour la famille de Henri IV, pour les enfants naturels de Louis XIV et de Louis XV, et pour la branche des Bourbon-Busset.

Les principales sources dont je me suis servi sont : le P. Labbe, le P. Anselme, Moréri, Giffart, le chevalier de Courcelles, G. Peignot, Chazot et Achaintre ; les collections de l'*Almanach royal*, de l'*Etat de la France*, du *Calendrier de la Cour* et de l'*Almanach de Gotha*; la *Gazette* et le *Moniteur*; les registres paroissiaux de Versailles et les documents communiqués par M. Parent de Rosan, qui les a tirés des registres paroissiaux de Saint-Germain-en-Laye et de Paris, et des registres de la secrétairerie d'État ; les Mémoires ou journaux de L'Estoile, de Mademoiselle de Montpensier, de Bassompierre, de madame de Motteville, d'Olivier d'Ormesson, de Dangeau, du duc de Luynes ; les lettres de Henri IV, de madame de Sévigné, etc.; enfin, les nombreuses et importantes communications de M. le comte de Bourbon-Busset et de M. le comte de Chastellux, sans oublier les précieuses notes que m'ont données

MM. Soulié et Éd. Fournier, et de nombreux renseignements obtenus des secrétaires des princes d'Orléans.

Je n'avais pas cru, dans la première édition de cet ouvrage, devoir tenir compte, dans les branches d'Espagne
et de Naples, des nombreux enfants morts jeunes qui n'in-
téressent pas l'histoire ; c'est une lacune que j'ai comblée à
l'aide de la *Gazette*, des renseignements donnés par M. le
comte de Chastellux dans la *Revue nobiliaire* de décembre
1869, et surtout des notes qu'il m'a communiquées avec
une extrême obligeance dont je me plais à le remercier.

GÉNÉALOGIE

DE LA

MAISON DE BOURBON

PREMIÈRE PARTIE

LA MAISON DE BOURBON AVANT HENRI IV (¹)

CHAPITRE I

LES DUCS DE BOURBON

I. **ROBERT DE FRANCE**, comte de Clermont en Beauvaisis (²), tige de la maison de Bourbon, sixième fils de saint Louis et de Marguerite de Provence.

Né en 1256.

Mort le 7 février 1317 (³).

(¹) Toute la première partie de ce travail, le chapitre IX excepté, a pour source principale l'*Histoire généalogique* du P. Anselme.

(²) Il eut le comté de Clermont en apanage, en 1269, avec les seigneuries de Creil-sur-Oise et de Sassy-le-Grand.

(³) Le P. Labbe dit que Robert de France mourut en 1318, âgé de 62 ans ou environ. — *Sépulture :* Église du grand couvent des Jacobins de Paris.

Marié en 1272 à *Béatrix de Bourgogne*, dame de Bourbon, de Charolais et de Saint-Just en Champagne, fille unique et héritière de Jean de Bourgogne, baron de Charolais, et d'Agnès, dame de Bourbon; morte au château de Murat en Bourbonnais, le 1er octobre 1310 (¹).

ENFANTS NÉS DE CE MARIAGE.

1. LOUIS Ier, duc de Bourbon, qui suit.

2. **Jean de Clermont**, baron de Charolais et de Saint-Just; mort en 1316; marié à *Jeanne d'Argies* (²), fille aînée de Renaud, seigneur d'Argies, et veuve de Hugues, comte de Soissons, de laquelle il eut deux filles :

> 1. BÉATRIX DE CLERMONT, mariée, par contrat du mois de mai 1327, à *Jean Ier*, comte d'Armagnac; elle fit son testament en 1364 (³).
>
> 2. JEANNE DE CLERMONT, dame de Saint-Just, mariée à *Jean Ier*, comte d'Auvergne et de Boulogne, avec lequel elle vivait en 1334.

3. **Pierre de Clermont**, grand archidiacre de l'église cathédrale de Paris; il vivait en 1330.

4. **Blanche de Clermont**, mariée, par contrat passé à Paris le 25 juin 1303, à *Robert VII*, comte d'Auvergne; morte en 1304.

5. **Marie de Clermont**, accordée en 1295 à Jean, marquis de Montferrat; puis, en 1299, religieuse aux Filles de Saint-Dominique, à Montargis, et la même année religieuse au monastère royal de Poissy; morte à Paris le 17 mai 1372, à quatre-vingt-sept ans (⁴).

(¹) *Sépulture :* Église des Cordeliers de Champaigne, proche du prieuré de Souvigny.

(²) Elle fit son testament le 31 mai 1334; elle s'était remariée, après la mort de Jean de Clermont, avec Hugues de Châtillon, seigneur de Leuze.

(³) Elle avait eu en partage la seigneurie de Charolais; sa sœur eut celle de Saint-Just. — *Sépulture :* Cordeliers de Rhodez.

(⁴) *Sépulture :* Église du monastère de Poissy

6. **Marguerite de Clermont**, mariée en 1307 à *Jean de Flandre*, comte de Namur; morte à Paris en 1309 (¹).

II. **LOUIS Iᵉʳ**, duc de Bourbon (²), surnommé le *Grand* et le *Boiteux*, comte de Clermont, de la Marche et de Castres, seigneur d'Issoudun, etc.

Né vers 1280.

Mort en janvier 1341 (³).

Marié, par traité du mois de juin 1310, en septembre de la même année, à Pontoise, à *Marie de Hainaut*, fille de Jean II, comte de Hainaut, et de Philippe de Luxembourg; morte sur la fin d'août 1354, au château de Murat (⁴).

ENFANTS NÉS DE CE MARIAGE.

1. PIERRE Iᵉʳ, duc de Bourbon, qui suit.

2. **Jacques de Bourbon**, mort au berceau, le 9 septembre 1318 (⁵).

3. **Jacques de Bourbon**, tige des comtes de la Marche, dont il sera parlé plus loin (chapitre III).

4. **Jeanne de Bourbon**, mariée, par contrat passé à Avignon le 14 (⁶) février 1318, à *Guigue VII*, comte de Forez; veuve en 1360; vivait encore le 8 août 1388.

5. **Marguerite de Bourbon**, mariée : 1° par traité du 6 juillet 1320, à *Jean II*, sire de Sully; 2° à *Hutin de Vermeilles*, chevalier et chambellan du Roi; morte en 1362 (⁷).

6. **Béatrix de Bourbon**, appelée la *Reine de Bohême*; mariée : 1° au château du bois de Vincennes, en décembre

---

(¹) *Sépulture :* Église des Jacobins de Paris.

(²) La baronnie de Bourbon, dont Louis avait hérité de sa mère, fut érigée en duché-pairie, en faveur de Louis Iᵉʳ, par le roi Charles le Bel, le 27 décembre 1327.

(³) La date de son testament est du 27 janvier. — *Sépulture :* Église du grand couvent des Jacobins de Paris.

(⁴) *Sépulture :* Église des Cordeliers de Champaigne en Bourbonnais.

(⁵) *Sépulture :* Église des Cordeliers de Champaigne en Bourbonnais.

(⁶) Moréri dit le 4.

(⁷) *Sépulture :* Église paroissiale de Saint-Pierre d'Aronville, près Pontoise.

1334, à *Jean de Luxembourg*, roi de Bohême, « tué pour le service de France » à Crécy, en 1346 ; — 2° à Grand-villiers en Lorraine, à *Eudes*, seigneur de Grancey (¹) ; morte le 25 décembre 1383 (²).

7. **Marie de Bourbon**, mariée : 1° par traité passé en la chapelle du château de Bourbon, le 29 novembre 1328, par procuration le 20 décembre suivant, et ce traité ratifié par le roi de Chypre le 4 janvier 1330, à *Guy*, prince de Galilée, connétable de Chypre, fils de Hugues IV de Lusignan, roi de Chypre, mort avant son père en 1346 ; — 2° le 9 septembre 1347, devant les portes de l'église de Saint-Jean le Majeur, à Naples, à *Robert de Sicile*, prince d'Achaïe et de Tarente ; veuve en 1364 ; morte environ l'an 1386 (³).

8. **Philippe de Bourbon**, morte en bas âge (⁴).

Enfant naturel.

Guy, bâtard de Bourbon, seigneur de Cluys et de la Ferté-Chauderon, à cause de sa femme, *Jeanne Châtel-Peron*.

III. **PIERRE Iᵉʳ**, duc de Bourbon, comte de Clermont et de la Marche.

Tué, le 19 septembre 1356, à la bataille de Poitiers, à l'âge d'environ quarante-cinq ans (⁵).

Marié, le 25 janvier 1336, à *Isabelle de Valois*, fille de Charles de France, comte de Valois, et de Mahaud de Châtillon ; morte à Paris, le 26 juillet 1383.

ENFANTS NÉS DE CE MARIAGE.

1. LOUIS II, duc de Bourbon, qui suit.

(¹) Eudes et sa femme échangèrent avec le Roi la seigneurie de Creil pour celle de Bar-sur-Aube.

(²) *Sépulture :* Chœur de l'église des Jacobins de Paris.

(³) Voir sur Marie de Bourbon l'*Histoire de Chypre*, par L. de Mas-Latrie, t. II, p. 140, 144, 149, 160 n., 407. — *Sépulture :* Église de Sainte-Claire de Naples.

(⁴) *Sépulture :* Église des Cordeliers de Champaigne en Bourbonnais.

(⁵) *Sépulture :* Église des Jacobins de Paris.

2. **Jeanne de Bourbon**, née le 3 février 1337, au bois de Vincennes (¹); mariée (par traité passé à Lyon en juillet 1349), à Tain en Viennois, le 8 avril 1350, au *Dauphin Charles*, depuis roi de France sous le nom de Charles V (²); morte à Paris, à l'hôtel de Saint-Paul, le 6 février 1377 (³).

3. **Blanche de Bourbon**, mariée en l'abbaye de Preuilly, par contrat du 9 juillet 1352, à *Pierre le Cruel*, roi de Castille, qui l'empoisonna en 1361, à Medina-Sidonia, étant âgée de vingt-trois ans (⁴).

4. **Bonne de Bourbon**, mariée : 1° à *Godefroi de Brabant*, fils de Jean III, duc de Brabant, mort en 1350; — 2° à Paris, en l'hôtel de Saint-Paul, en août 1355, à *Amé VI*, comte de Savoie, surnommé le *Comte Vert*; veuve le 2 mars 1383; morte au château de Mâcon, le 19 janvier 1402.

5. **Catherine de Bourbon**, mariée à Paris, le 14 octobre 1359, à *Jean VI*, comte d'Harcourt et d'Aumale; veuve en 1415; morte le 7 juin 1427 (⁵).

6. **Marguerite de Bourbon**, mariée, par contrat passé le 4 mai 1368, à *Arnaud Amanieu*, sire d'Albret et vicomte de Tartas.

7. **Isabelle de Bourbon**, morte sans alliance.

8. **Marie de Bourbon**, prieure de Poissy, née vers 1347; morte au prieuré de Poissy, le 10 janvier 1401 (⁶).

Enfant naturel.

JEAN, bâtard de Bourbon, seigneur de Rochefort, etc.; chambellan de Jean de France, comte de Poitiers; marié, en septembre 1371, à *Agnès*

(¹) Moréri dit le 25 février.

(²) Elle avait dû épouser d'abord Humbert II, souverain du Dauphiné. C'est Philippe de Valois, auquel Humbert avait cédé le Dauphiné, qui rompit ce mariage, de peur que, s'il survenait des enfants à Humbert, il ne maintînt pas sa cession. Humbert alors renonça au monde et se fit dominicain (17 juillet 1349.)

(³) *Sépulture :* Abbaye royale de Saint-Denis; son cœur, aux Jacobins de Paris; ses entrailles, aux Célestins.

(⁴) *Sépulture :* A Tudela en Navarre.

(⁵) Le P. Labbe dit le 6 juin. — *Sépulture :* Au prieuré de Notre-Dame du Parc.

(⁶) *Sépulture :* Au prieuré de Poissy.

Chaleu ou *Challoc*, fille de Pépin Chaleu ou Challoc, seigneur du Croset en Bourbonnais. Jean était mort en 1375, sans postérité [1].

IV. **LOUIS II**, duc de Bourbon, comte de Clermont, de Forez et de Château-Chinon, seigneur de Beaujeu et de Dombes [2], surnommé le *Bon*.

Né le 4 août 1357 [3].

Mort à Montluçon le 19 août 1410 [4].

Marié (par traité passé à Montbrison le 4 juillet 1368), le 19 août 1371, à *Anne*, dauphine d'Auvergne, comtesse de Forez, dame de Mercœur, fille unique et héritière de Béraud II, comte de Clermont, dauphin d'Auvergne, et de Jeanne de Forez ; elle fit son testament le 19 septembre 1416 [5].

ENFANTS NÉS DE CE MARIAGE.

1. JEAN Ier, duc de Bourbon, qui suit.

2. **Louis de Bourbon**, seigneur de Beaujolais, mort le 12 septembre 1404, âgé de seize ans et demi [6].

3. **Catherine de Bourbon**, morte en bas âge.

4. **Isabelle de Bourbon**, morte sans alliance ; vivait à la fin du mois d'août 1402.

Enfants naturels.

a. HECTOR DE BOURBON, bâtard de Bourbon ; blessé au siége de Soissons d'un coup d'arbalète, dont il mourut le 11 mai 1414.

b. PERCEVAL, chevalier [7].

---

(1) *Sépulture :* Jean et sa femme furent enterrés au prieuré de Souvigny.

(2) Édouard de Beaujeu fit donation, en 1400, à Louis II, de la seigneurie de Dombes.

(3) Jeanne de Bourbon, sœur de Louis II, étant née le 3 février 1357, une des deux dates est impossible Quelques historiens disent que Louis II est né en 1356, mais ils ne fournissent pas leurs preuves.

(4) *Sépulture :* Au prieuré de Souvigny.

(5) *Sépulture :* Au prieuré de Souvigny.

(6) *Sépulture :* Église des Jacobins de Paris.

(7) Le P. Labbe cite trois autres bâtards de Louis II, savoir : *Jacques de Bourbon*, seigneur de Thury en 1419 ; *Pierre de Bourbon*, chevalier ; *Frère Jacques de Bourbon*, de l'ordre des Célestins, en 1422.

V. **JEAN Ier**, duc de Bourbon et d'Auvergne, comte de Clermont, de Montpensier et de Forez, seigneur de Beaujolais, de Dombes et de Combrailles, porta d'abord le titre de *comte de Clermont*.

Né en mars 1380.

Mort à Londres, en janvier 1433, où il était prisonnier depuis la bataille d'Azincourt [1].

Marié (par contrat passé à Paris le 27 mai 1400), le 24 juin 1400, à *Marie de Berry*, fille de Jean de France, duc de Berry, et de Jeanne d'Armagnac, veuve de Louis III de Châtillon, comte de Dunois, et de Philippe d'Artois, comte d'Eu et connétable de France ; morte à Lyon en juin 1434 [2].

ENFANTS NÉS DE CE MARIAGE.

1. CHARLES Ier, duc de Bourbon, qui suit.

2. **Louis de Bourbon**, mort jeune, en 1453, à Louvres en Parisis [3].

3. **Louis de Bourbon**, comte de Montpensier, tige de la branche de Bourbon-Montpensier, dont il sera parlé au chapitre suivant.

Enfants naturels.

a. JEAN, bâtard de Bourbon, postulé évêque du Puy, abbé de Cluny, archevêque de Lyon ; mort le 2 décembre 1485, à son prieuré de Saint-Rambert en Forez [4].

b. ALEXANDRE, bâtard de Bourbon, d'abord chanoine de Beaujeu, puis chef de la bande des Écorcheurs [5] ; noyé à Bar-sur-Aube, en 1440, par ordre du roi Charles VII.

c. GUY, bâtard de Bourbon ; mort en 1442, avant le 18 juin.

d. MARGUERITE, bâtarde de Bourbon, mariée, par contrats du 24 mai 1433

---

[1] *Sépulture :* Au prieuré de Souvigny. — L'inscription gravée sur son cercueil de plomb disait : Mort le 4 avril 1447. (*Notice sur le prieuré de Souvigny*, par Ochier, p. 18.)

[2] *Sépulture :* Au prieuré de Souvigny.

[3] *Sépulture :* Église des Cordeliers de Senlis.

[4] *Sépulture :* A Cluny.

[5] Olivier de la Marche, *Mémoires*, livre I, chap. IV.

et du 2 août 1436, à *Rodrigue de Villandrado* (¹), comte de Ribadeo en Castille et seigneur d'Ussel, chambellan du roi Charles VII et capitaine de gens d'armes pour son service.

e. EDMÉE, bâtarde de Bourbon, morte sans alliance.

VI. CHARLES Iᵉʳ, duc de Bourbon et d'Auvergne, comte de Clermont, de Forez et de l'Isle-Jourdain, seigneur de Beaujolais, de Roussillon en Dauphiné, de Dombes et de Combrailles, grand chambrier de France ; il porta d'abord le titre de *comte de Clermont.*

Né en 1401.

Mort le 4 décembre 1456, au château de Moulins (²).

Marié à Autun, le 17 septembre 1425 (³), à *Agnès de Bourgogne*, fille de Jean, duc de Bourgogne, et de Marguerite de Bavière ; morte très-âgée à Moulins, le 1ᵉʳ décembre 1476, selon le P. Anselme (⁴).

ENFANTS NÉS DE CE MARIAGE.

1. JEAN II, duc de Bourbon, qui suit.

2. **Philippe de Bourbon**, seigneur de Beaujeu, mort jeune, fiancé à *Marie de Chypre*, fille de Jean II de Lusignan, roi de Chypre, et de Charlotte de Bourbon.

3. **Charles II de Bourbon**, cardinal en 1476, archevêque de Lyon, évêque de Clermont, abbé de Saint-Wast, etc. ; né vers 1434 ; mort à Lyon le 13 septembre 1488 (⁵). —

(¹) Appelé par Monstrelet *Rodigue de Villandras.* — Il y a sur ce chef de routiers une bonne notice de M. Jules Quicherat, dans la Bibliothèque de l'École des Chartes, IIᵉ série, t. I, p. 119 et 197. — Voir les pièces relatives à son mariage, p. 157 et 166. On remarque la clause suivante dans le contrat de mariage, contrôlé à la chancellerie de Cusset, le 24 mai 1433 : « Monseigneur le comte de Clermont donne en dot et mariage à damoiselle Marguerite, sa suer naturelle, le lieu et place d'Ussel en Bourbonnais... lesquelz... seront et demorront en fié et ressort de mondit seigneur. »

(²) *Sépulture :* Au prieuré de Souvigny.

(³) Le père Labbe dit 1426.

(⁴) Elle fut enterrée au prieuré de Souvigny. — L'inscription gravée sur son cercueil de plomb, et relevée en 1648, disait que la date de sa mort était le 1ᵉʳ décembre 1471, au lieu de 1466 gravé sur le monument supérieur. (*Notice sur le prieuré de Souvigny,* par Ochier, p. 18.)

(⁵) *Sépulture :* Église Saint-Jean, à Lyon.

Il laissa, de Gabrielle Bartine, une fille naturelle, *Isabelle de Bourbon*, légitimée en juillet 1491 par le roi Charles VIII, et mariée à *Gilbert de Chantelot*, seigneur de la Chaise, maître d'hôtel du cardinal, son père ; elle mourut, sans enfants, avant le 4 septembre 1497.

4. PIERRE II, duc de Bourbon, qui suit.

5. **Louis de Bourbon**, évêque de Liége, né en 1437 ; assassiné à Werz, près de Liége, le 30 août 1482, par Guillaume de la Marck, surnommé le *Sanglier des Ardennes* (¹). — Il fut élevé en Flandre par les soins du duc de Bourgogne, son oncle, et élu prince-évêque de Liége, à dix-huit ans, en 1455 ; mais, n'ayant reçu les ordres de la prêtrise qu'en 1466, onze ans après son élection (²), il épousa dans cet intervalle *Catherine d'Egmont*, fille d'Arnould, duc de Gueldres (³), dont il eut trois fils (⁴).

1. Pierre de Bourbon, tige des comtes de Busset (voy. ch. ix).
2. Louis de Bourbon, enfant d'honneur du roi Charles VIII ; né en 1465 (⁵) ; vivait encore le 26 juin 1500.

(¹) *Sépulture* : Église de Saint-Lambert, à Liége.

(²) Il ne fut sacré évêque que le 1ᵉʳ mai 1467.

(³) Louis de Bourbon, quoique élu évêque de Liége, ne voulait pas prendre les ordres sacrés. En 1465, il alla aux noces de sa sœur, Catherine de Bourbon, et d'Adolphe d'Egmont, fils d'Arnould, duc de Gueldres ; il y vit Catherine d'Egmont, sœur d'Adolphe, en devint amoureux et prit la résolution de renoncer à l'évêché de Liége et de se marier. Le duc de Gueldres consentit à lui donner sa fille en mariage, à condition que le roi de France, Louis XI, donnerait son aveu ; mais le Roi le refusa obstinément. Louis de Bourbon parvint à décider le duc de Gueldres à lui donner sa fille, en lui persuadant que, dès que son mariage serait consommé, le roi n'oserait plus refuser son consentement. En conséquence, le mariage fut célébré à Gueldres au commencement de 1364, et il n'y manqua aucune formalité, si ce n'est le consentement du roi, clause d'absolue nécessité dans les contrats de mariage des princes du sang, et qui les rend de toute nullité lorsqu'elle ne s'y trouve pas. Louis XI, qui s'était opposé au mariage, le fit déclarer nul, et força enfin Louis de Bourbon à recevoir les ordres sacrés à Huy, en décembre 1466, peu de temps après la naissance de son troisième enfant. Catherine devint duchesse de Gueldres en 1477, après la mort de son frère Adolphe, et mourut en 1496, âgée de 57 ans. (*Histoire secrète de Bourgogne*, t. III, p. 54 et suivantes.)

(⁴) Dont la légitimité fut contestée par Pierre II, duc de Bourbon.

(⁵) Suivant l'*Histoire secrète de Bourgogne*, par mademoiselle de la Force (Paris, 1782, 3 vol. in-12), t. III, p. 54 et suivantes.

5. Jacques de Bourbon, grand prieur de France ; né en 1466 (¹); mort le 27 septembre 1527 (²).

6. **Jacques de Bourbon**, mort à Bruges sans alliance, le 22 mai 1468, âgé d'environ vingt-trois ans (³).

7. **Marie de Bourbon**, mariée, par traité du 2 avril 1437, à *Jean Ier d'Anjou*, duc de Calabre, fils aîné de René d'Anjou, roi de Sicile ; morte en 1448.

8. **Isabelle de Bourbon**, mariée à Lille, le 30 octobre 1454, à *Charles le Téméraire*, duc de Bourgogne, dont elle fut la seconde femme ; morte à Anvers le 13 septembre 1465 (⁴). — Sa fille fut Marie de Bourgogne, qui épousa, le 20 août 1477, l'archiduc Maximilien, depuis empereur d'Allemagne, et mourut le 27 mars 1481.

9. **Catherine de Bourbon**, mariée à Bruges, le 18 décembre 1463, à *Adolphe d'Egmont*, fils d'Arnould, duc de Gueldres.

10. **Jeanne de Bourbon**, mariée à *Jean Ier de Chalon*, prince d'Orange ; morte sans lignée avant 1502 (⁵).

11. **Marguerite de Bourbon**, accordée par traité passé à Tours, le 6 janvier 1471, et mariée à Moulins, le 6 avril 1472, à *Philippe, comte de Bresse et de Bugey*, puis duc de Savoie sous le nom de Philippe II ; morte au château du Pont-Ains, le 24 avril 1483 (⁶). — De ce mariage est née Louise de Savoie, duchesse d'Angoulême, mère de François Ier, roi de France.

Enfants naturels.

a. Louis, bâtard de Bourbon, comte de Roussillon (⁷) et de Ligny, etc., amiral de France, appelé l'*amiral de Bourbon* ; né de Jeanne de Bour-

---

(¹) Suivant l'*Histoire secrète de Bourgogne*, loc. cit.
(²) *Sépulture :* Au Temple, à Paris.
(³) *Sépulture :* Église de Saint-Donat, à Bruges.
(⁴) *Sépulture :* A l'abbaye de Saint-Michel, à Anvers.
(⁵) *Sépulture :* A Lons-le-Saulnier.
(⁶) *Sépulture :* Église de Notre-Dame de Brou.
(⁷) La seigneurie de Roussillon, située en Dauphiné, fut érigée en comté par Louis XI, en 1465.

nan, légitimé en 1463 (¹); mort le 19 janvier 1486 (²); marié, à la fin
du mois de février 1466, à *Jeanne*, bâtarde de France, fille naturelle et
légitimée (³) du roi Louis XI et de Marguerite de Sassenage, veuve
d'Amblard de Beaumont, seigneur de Montfort, à laquelle il avait été
fiancé dans l'Hôtel de ville de Paris le 2 novembre 1465; morte en
1519 (⁴). — Leurs enfants sont: 1° CHARLES DE BOURBON, comte de Roussillon et de Ligny, mort en 1510 (⁵) sans enfants d'*Anne de la Tour-
Montgascon*, fille de Godefroi II de la Tour et d'Antoinette de Polignac,
qu'il avait épousée en 1506. — 2° SUZANNE DE BOURBON, comtesse de
Roussillon et de Ligny, dame de Montpensier en Loudunois; mariée à
Jean de Chabannes, appelé, du vivant de son père, le seigneur de Saint-
Fargeau, puis le comte de Dammartin, mort en 1503; puis, après le 18
septembre 1510 (⁶), à *Charles*, seigneur de Boulainvilliers. — 3° ANNE
DE BOURBON, dame de Mirebeau, mariée à *Jean III*, baron d'Arpajou.

Louis, bâtard de Bourbon, eut aussi un fils naturel appelé *Jean*, bâtard
de Bourbon, né en 1405, protonotaire du saint-siége et abbé com-
mendataire de Seuilly.

b. RENAUD, bâtard de Bourbon, prieur de Montverdun en Forez en 1467,
puis archevêque de Narbonne en 1472; mort au prieuré de Saint-Pierre,
diocèse de Lyon, le 7 juin 1483. — Il eut aussi deux enfants naturels:
1° *Charles*, bâtard de Bourbon, évêque de Clermont, mort au château

---

(¹) L'usage de légitimer les enfants nés en dehors du mariage paraît dater de
l'époque de Constantin et est consacré par la législation de Justinien, qui admet
la légitimation de l'enfant dont les père et mère se marient après sa naissance.
Le premier exemple de légitimation dans la généalogie des rois de France est
celui des enfants de Philippe Auguste et d'Agnès de Méranie; ils furent déclarés
légitimes par la bulle d'Innocent III, *Ad episcopos Franciæ, de legitima-
tione*, etc., en date du 2 novembre 1201 (Baluze, *Diplom.*, p. 684). Le pape se
fondait, pour déclarer légitimes ces enfants, nés après le mariage de leur mère,
sur la bonne foi de leur mère et sur le fait que Philippe Auguste n'avait qu'un
seul fils, et qu'il importait à la couronne de France, si pleine de mérites, d'aug-
menter le nombre des héritiers du roi; quant à son droit de déclarer légitimes et
de rendre aptes à des dignités laïques, il l'établissait sur le droit qu'il avait de
légitimer et de rendre apte aux dignités ecclésiastiques. — Deux siècles se passent;
puis, en janvier 1427, Charles VI, en légitimant Marguerite, demoiselle de Belle-
ville, née d'Odette, commence la série des légitimations de bâtards nés en dehors
de toutes conditions religieuses et légales, dont les rois et les princes du sang,
appuyés sur le Parlement, firent un abus si scandaleux. En 1463, Charles Iᵉʳ, duc
de Bourbon, légitime son fils naturel, Louis, comte de Roussillon; en 1465,
Louis XI légitime sa fille Jeanne, qu'il maria au comte de Roussillon; puis
Henri II légitime Diane, duchesse d'Angoulême; enfin vient Henri IV et sa longue
suite de bâtards légitimés.

(²) *Sépulture :* Église de Saint-François de Valognes.

(³) Par lettres données à Orléans le 25 février 1465.

(⁴) *Sépulture :* Église des Cordeliers de Mirebeau.

(⁵) *Sépulture :* Église des Cordeliers de Mirebeau.

(⁶) La Notice historique sur la maison de Chabannes (p. 59) dit que Suzanne de
Bourbon se remaria en 1518, âgée de cinquante-cinq ans, ce qui la ferait naître
vers 1463. La même Notice (p. 161) dit qu'elle mourut en 1531.

de Beauregard, le 22 février 1504, âgé de quarante-trois ans ; — 2° *Suzanne*, bâtarde de Bourbon, née avant que son père fût dans les ordres.

c. PIERRE, bâtard de Bourbon, seigneur du Bois-d'Yoin en Lyonnais, protonotaire du saint-siége en 1488 ; il ne vivait plus en 1492, et laissa deux filles naturelles : 1° *Antoinette*, bâtarde de Bourbon, mariée en 1492 à *Pierre Dienne*, écuyer ; — 2° *Catherine*, bâtarde de Bourbon, mariée en 1492 à *Pierre Holiflant*, archer de la garde du corps de Pierre II, duc de Bourbon.

d. JEANNE, bâtarde de Bourbon, née de Jeanne de Souldet ; légitimée en octobre 1492, et mariée à *Jean*, seigneur du Fau en Touraine, maître d'hôtel du Roi.

e. SIDOINE (1), bâtarde de Bourbon, mariée, le 15 mars 1460, à *René*, seigneur du Bus, écuyer.

f. CHARLOTTE, bâtarde de Bourbon, était mariée en 1488 à *Odilles de Senay*, écuyer.

g. CATHERINE, bâtarde de Bourbon ; légitimée en juillet 1452 ; abbesse de Sainte-Claire d'Aigueperse.

VII. **JEAN II**, surnommé le *Bon* et le *Fléau des Anglais*, duc de Bourbon et d'Auvergne, comte de Clermont, de Forez, de l'Isle-Jourdain et de Villars, seigneur de Beaujeu et de Roussillon, connétable de France en 1483.

Mort, sans enfants légitimes, le 1er avril 1488, âgé de soixante-deux ans, au château de Moulins (2).

Marié : 1° par contrat passé au château de Montils-lez-Tours le 11 mars 1447 (3), à *Jeanne de France*, fille puînée du roi Charles VII, morte à Moulins le 4 mai 1482 (4) ; — 2° par traité passé à Saint-Cloud le 28 avril 1484, à *Catherine d'Armagnac*, fille de Jacques d'Armagnac, duc de Nemours, et de Louise d'Anjou, morte à Moulins, en mars 1486, en mettant au monde un fils, JEAN DE BOURBON, qui ne vécut que seize jours ; — 3° par traité passé au mois de juin 1487, à *Jeanne de Bourbon*, fille de Jean II de Bourbon, comte de Vendôme, et d'Isabelle de Beauvau, dont il eut un fils, LOUIS DE BOURBON, mort au berceau ;

---

(1) Moréri dit : Idoine, dame de Tison.
(2) *Sépulture :* Au prieuré de Souvigny ; son cœur, dans l'église de Notre-Dame de Moulins.
(3) D'autres disent le 23 décembre 1446.
(4) *Sépulture :* Église de Notre-Dame de Moulins.

Jeanne de Bourbon mourut le 22 janvier 1511 (¹), après
s'être remariée : 1° par contrat passé le 2 janvier 1495,
avec Jean Iᵉʳ, sire de la Tour et comte d'Auvergne; —
2° par contrat passé à Montferrand le 27 mars 1503, avec
François de la Pause, baron de la Garde.

Enfants naturels.

a. Matthieu, bâtard de Bourbon, surnommé le *grand bâtard de Bourbon*, seigneur de Bothéon, baron de la Roche-en-Renier, amiral et gouverneur de Guyenne et de Picardie; il était mort en septembre 1505.

b. Charles, bâtard de Bourbon, baron de Malause et vicomte de Lavedan,
tige des Bourbons-Lavedan, Malause et Basian, dont on parlera plus loin
(voy. le chapitre x).

c. Hector, bâtard de Bourbon, évêque de Lavaur, puis archevêque de
Toulouse en 1492; mort sur la fin de 1502 (²).

d. Marie, bâtarde de Bourbon; mariée, par contrat du 27 juin 1470, à
Jacques de Sainte-Colombe, seigneur de Thil en Beaujolais; elle était
morte avant le 22 juillet 1482.

e. Marguerite, bâtarde de Bourbon, légitimée par lettres de 1462 et 1463;
mariée, par traité du 24 octobre 1462, à *Jean de Ferrières*, seigneur
de Presles.

VIII. **PIERRE II**, duc de Bourbon et d'Auvergne, comte de
Clermont, de Forez, de la Marche et de Gien, vicomte de Carlat et de Murat, seigneur de Beaujolais et de Bourbon-Lancy,
quatrième fils de Charles Iᵉʳ, duc de Bourbon. Il porta le
titre de *seigneur de Beaujeu*, du vivant de Jean II, son frère
aîné.

Né en novembre 1439.

Mort au château de Moulins le 8 octobre 1503 (³).

Marié (par traité passé à Jargeau le 3 novembre 1473) en
1474, à *Anne de France*, fille aînée du roi Louis XI et de
Charlotte de Savoie, connue sous le nom d'*Anne de Beaujeu* (⁴), régente pendant la minorité de son frère, Char-

---

(¹) *Sépulture :* Église des Cordeliers de Vic-le-Comte, en Auvergne.

(²) *Sépulture :* Église de Saint-Étienne de Toulouse.

(³) *Sépulture :* Au prieuré de Souvigny. — L'inscription gravée sur son cercueil de plomb disait : le 10 octobre. (*Notice sur le prieuré de Souvigny*, par
Ochier, p. 18.)

(⁴) Brantôme l'appelle quelquefois Madame de Bourbon.

les VIII; morte au château de Chantelle, le 14 novembre
1522 (¹).

ENFANTS NÉS DE CE MARIAGE

1. **Charles de Bourbon**, comte de Clermont, mort jeune.

2. **Suzanne de Bourbon**, duchesse de Bourbon et d'Auvergne, héritière de la branche aînée de la maison de Bourbon ; née le 10 mai 1491 ; morte le 28 avril 1521, à Châtellerault (²); accordée, par traité passé le 21 mars 1499, à Charles, duc d'Alençon; mariée au château du Parc-lez-Moulins, le 10 mai 1505, à *Charles III*, duc de Bourbon, comte de Montpensier et connétable de France.

(¹) *Sépulture :* Au prieuré de Souvigny.

(²) *Sépulture :* Au prieuré de Souvigny. — L'inscription gravée sur son cercueil de plomb donnait la date du 28 avril 1521. (*Notice sur le prieuré de Souvigny*, lue à la dernière séance du Congrès archéologique de France, réuni à Moulins le 30 juin 1854, par Ochier (Extrait du Compte rendu de la 21ᵉ session du Congrès archéologique, Paris, 1855, in-8°). — Nous apprenons, par cette Notice, que le prieur de Souvigny, Nicolas de Mesgrigny, chanoine de Paris, nommé en 1640, fit ouvrir les caveaux funéraires des ducs de Bourbon et releva les inscriptions gravées sur les cercueils. Épargnés en 1793, ces caveaux furent rouverts en 1830 par les ordres de la duchesse d'Angoulême, qui voulait prier sur les restes de ses aïeux. En 1840, le roi Louis-Philippe, pour faire cesser l'état d'abandon et de violation journalière où se trouvaient les sépultures de Souvigny, fit restaurer les cercueils et prit les mesures nécessaires afin d'assurer à l'avenir le respect dû aux tombes de ses ancêtres.

CHAPITRE II

BRANCHE DES COMTES DE MONTPENSIER

DEPUIS DUCS DE BOURBON

— PREMIÈRE BRANCHE DES BOURBONS-MONTPENSIER —

ISSUE DES DUCS DE BOURBON

1. **LOUIS Ier** de Bourbon, comte de Montpensier, de Clermont
en Auvergne et de Sancerre, dauphin d'Auvergne, seigneur de
Mercœur et de Combrailles, surnommé le *Bon*, chef de la
branche des comtes de Montpensier, troisième fils de Jean Ier,
duc de Bourbon.

Mort en mai 1486 [1].

Marié : 1° par traités des 2 octobre et 8 décembre 1426, à
Jeanne, comtesse de Clermont et dauphine d'Auvergne,
fille unique de Béraud III, comte de Clermont et dauphin
d'Auvergne, et de Jeanne de la Tour ; morte sans enfants,
le 26 mai 1436, âgée de vingt-deux ans : — 2° par traité
du 15 février 1442, à *Gabrielle de la Tour*, fille de Bertrand VI, seigneur de la Tour, et de Jaquette du Péchin.

ENFANTS NÉS DU SECOND MARIAGE.

1. GILBERT, comte de Montpensier, qui suit.

---

[1] *Sépulture :* Chapelle de Saint-Louis d'Aigueperse.

2. **Jean de Bourbon**, mort jeune, après le mariage de sa
sœur Gabrielle.

3. **Gabrielle de Bourbon**, mariée à Montferrand (¹), le 9
juillet 1485, à *Louis II*, sire de la Trémoille, tué à la bataille de Pavie le 24 février 1524; morte au château de
Thouars en Poitou, le 30 novembre 1516 (²).

4. **Charlotte de Bourbon**, mariée, par contrat passé le 17
juin 1468, à *Wolfart de Borselle*, seigneur de la Vère en
Hollande, comte de Grandpré en Champagne et de Boucan
en Écosse, maréchal de France; morte en 1487.

II. **GILBERT** de Bourbon, comte de Montpensier, dauphin
d'Auvergne, seigneur de Mercœur et de Combrailles, archiduc de Sessa, vice-roi du royaume de Naples, appelé, du vivant de son père, le *Comte-Dauphin*.

Mort à Pouzzoles le 5 octobre 1496, âgé de quarante-huit
ans (³).

Marié, par traité du 24 février 1481, à *Claire de Gonzague*,
fille de Frédéric de Gonzague, marquis de Mantoue, et de
Marguerite de Bavière; morte le 2 juin 1503 (⁴).

ENFANTS NÉS DE CE MARIAGE.

1. **Louis II de Bourbon**, comte de Montpensier, dauphin
d'Auvergne et seigneur de Combrailles, mort à Naples le
14 août 1501, âgé de dix-huit ans, sans avoir été marié (⁵).

2. CHARLES III, duc de Bourbon, qui suit.

3. **François de Bourbon**, duc de Châtellerault (⁶), tué à la
bataille de Marignan, le 15 septembre 1515 (⁷).

(¹) Jean Bouchet (*Panégyrique du chevalier sans reproche*, édit. Petitot, 14,
399) dit que le mariage fut célébré à Escolles, en Auvergne.

(²) Suivant Jean Bouchet (*Panég.*, p. 525) et son épitaphe, ou le 30 (ou le 31
décembre 1514, suivant Moréri. — *Sépulture*: Église de Notre-Dame de Thouars.

(³) *Sépulture*: Chapelle de Saint-Louis d'Aigueperse.

(⁴) *Sépulture*: Chapelle de Saint-Louis d'Aigueperse.

(⁵) *Sépulture*: Chapelle de Saint-Louis d'Aigueperse.

(⁶) La vicomté de Châtellerault fut érigée en duché en sa faveur en février 1514.

(⁷) *Sépulture*: Au prieuré de Souvigny.

4. **Louise de Bourbon**, leur sœur et première née (¹), mariée : 1° par traité passé à Saint-Pierre-le-Moustier le 17 juillet 1499, à *André de Chauvigny*, seigneur de Châteauroux ; — 2° à Moulins, le 21 mars 1504 (²), à *Louis de Bourbon*, prince de la Roche-sur-Yon ; morte le 5 juillet 1561 (³).

5. **Renée de Bourbon**, mariée à Amboise (par traité du 16 mars 1514), le 26 juin 1515, à *Antoine, duc de Lorraine et de Bar*, auquel elle porta la baronnie de Mercœur (⁴) ; morte le 26 mai 1539, âgée de quarante-cinq ans (⁵).

6. **Anne de Bourbon**, morte sans alliance en Espagne, où elle avait accompagné Germaine de Foix, reine d'Aragon.

III. **CHARLES III**, duc de Bourbon, d'Auvergne et de Châtellerault, comte de Clermont en Beauvaisis, de Montpensier, de Forez, de la Marche, de Gien et de Clermont en Auvergne, dauphin d'Auvergne, vicomte de Carlat et de Murat, seigneur de Beaujolais, de Combrailles, de Mercœur, d'Annonay, de la Roche-en-Renier et de Bourbon-Lancy, connétable de France en 1514, passe au service de Charles-Quint en 1523 et combat contre son pays jusqu'à sa mort.

Né le 17 février 1489 (⁶).

Tué au siége de Rome le 6 mai 1527 (⁷).

Marié au château du Parc-lez-Moulins, le 10 mai 1505, à

(¹) Brantôme, *Grands Capitaines françois*, édit. Lud. Lalanne, t. V, p. 4.

(²) Moréri. — Le P. Anselme donne la date de 1505, à l'article Louise de Bourbon (p. 315) ; mais la date de ce mariage devient 1504, à l'article Louis de Bourbon, prince de la Roche-s r-Yon (p. 355).

(³) Brantôme prétend que Louise de Bourbon mourut âgée de cent ans. « J'ay veu, dit-il, ceste dame Louyze de Bourbon... une très honnorable, sage et vertueuse dame, qui a vescu cent ans, et sa vieille se estoit très belle.» (Brantôme, *loc. cit.*) Brantôme se trompe ; Gilbert de Bourbon s'étant marié en 1481, sa fille aînée n'avait pas encore quatre-vingts ans à l'époque de sa mort. — *Sépulture :* Sainte-Chapelle de Champigny.

(⁴) Que François Iᵉʳ lui donna en 1529-30, après la confiscation des biens du connétable, son frère.

(⁵) *Sépulture :* Église de Saint-Georges, à Nancy.

(⁶) Moréri dit le 28 février.

(⁷) *Sépulture :* Au château de Gaëte, dans le royaume de Naples ; son cœur, en l'église de Saint-Étienne de Besançon.

Suzanne de Bourbon, duchesse de Bourbon (¹) et d'Auvergne, fille unique et héritière de Pierre II, duc de Bourbon; née le 10 mai 1491; morte à Châtellerault le 28 avril 1521 (²).

ENFANTS NÉS DE CE MARIAGE.

1. **François de Bourbon**, comte de Clermont, né au château de Moulins en juillet 1517; fait chevalier par le chevalier Bayard; mort jeune à Châtellerault.

2 et 3. **N...** et **N...**, jumeaux, morts jeunes.

Enfant naturel.

CATHERINE, bâtarde de Bourbon, mariée à *Bertrand Salmart*, seigneur de Ressis.

(¹) C'est après son mariage que Charles III de Bourbon prit le titre de duc de Bourbon.

(²) *Sépulture :* Au prieuré de Souvign .

CHAPITRE III

BRANCHE DES COMTES DE LA MARCHE

ISSUE DES DUCS DE BOURBON

1. **JACQUES I**er de Bourbon, comte de la Marche et de Ponthieu, seigneur de Montagu en Combrailles, de Condé et de Carency, connétable de France, surnommé la *Fleur des chevaliers*, chef de la branche des comtes de la Marche, troisième fils de Louis I er, duc de Bourbon.

Mort à Lyon, le 6 avril 1361, des blessures qu'il avait reçues à la bataille de Brignais [1], en combattant les Tard-venus [2].

Marié en 1355 à *Jeanne de Châtillon Saint-Paul*, fille et héritière de Hugues de Châtillon, comte de Saint-Paul, seigneur de Leuze, de Condé, de Carency, de Buquoy et d'Aubigny, et de Jeanne, dame d'Argies ; morte en 1371.

ENFANTS NÉS DE CE MARIAGE.

1. **Pierre de Bourbon**, comte de la Marche, mort à Lyon en 1361, quelques jours après son père, des blessures qu'il avait reçues à la bataille de Brignais [3].

---

[1] Le 2 avril 1361.
[2] *Sépulture* : Église des Jacobins, à Lyon.
[3] *Sépulture* : Église des Jacobins, à Lyon.

2. JEAN Ier, comte de la Marche, qui suit.

3. **Jacques de Bourbon**, seigneur de Préaux, qui a fait la branche de Bourbon-Préaux, dont on parlera ci-après (voy. chapitre v).

4. **Isabelle** ([1]) **de Bourbon**, mariée : 1° à *Louis*, vicomte de Beaumont au Maine, mort en 1364; 2° à *Bouchard VII*, comte de Vendôme et de Castres; elle était morte en 1371 ([2]).

II. **JEAN Ier** de Bourbon, comte de la Marche, de Vendôme et de Castres, seigneur de Leuze, Carency, l'Écluse, Montagu, etc.

Mort le 11 juin 1393 ([3]).

Marié, par contrat passé à Paris le 28 septembre 1364, à *Catherine de Vendôme*, fille de Jean VI, comte de Vendôme, et de Jeanne de Ponthieu, laquelle recueillit, par la mort de son frère, Bouchard VII, comte de Vendôme et de Castres, ces deux comtés et les seigneuries de Lesignen, Épernon, Bréhencourt, le Teil, Romalart, Cailly, Clacy et Quillebœuf, qu'elle porta à son mari; morte le 1er avril 1411 ([4]).

ENFANTS NÉS DE CE MARIAGE.

1. JACQUES II, comte de la Marche, qui suit.

2. **Louis de Bourbon**, comte de Vendôme, tige des comtes et des ducs de Vendôme, dont on parlera ci-après, au chapitre IV.

3. **Jean de Bourbon**, seigneur de Carency, auteur de la branche de Bourbon-Carency, dont on parlera plus loin (voy. chapitre VI).

4. **Anne de Bourbon**, dame de Cailly, de Quillebœuf, etc.;

([1]) Quelques-uns disent Jeanne.
([2]) *Sépulture :* Église de Saint-Georges, à Vendôme.
([3]) *Sépulture :* Église de Saint-Georges, à Vendôme.
([4]) Moréri dit 1412. — *Sépulture :* Église de Saint-Georges, à Vendôme.

mariée : 1° avant 1401, à *Jean de Berry*, comte de Montpensier, petit-fils de France ; — 2° à *Louis le Barbu*, duc
de Bavière, à Ingolstadt ; elle fit son testament en 1404
et mourut à Paris, en travail d'enfant ([1]).

5. **Marie de Bourbon**, dame de Bréhencourt ([2]) ; mariée,
après enlèvement, à *Jean de Beyne*, seigneur des Croix,
et, après la mort de son mari, emprisonnée par son frère,
le comte de la Marche, au château de Cornette en Albigeois, où elle languit plus de trente ans ; elle vivait encore
le 11 septembre 1463, âgée de soixante-dix-sept à soixante-
dix-huit ans, après avoir été mise en liberté par le roi
Charles VII.

6. **Charlotte de Bourbon**, l'une des plus belles princesses
de son temps, mariée à Melun, le 2 août 1409, à *Jean II*,
roi de Chypre ([3]), où elle alla en 1411 ; veuve en 1432 ;
morte le 13 décembre 1434 ([4]).

Enfant naturel.

JEAN, bâtard de la Marche ; vivait en 1435.

III. **JACQUES II** de Bourbon, comte de la Marche et de Castres, seigneur de Montagu et de Bellac, roi de Sicile par son
second mariage.

Mort cordelier à Besançon, le 24 septembre 1438, âgé
d'environ soixante-huit ans ([5]).

Marié : 1° à Pampelune, le 14 septembre 1406 ([6]), à *Béatrix de Navarre*, fille de Charles III, roi de Navarre, et
d'Éléonore de Castille ; — 2° en 1415, à *Jeanne II*, reine

([1]) *Sépulture :* Église des Jacobins, à Paris.

([2]) Moréri dit : Dame de Cruval en Albigeois.

([3]) Le nom véritable de ce roi de Chypre est Janus (Voy. *Hist. de Chypre*, par
L. de Mas-Latrie.)

([4]) Selon le P. Anselme. D'après le savant auteur de l'*Histoire de Chypre*, M. de
Mas-Latrie, elle serait morte le 14 janvier 1422 et fut inhumée au couvent de
Saint-Dominique de Nicosie, le Saint-Denis des Lusignan. — Voy. sur Charlotte de
Bourbon, *Hist. de Chypre*, t. II, p. 494 n., 495 n., 528, 529 et 531.

([5]) *Sépulture :* Couvent des Cordelières, dites de Sainte-Claire, à Besançon.

([6]) Par traité du 15 août 1405.

de Naples et de Sicile, veuve de Guillaume l'Ambitieux, duc d'Autriche; morte le 2 février 1435 ([1]).

ENFANT NÉ DU PREMIER MARIAGE.

1. **Éléonore de Bourbon**, comtesse de la Marche et de Castres, duchesse de Nemours; mariée à *Bernard d'Armagnac*, comte de Pardiac; elle vivait le 11 septembre 1463.

Enfant naturel.

CLAUDE D'AIX, mort novice au couvent des Cordeliers de Dôle.

([1]) *Sépulture:* Église de l'Annonciade, à Naples.

CHAPITRE IV

BRANCHE DES COMTES ET DUCS DE VENDOME

ISSUE DES COMTES DE LA MARCHE.

I. **LOUIS** de Bourbon, comte de Vendôme et de Castres (¹), seigneur de Préaux, de Mondoubleau, d'Épernon et de Romalard, second fils de Jean de Bourbon, comte de la Marche.

Mort à Tours le 21 décembre 1446, âgé d'environ soixante-dix ans (²).

Marié : 1° par contrat du 21 décembre 1414, à *Blanche de Roucy*, fille de Hugues II, comte de Roucy, et de Blanche de Coucy ; morte le 22 août 1421 (³) ; — 2° par traité passé à Rennes le 24 août 1424, à *Jeanne de Laval*, fille de Guy XIII, sire de Laval (⁴), et d'Anne, dame de Laval et de Vitré ; morte au château de Lavardin, près Vendôme, le 18 décembre 1468 (⁵).

ENFANTS NÉS DU SECOND MARIAGE.

1. JEAN II, comte de Vendôme, qui suit.

(¹) Moréri dit de Chartres.

(²) *Sépulture :* Église de Saint-Georges, à Vendôme ; son cœur, en la cathédrale de Chartres.

(³) *Sépulture :* Église de Saint-Georges, à Vendôme.

(⁴) Moréri dit : Jean de Montfort, dit Guy XII.

(⁵) *Sépulture :* Église de Saint-Georges, à Vendôme.

2. Catherine ou **Gabrielle de Bourbon**, morte sans alliance.

Enfant naturel

JEAN, bâtard de Vendôme, dit de Bourbon, seigneur de Préaux, etc.; né en Angleterre (¹), de Sybille Bostum; légitimé par lettres du roi données à Razilly, près Chinon, en mai 1449, et à Amboise le 2 février 1469; vivait encore en 1496; marié : 1° à *Jeanne d'Illiers*, fille de Jean d'Illiers, seigneur des Radrets en Vendômois, et de Catherine de Mailly, dont il n'eut pas d'enfants; — 2° à *Gillette Perdriel*, née à Sens, dont il eut six enfants : 1° *Jean de Vendôme*, curé de Lunay et conseiller au Parlement; — 2° *François de Vendôme*, curé de Lunay, après son frère, chanoine de la collégiale de Saint-Georges, à Vendôme; il était mort en 1540; — 3° *Jacques de Vendôme*, écuyer, mort sans enfants; — 4° *Louise de Vendôme*, mariée à Jean des Loges, seigneur de Toucheronde; — 5° *Mathurine de Vendôme*, mariée en 1479 à Pierre de Montigny, seigneur de la Boisse (²); morte avant le 3 mars 1483; — 6° *Marie de Vendôme*, mariée à N..., seigneur de la Valette en Limousin.

II. **JEAN II** de Bourbon, comte de Vendôme, seigneur d'Épernon, de Mondoubleau, de Montoire, de Lavardin et de Bonneval.

Mort au château de Lavardin, le 6 janvier 1477 (³).

Marié, par contrat passé à Angers le 9 novembre 1454, à *Isabelle de Beauvau*, dame de Champigny et de la Roche-sur-Yon, fille unique et héritière de Louis de Beauvau, seigneur de Champigny, sénéchal d'Anjou, et de Marguerite de Chambley; morte en 1474 (⁴).

ENFANTS NÉS DE CE MARIAGE.

1. FRANÇOIS, comte de Vendôme, qui suit.

2. **Louis de Bourbon**, premier du nom, prince de la Roche-sur-Yon, tige de la seconde branche des Bourbon-Montpensier, dont on parlera au chapitre VIII.

(¹) Où Louis, son père, fait prisonnier à Azincourt, en 1415, resta en prison jusqu'en 1422, époque à laquelle il se sauva miraculeusement.

(²) Ou de la Bouesche.

(³) *Sépulture :* Église de Saint Georges, à Vendôme.

(⁴) *Sépulture :* Église de Saint-Georges, à Vendôme.

3. **Jeanne de Bourbon**, l'aînée, mariée, par contrat du 3 février 1477, à *Louis de Joyeuse*, seigneur de Bothéon en Forez, depuis comte de Grandpré ; morte en 1487.

4. **Catherine de Bourbon**, mariée, par contrat passé à Paris le 20 août 1484, à *Gilbert de Chabannes*, baron de Rochefort et de Caussade, seigneur de Curton ([1]) ; elle vivait encore en 1525, et fut enterrée à Orcival, près de Rochefort en Auvergne, où sa mémoire est encore vénérée ([2]).

5. **Jeanne de Bourbon**, la jeune, célèbre par sa beauté ; mariée : 1° par traité du mois de juin 1487, à *Jean II*, duc de Bourbon ; — 2° par contrat passé le 2 janvier 1495, à *Jean Ier*, sire de la Tour et comte d'Auvergne ([3]) ; — 3° par contrat passé à Montferrand le 27 mars 1503, à *François de la Pause*, baron de la Garde, seigneur de Chaselles ; morte le 22 janvier 1511 ([4]).

6. **Charlotte de Bourbon**, née en 1474 ; mariée, par contrat passé le 23 février 1489, à *Engilbert de Clèves*, comte de Nevers, après la mort duquel, arrivée le 21 novembre 1506, elle prit le voile à l'abbaye de Fontevrault, le 18 mai 1515, et y mourut le 14 décembre 1520 ([5]).

7. **Renée de Bourbon**, née en mai 1468, abbesse de la Trinité de Caen, puis de Fontevrault ; morte à Fontevrault, le 8 novembre 1534 ([6]).

8. **Isabelle de Bourbon**, grande prieure de Fontevrault,

( ) La savante *Notice historique sur la maison de Chabannes* (par madame la comtesse Alfred de Chabannes, in-4°, 1864) dit que ce mariage eut lieu le 30 août.

([2]) La tradition populaire lui attribue le miracle des roses et la fait mourir en odeur de sainteté ; mais son tombeau est détruit. — C'est principalement à cause du mariage de Catherine de Bourbon avec Gilbert de Chabannes, et du mariage de Charles de Bourbon, prince de Carency, avec Antoinette de Chabannes, que Louis XV accorda, en 1769, le titre de cousin au comte Jacques-Charles de Chabannes et à ses descendants.

([3]) De ce mariage est née *Magdeleine de la Tour*, qui épousa, en 1518, Laurent de Médicis, duc d'Urbin, père de Catherine de Médicis, femme du roi Henri II.

([4]) *Sépulture :* Église des Cordeliers de Vic-le-Comte, en Auvergne.

([5]) *Sépulture :* Abbaye de Fontevrault.

([6]) *Sépulture :* Abbaye de Fontevrault.

puis abbesse de la Trinité de Caen après sa sœur; morte
en son abbaye le 12 juillet 1531, après l'avoir gouvernée
près de vingt-six ans (¹).

Enfants naturels et légitimés.

a. Jacques, bâtard de Vendôme, seigneur de Bonneval, auteur de la branche bâtarde des seigneurs de Ligny et de Rubempré, dont il sera parlé plus loin au chapitre x.

b. Louis, bâtard de Vendôme, né de Guyonne Peignée, dite de Vieuxville, légitimé en 1490; évêque d'Avranches en 1485; mort à Tours le 21 octobre 1510.

III. **FRANÇOIS** de Bourbon, comte de Vendôme, de Saint-
Paul (²), de Conversan, de Marle et de Soissons, vicomte de
Meaux, seigneur de Dunkerque, de Gravelines, de Ham, de la
Roche, de Bohain, de Beaurevoir et d'Épernon, châtelain de
Lille.

Né en 1470.

Mort à Verceil, au retour de l'expédition de Charles VIII à
Naples, le 3 octobre 1495 (³).

Marié, par traité passé au château de la Fère le 8 septembre 1487, à *Marie de Luxembourg*, comtesse de Saint-
Paul, de Conversan, de Marle et de Soissons, vicomtesse
de Meaux, dame d'Anguien ou Enghien (⁴), de Dunkerque,
Gravelines, Ham, la Roche, Bohain et Beaurevoir, châte-
laine de Lille, fille aînée et principale héritière de Pierre II
de Luxembourg, comte de Saint-Paul, et de Marguerite de

(¹) *Sépulture :* Abbaye de Fontevrault.
(²) Ou Saint-Pol.
(³) *Sépulture :* Église de Saint-Georges, à Vendôme.
(⁴) Le comté d'Enghien, situé dans le Hainaut, à 20 kilomètres de Mons, fut apporté en mariage à François, comte de Vendôme, par sa femme, Marie de Luxembourg. Cette terre passa successivement à plusieurs de ses petits-fils, l'un desquels, Louis, prince de Condé, la céda à Henri, roi de Navarre, qui la possédait en 1584 (voy. sa lettre du 14 août 1584) et la vendit, en 1607, à Charles, prince de Ligne. Mais, comme la terre d'Enghien avait été érigée en duché pour Henri Iᵉʳ de Bourbon-Condé, fils de Louis, le titre en resta dans cette branche de la maison de Bourbon, et fut attribué d'abord à Nogent-le-Rotrou, puis à Issoudun, lorsque Henri II, prince de Condé, eut vendu sa terre de Nogent au duc de Sully. (*Lettres missives de Henri IV*, t. 1, p. 677, note 2.)

Savoie, laquelle apporta de grands biens à son mari et mourut au château de la Fère, le 1er avril 1546 (¹).

ENFANTS NÉS DE CE MARIAGE.

1. CHARLES, duc de Vendôme, qui suit.

2. **Jacques de Bourbon**, né à Vendôme le 6 juillet 1490, mort le 16 août 1491.

3. **François Ier de Bourbon**, comte de Saint-Paul et de Chaumont, duc d'Estouteville, appelé *Monsieur de Saint-Paul* (²) ; né à Ham le 6 octobre 1491 ; mort le 1er septembre 1545, à Cotignan, près de Reims (³) ; marié, par contrat du 9 février 1535, à *Adrienne*, duchesse d'Estouteville (⁴), etc., fille unique et héritière de Jean III, sire d'Estouteville, et de Jacqueline d'Estouteville, dame de Moyon, etc. ; née le 20 octobre 1512 ; morte à Trie, entre le 15 et le 31 décembre 1560 (⁵). — Les enfants nés de ce mariage sont :

> 1. FRANÇOIS II DE BOURBON, duc d'Estouteville, comte de Saint-Paul ; né à Hambie le 14 janvier 1536 ; mort le 4 octobre 1546 (⁶).
>
> 2. MARIE DE BOURBON, duchesse d'Estouteville, comtesse de Saint-Paul, etc. ; née à la Fère le 30 mai 1539 ; morte à Pontoise le 7 avril (⁷) 1601 ; mariée : 1° par contrat du 14 juin 1557, à *Jean de Bourbon*, comte de Soissons et d'Enghien, duc d'Estouteville ; il fut tué à la bataille de Saint-Quentin le 10 août 1557 ; — 2° par contrat du 2 octobre 1560, à *François II de Clèves*, duc de Nevers, tué à la bataille de Dreux le 19 décembre 1562 ; — 3° le 2 juillet 1565, à *Léonor d'Orléans*, duc de Longueville, mort en août 1573 (⁸).

(¹) *Sépulture :* Église de Saint-Georges, à Vendôme ; son cœur, à Cercamp.

(²) Brantôme (*Hommes illustres et grands capitaines françois*).

(³) *Sépulture :* Abbaye de Vallemont ou Valmont (diocèse de Rouen).

(⁴) La terre d'Estouteville fut érigée en duché en 1534, en faveur d'Adrienne et de son futur époux.

(⁵) *Sépulture :* Abbaye de Vallemont.

(⁶) *Sépulture :* Abbaye de Vallemont.

(⁷) Quelques-uns disent le 28. — *Sépulture :* Abbaye de Vallemont.

(⁸) Elle en eut plusieurs enfants, entre autres *Léonore d'Orléans-Longueville*, qui fut mariée à Jacques de Matignon, comte de Thorigny. C'est en vertu de cette

4. **Louis de Bourbon**, cardinal de Bourbon le 1er juillet
   1517 ; évêque de Laon et du Mans, archevêque de Sens,
   abbé de Saint-Denis ; né le 2 janvier 1493 ; mort à Paris [1]
   le 11 mars 1556.

5. **Antoinette de Bourbon**, née à Ham le 25 décembre
   1494 ; morte au château de Joinville le 20 janvier 1583 [2] ;
   mariée à Paris, en l'hôtel des Tournelles, par contrat du
   9 juin 1513, à *Claude de Lorraine*, duc de Guise, chef de
   la maison de Guise ; veuve le 12 avril 1550, et appelée dès
   lors la *douairière de Guise* [3].

6. **Louise de Bourbon**, née au château de la Fère le 1er mai
   1495 [4] ; morte à Fontevrault, le 21 septembre 1575 [5] ;
   elle fut successivement abbesse d'Origny en 1511, de
   Sainte-Croix de Poitiers en 1533 et de Fontevrault en 1555.

Enfant naturel.

JACQUES, bâtard de Bourbon-Vendôme, né d'Isabeau de Grigny.

IV. **CHARLES** de Bourbon, comte, puis duc de Vendôme [6],
   comte de Soissons, de Marle et de Conversan, vicomte de
   Meaux, seigneur de Condé, de Ham, de Gravelines, de Dunkerque, de la Roche, de Bohain, de Beaurevoir, de Hesdin,
   d'Épernon et de Mondoubleau, châtelain de Lille.
   Né à Vendôme le 2 juin 1489.

---

alliance, dont ils descendent en droite ligne, que les princes de Monaco sont de
tous les grands du royaume le plus prochainement alliés à la maison royale. (Désormeaux, *Hist. de la maison de Bourbon*, 5, 276, note.)

[1] Le P. Labbe.

[2] *Sépulture :* Église de Saint-Laurent de Joinville, où elle reposait avec son
mari, dans un magnifique mausolée détruit en 1793.

[3] Lestoile, *Journal de Henri III*, p. 156 (édit. Michaud et Poujoulat).

[4] Cette date, donnée par le P. Anselme et Moréri, est évidemment fausse,
puisqu'il ne se serait écoulé que quatre mois entre la naissance d'Antoinette de
Bourbon et celle de Louise de Bourbon.

[5] *Sépulture :* Abbaye de Fontevrault.

[6] Il fut créé duc de Vendôme par François Ier, en février 1515, et devint, par
mort du connétable de Bourbon, chef de la maison de Bourbon. C'est de ses
deux fils, Antoine et Louis, que descendent, celle de Bourbon-Busset exceptée,
toutes les branches de Bourbon qui subsistent aujourd'hui, ainsi que les branches
éteintes de Condé, Soissons et Conty.

Mort à Amiens le 25 mars 1537 (¹).

Marié à Châteaudun, le 18 mai 1513, à *Françoise d'Alençon*, fille de René, duc d'Alençon, et de Marguerite de Lorraine ; veuve de François Iᵉʳ d'Orléans, duc de Longueville ; morte au château de la Flèche en Anjou, le 14 septembre 1550, âgée d'environ soixante ans (²).

ENFANTS NÉS DE CE MARIAGE.

1. **Louis de Bourbon**, comte de Marle ; né au château de la Fère le 23 septembre 1514 ; mort au château de Vendôme le 7 avril 1516 (³).

2. ANTOINE DE BOURBON, roi de Navarre, tige de la branche royale dont il sera parlé au chapitre premier de la seconde partie.

3. **François de Bourbon**, comte d'Anguien ou Enghien, le vainqueur de Cérisoles ; né au château de la Fère le 23 septembre 1519 ; mort au château de la Rocheguyon le 23 février 1545 (⁴).

4. **Louis de Bourbon**, né à la Fère le 3 mai 1522, y mourut le 25 juin 1525 (⁵).

5. **Charles II de Bourbon**, cardinal de Bourbon (⁶), archevêque de Rouen, légat d'Avignon, évêque de Beauvais, abbé de Saint-Denis, de Saint-Germain des Prés, etc., reconnu roi de France par les Ligueurs sous le nom de *Charles X ;* né à la Ferté-sous-Jouarre le 22 décembre 1523 ; mort à Fontenay-le-Comte, en Poitou, le 9 mai 1590 (⁷). — Il laissa un fils naturel : *N. Poullain.*

6. **Jean de Bourbon**, comte de Soissons et d'Anguien ou

(¹) *Sépulture :* Église de Saint-Georges, à Vendôme.
(²) *Sépulture :* Église de Saint-Georges, à Vendôme.
(³) *Sépulture :* Église de Saint-Georges, à Vendôme.
(⁴) *Sépulture :* Église de Saint-Georges, à Vendôme.
(⁵) *Sépulture :* Église de Saint-Montain.
(⁶) Il fut fait cardinal en décembre 1581 ; auparavant, on l'appelait *Monsieur de Rouen.* (Lestoile, *Journal de Henri III*, p. 168.)
(⁷) Lestoile dit le 8 mai (p. 16). — *Sépulture :* Chartreuse de Gaillon ; son cœur, à l'église de Saint-Nicolas, au faubourg de Fontenay-le-Comte.

Enghien, duc d'Estouteville, baron de Nogent et de Beaugé, appelé le *comte d'Enghien* ([1]) ; né au château de la Fère le 6 juillet 1528 ; tué, le 10 août 1557, à la bataille de Saint-Quentin ; marié, par contrat du 14 juin 1557, à *Marie de Bourbon*, duchesse d'Estouteville, comtesse de Saint-Paul, fille de François Ier de Bourbon, comte de Saint-Paul, et d'Adrienne, duchesse d'Estouteville, dont il n'eut pas d'enfants.—Il laissa seulement un fils naturel, *N. de Valency*, tué en 1562 au siége de Bourges.

7. LOUIS DE BOURBON, prince de Condé, tige de la branche de Condé, dont on parlera dans la seconde partie, au chapitre ii.

8. **Marie de Bourbon**, née au château de la Fère le 29 octobre 1515, y mourut le 28 septembre 1538 ([2]). Elle avait été accordée en 1535 à Jacques V, roi d'Écosse, mais sa mort empêcha le mariage de s'accomplir.

9. **Marguerite de Bourbon**, née à Nogent le 26 octobre 1516 ; mariée, par traité passé à Paris, au château du Louvre, le 19 janvier 1538, à *François Ier de Clèves*, comte puis duc de Nevers ; veuve le 13 février 1561 ; morte au château de la Chapelle-Dangilon en Berry, le 20 octobre 1589 ([3])

10. **Magdeleine de Bourbon**, abbesse de Sainte-Croix de Poitiers ; née à la Fère le 5 février 1520 ; elle vivait encore en 1561.

11. **Catherine de Bourbon**, abbesse de Notre-Dame de Soissons ; née au château de Deffans en Bourbonnais, le 18 septembre 1525 ; morte à Paris, à l'hôtel de Guise, le 27 avril 1594 ([4]). — Appelée *Madame de Soissons* ([5]).

([1]) Désormeaux (*Histoire de la maison de Bourbon*, 5, 276) ; François de Rabutin *Comment.*, édit. Petitot, t. 32, p. 56), le P. Labbe et Moréri disent au contraire le *duc d'Enghien*.

([2]) *Sépulture* : Abbaye de Notre-Dame de Soissons.

([3]) *Sépulture :* Cathédrale de Nevers.

([4]) *Sépulture :* Abbaye de Notre-Dame de Soissons ; ses entrailles, en l'église des Blancs-Manteaux, à Paris.

([5]) Lettre de Henri IV, son neveu, du 15 mars 1587.

12. **Renée de Bourbon**, abbesse de Chelles; née à Saint-Germain-en-Laye le 6 février 1527; morte à Chelles le 9 février 1585.

13. **Éléonore de Bourbon**, abbesse de Fontevrault après sa tante Louise de Bourbon; née au château du Louvre, à Paris, le 18 janvier 1532; morte le 26 mars 1611 [1]. — Appelée *Madame de Fontevrault* [2].

Enfant naturel.

Nicolas-Charles de Bourbon et de Board [3]; vivait en 1565; marié à *Jeanne de Bordeix et de Rahers*, dont il eut six enfants : *Jacques, — Michel-Charles, — Nicolas, — Christophe, — Marguerite, — Jeanne de Bourbon de Board.*

---

[1] Moréri dit à tort en 1610 et en sa soixante-dix-neuvième année.—*Sépulture*. Abbaye de Fontevrault.

[2] Lettres de Henri IV, son neveu, du 15 mars 1587 et de la fin de mai 1588.

[3] Né de Nicole de Board, de la ville de Gand.

CHAPITRE V

BRANCHE DE PRÉAUX

ISSUE DES COMTES DE LA MARCHE

I. **JACQUES Iᵉʳ** de Bourbon, seigneur de Préaux, d'Argies, de Dangu et de Thury, troisième fils de Jacques Iᵉʳ de Bourbon, comte de la Marche.

Né en...; assista à la bataille de Bastwiller, en 1371.

Mort avant le mois de septembre 1417.

Marié (¹) à *Marguerite, dame de Préaux, de Dangu et de Thury*, fille de Pierre, seigneur de Préaux, et de Blanche Crépin, dame de Dangu et de Thury; morte avant le mois de septembre 1417.

ENFANTS NÉS DE CE MARIAGE.

1. **Louis de Bourbon**, seigneur de Préaux; tué, le 25 octobre 1415, à la bataille d'Azincourt.

2. PIERRE DE BOURBON, seigneur de Préaux, qui suit.

3. **Jacques II de Bourbon**, baron de Thury, qui fut successivement prêtre, soldat et moine; assassiné vers 1429. Marié, en 1417, à *Jeanne de Montagu*, fille puînée de Jean de Montagu, seigneur de Marcoussis, et de Jacqueline

---

(¹) Il était marié en octobre 1397.

de la Grange; morte à Valère en Touraine, en septembre 1420, à l'âge de vingt-trois ans (¹).

4. **Charles de Bourbon**, archidiacre de Sens; vivait en 1472.

5. **Jean de Bourbon**, mort sans postérité.

6. **Marie de Bourbon**, morte sans alliance.

II. **PIERRE** de Bourbon, seigneur de Préaux.

Mort à la Rochelle, le 11 octobre 1422, sans enfants.

Marié à *Élisabeth* (²) *de Montagu*, fille aînée de Jean de Montagu, seigneur de Marcoussis, et de Jacqueline de la Grange; veuve de Jean VI, comte de Roucy, morte à Lyon en octobre 1429 (³).

(¹) *Sépulture :* A Marcoussis, où son corps fut enterré le 15 mars 1468.
(²) Giffart (*Généalogies historiques,* etc.) dit qu'elle s'appelait Marguerite.
(³) *Sépulture :* Aux Célestins de Marcoussis.

CHAPITRE VI

BRANCHE DE CARENCY

ISSUE DES COMTES DE LA MARCHE

I. **JEAN Iᵉʳ** de Bourbon, seigneur de Carency en Artois, d'Aubigny, de Buquoy, de l'Écluse et de Duisant, troisième fils de Jean Iᵉʳ de Bourbon, comte de la Marche.

Mort avant le mois de janvier 1458.

Marié : 1° à *Catherine d'Artois*, fille de Philippe d'Artois, comte d'Eu, et de Marie de Berry ;—2° en vertu d'une permission de l'official du Mans, du 5 septembre 1420, à *Jeanne de Vendômois*, fille d'Hamelin de Vendômois et d'Alix de Besse ; veuve de Gervais Ronssart [1].

ENFANTS NÉS DU SECOND MARIAGE.

I. **Pierre de Bourbon**, seigneur de Carency, né en février 1424. Louis XI lui fit faire son procès pour crime de lèse-

---

[1] Il avait eu de cette femme trois enfants, du vivant de son premier mari, Gervais Ronssart : 1° *Louis de Bourbon*, seigneur de l'Écluse, surnommé *le Brûlé*, qui vivait encore en janvier 1458, quoique son épitaphe aux Cordeliers de Senlis porte qu'il mourut à Louvres en Parisis, et que son corps fut apporté en cette église l'an 1453 ; — 2° *Jean de Bourbon*, mort à Compiègne sans alliance ; — 3° *Jeanne de Bourbon*, morte à Tours à l'âge de quatorze ans ; elle y fut enterrée. Aussi tous les princes de la maison de Bourbon s'opposèrent au mariage de Jean, seigneur de Carency, avec sa maîtresse ; mais une bulle du pape Eugène IV, datée de 1458, déclara le mariage valide et ressortant son plein effet.

majesté, et il fut condamné à mort; mais le Roi lui fit
grâce de la vie et le remit en liberté en 1469, en confis-
quant ses biens, qu'il donna à Jacques de Bourbon, seigneur d'Aubigny, frère de Pierre. — Marié à *Philippe de
Plaines*, fille de Thomas de Plaines, seigneur de Maligny,
et de Jeanne de Gros, dont il n'eut pas d'enfants [1]. — Il
laissa une fille naturelle, *Catherine de Bourbon-Carency*,
mariée, en 1469, à *Bertrand de Salmart* ou *de Salemard*,
seigneur de Ressis.

2. JACQUES, seigneur de Carency, qui suit.

3. **Philippe de Bourbon**, seigneur de Duisant, tige de la
branche de Duisant, dont il sera parlé ci-après, au chapitre VII.

4. **Éléonore de Bourbon**, morte en bas âge à Tours, où
elle fut enterrée [2].

5. **Andriette de Bourbon**, morte en bas âge à Tours, où
elle fut enterrée.

II. **JACQUES** de Bourbon, seigneur d'Aubigny, de Rochefort,
de Buquoy et de Carency.
  Vivait encore en 1493.
  Marié, avant 1442, à *Antoinette de la Tour*, fille d'Annet
de la Tour, troisième du nom, seigneur d'Oliergues, et
d'Elips de Vendat; veuve de Jacques Aubert, seigneur de
Monteil.

1. CHARLES, seigneur de Carency, qui suit.

2. **Jean de Bourbon**, seigneur de Rochefort et d'Arson;
mort sans enfants; marié à *Jeanne de l'Isle*, fille de Jacques de l'Isle, seigneur de Fresne, et de Catherine de Neuf-
ville; veuve d'Arnoul, seigneur de la Hamaïde et de Condé.

---

[1] Après la mort de Pierre de Bourbon, elle se remaria à Jean de Lannoy,
seigneur de Mingoval.

[2] Moréri nomme, après Éléonore et avant Andriette, une autre fille appelée
Catherine de Bourbon, morte jeune.

III. **CHARLES** de Bourbon, prince de Carency, comte de la Marche, seigneur d'Aubigny, l'Écluse, Buquoy, Rochefort, etc. Mort après 1503, en son château d'Abret-sur-l'Allier (1).

Marié : 1° par contrat du 15 janvier 1468, à *Didière de Vergy*, fille de Jean de Vergy, seigneur de Fonvens (2) et de Vignory, et de Marguerite de la Rocheguyon ; — 2° par contrat du 8 novembre 1481, à *Antoinette de Chabannes*, fille de Geoffroy de Chabannes, seigneur de Charlus, et de Charlotte de Prie ; — 3° le 18 avril 1493, à *Catherine d'Alègre*, fille de Bertrand d'Alègre, baron de Puyagut, seigneur de Busset, et d'Isabelle de Lévy-Cousan.

ENFANTS NÉS DU TROISIÈME MARIAGE.

1. **Bertrand de Bourbon**, seigneur de Carency, tué à la bataille de Marignan en 1515 ; sans postérité.

2. **Jean de Bourbon**, seigneur de Carency ; mort à Moulins sans alliance.

3. **Louise de Bourbon**, morte sans postérité.

4. **Isabelle de Bourbon**, dame de Carency ; mariée, par contrat du 22 février 1516, à *François d'Escars*, seigneur de la Vauguyon (3).

---

(1) *Sépulture :* Église des Célestins de Vichy.

(2) Moréri dit Fouvens.

(3) C'est par ce mariage que les maisons de Mortemart et de la Vauguyon se rattachent à la maison de Bourbon.

CHAPTRE VII

BRANCHE DE DUISANT

ISSUE DES SEIGNEURS DE CARENCY

I. **PHILIPPE I**^{er} de Bourbon, seigneur de Duisant, troisième
fils de Jean de Bourbon, seigneur de Carency.

Vivait encore en 1492.

Marié à *Catherine de Lalain*, fille de Sanche de Lalain
seigneur d'Oprebaix (¹), et de Catherine de Robersart; elle
vivait en 1477.

ENFANT NÉ DE CE MARIAGE.

ANTOINE, seigneur de Duisant, qui suit.

II. **ANTOINE** de Bourbon, seigneur de Duisant.
Marié à *Jeanne de Habart*, fille de Pierre de Habart, seigneur de Gournay, et de Marie de Ranchicourt.

ENFANTS NÉS DE CE MARIAGE.

1. **Pierre de Bourbon**, seigneur de Duisant; mort sans alliance, à la fleur de son âge.

(¹) Moréri dit : seigneur de Sobersat.

2. **Philippe II de Bourbon**, seigneur de Duisant, s'attacha au connétable de Bourbon, dont il suivit la destinée; mort sans alliance en 1530.

3. **Jeanne de Bourbon**, mariée, par contrat passé à Moulins le 20 janvier 1489, à *François Rolin*, seigneur d'Aimeries et de Beauchamp.

CHAPITRE VIII

BRANCHE DES PRINCES DE LA ROCHE-SUR-YON

DEPUIS DUCS DE MONTPENSIER

— SECONDE BRANCHE DES BOURBONS-MONTPENSIER —

ISSUE DES COMTES DE VENDOME

I. **LOUIS I**er de Bourbon, prince de la Roche-sur-Yon, seigneur de Champigny-sur-Veude, de Leuze, de Condé, de Saint-Chartier, de Cluys, d'Agurande, du Châtelet et de Luc ; second fils de Jean II de Bourbon, comte de Vendôme.

Mort vers l'an 1520 (¹).

Marié à Moulins, le 21 mars 1504, à *Louise de Bourbon*, comtesse de Montpensier et dauphine d'Auvergne, fille de Gilbert de Bourbon, comte de Montpensier ; veuve d'André de Chauvigny, seigneur de Châteauroux ; morte le 5 juillet 1561 (²).

ENFANTS NÉS DE CE MARIAGE.

1. LOUIS II, duc de Montpensier, qui suit.

2. **Charles de Bourbon**, prince de la Roche-sur-Yon, duc

(¹) *Sépulture :* Sainte-Chapelle de Saint-Louis, au château de Champigny, en Touraine.

(²) *Sépulture :* Sainte-Chapelle de Saint-Louis de Champigny.

de Beaupréau, comte de Chemillé, appelé le *prince de la Roche-sur-Yon* (¹) ; mort à Beaupréau le 10 octobre 1565 (²) ; marié à *Philippe de Montespedon*, fille unique et héritière de Joachim de Montespedon, baron de Chemillé, seigneur de Beaupréau, et de Jeanne de la Haye ; veuve de René, seigneur de Montjean ou Montéjan (³), maréchal de France, mort en 1539 ; morte à Paris, en son hôtel, au faubourg Saint-Germain (⁴), le 12 avril 1578. Il en eut deux enfants :

> 1. Henri de Bourbon, marquis de Beaupréau ; mort à Orléans, dans un tournoi (⁵), le 11 décembre 1560, âgé de quatorze à quinze ans (⁶).
>
> 2. Jeanne de Bourbon, morte à neuf mois (⁷).

Enfant naturel de Charles de Bourbon.

Jacques de la Roche-sur-Yon, dit *Helvis*, évêque de Langres.

3. **Suzanne de Bourbon** (⁸), morte en février 1570 (⁹) ; mariée, par contrat du 29 novembre 1529, à *Claude Ier*, comte de Rieux ; veuve le 19 mai 1532.

(¹) Brantôme.

(²) *Sépulture :* Chœur de l'église de Beaupréau, sous un tombeau de marbre sur lequel se voyaient sa statue et celle de sa femme, avec des épitaphes en vers français.

(³) Brantôme dit Montijan.

(⁴) *Journal de Henri III*, par P. de Lestoile, p. 96 (édit. Michaud et Poujoulat).

(⁵) *Idem*, p. 15. — Brantôme (XXV, M. le prince de la Roche-sur-Yon).

(⁶) Marguerite de Valois dit en ses *Mémoires* (édit. Guessard, p. 5) que ce prince mourut en sa quatorzième année. — *Sépulture :* Église de Beaupréau.

(⁷) *Sépulture :* Église de Beaupréau.

(⁸) Le P. Anselme fait de Suzanne de Bourbon une fille de Charles de Bourbon, prince de la Roche-sur-Yon, tandis qu'elle est sa sœur ; c'est sans nul doute une erreur de typographie. Le P. Labbe et Moréri disent positivement qu'elle est fille de Louis Ier, prince de la Roche-sur-Yon. Brantôme (*Vie de M. de Montpensier*), renseigné sur la généalogie de la famille de Montpensier par le duc de Montpensier (Louis II) lui-même, affirme le fait, et ce qui le prouve, c'est que Suzanne s'est mariée en 1529, et que Charles de Bourbon, prince de la Roche-sur-Yon, que le P. Anselme lui donne pour père, n'a pu se marier au plus tôt qu'en 1539, date de la mort du maréchal de Montéjan, premier mari de Philippe de Montespedon.

(⁹) *Sépulture :* Église des Cordeliers d'Ancenis.

II. **LOUIS II** de Bourbon, surnommé le *Bon*, duc de Montpensier, prince de Dombes, de la Roche-sur-Yon et de Luc, dauphin d'Auvergne, comte de Mortain, vicomte d'Auge et de Brosse, baron de Beaujolais, de Thiers et de la Roche-en-Renier, seigneur de Champigny, d'Argenton, de Cluys, d'Agurande, du Châtelet, de Montagu, d'Écolle et de Combrailles.

Né à Moulins le 10 juin 1513.

Mort dans son château de Champigny (¹) le 23 septembre 1582 (²).

Marié : 1° au mois d'août 1538, à *Jacqueline de Longwic* ou *Longwy*, comtesse de Bar-sur-Seine, fille de Jean de Longwic ou Longwy, seigneur de Givry, et de Jeanne, bâtarde d'Angoulême ; morte à Paris le 28 août 1561 ; — 2° par contrat du 4 février 1570, à *Catherine de Lorraine*, fille de François de Lorraine, duc de Guise, et d'Anne d'Este ; morte à Paris le 6 mai 1596, âgée de quarante-cinq ans (³).

ENFANTS NÉS DU PREMIER MARIAGE.

1. FRANÇOIS, duc de Montpensier, qui suit.

2. **Françoise de Bourbon**, morte en 1587 ; mariée, par contrat passé à Paris le 7 février 1558, à *Henri-Robert de la Marck*, duc de Bouillon, prince de Sedan.

3. **Anne de Bourbon**, morte en 1572 ; mariée, par contrat du 6 septembre 1561, à *François II de Clèves*, duc de Nevers.

4. **Jeanne de Bourbon**, abbesse de Sainte-Croix de Poitiers en 1570, puis de Jouarre en 1573 ; morte le 6 mars 1624, âgée de quatre-vingt-deux ans. — Appelée d'abord *Madame de Sainte-Croix* (⁴).

5. **Charlotte de Bourbon**, abbesse de Jouarre, puis prin-

(¹) Lestoile, *Journal de Henri III*, p. 152.
(²) *Sépulture :* Sainte-Chapelle de son château de Champigny.
(³) C'est la fameuse duchesse de Montpensier de la Ligue. (Voy. Journal de Lestoile, au 6 mai 1596). — *Sépulture :* Abbaye de Saint-Pierre de Reims.
(⁴) Lettre de Henri IV du 21 mai 1587.

cesse d'Orange. Après avoir quitté la France en 1572 et embrassé le calvinisme (¹), elle épousa à Brielle, le 10 ou le 11 juin 1574 (²), *Guillaume de Nassau*, prince d'Orange, assassiné à Delft le 10 juillet 1584. Charlotte de Bourbon mourut à Anvers le 6 mai 1582 (³).

6. **Louise de Bourbon**, abbesse de Jouarre, puis de Faremoutier; née vers l'an 1548; morte à Paris le 9 février 1586.

III. **FRANÇOIS** de Bourbon, duc de Montpensier, de Châtellerault et de Saint-Fargeau, prince de Dombes et de la Roche-sur-Yon, dauphin d'Auvergne, marquis de Mézières en Touraine, comte de Mortain, vicomte d'Auge et de Brosse, baron de Beaujolais, seigneur de Champigny et d'Argenton, appelé, pendant la vie de son père, le *Prince-Dauphin d'Auvergne* ou *Monsieur le Prince-Dauphin* (⁴).

Né en 1542.

Mort à Lisieux le 4 juin 1592, dans sa cinquantième année (⁵).

Marié, en 1566, à *Renée d'Anjou*, marquise de Mézières en Touraine, comtesse de Saint-Fargeau, fille unique et héritière de Nicolas d'Anjou, marquis de Mézières, comte de Saint-Fargeau, et de Gabrielle de Mareuil ; née le 21 octobre 1550; morte vers 1574 (⁶).

ENFANT NÉ DE CE MARIAGE.

HENRI, duc de Montpensier, qui suit.

(¹) Nous avons vu l'autographe d'une protestation signée par elle et par Jeanne de Chabot, Michelle de la Fontaine, Anne du Molinet, Jehanne de Maussone, Antoinette de Fleury, etc., etc., contre la profession religieuse qui lui a été imposée, à l'âge de douze ans, par ses parents... 29 août 1565. (*Note communiquée par M. Édouard Fournier.*)

(²) Le duc de Montpensier approuva son mariage par une déclaration particulière, en 1581.

(³) *Sépulture :* Cathédrale de Notre-Dame d'Anvers.

(⁴) Lettres de Henri IV, 1, 321, et Lestoile, au 1ᵉʳ janvier 1580 (*Journal*, p. 119).

(⁵) *Sépulture :* Sainte-Chapelle de Champigny.

(⁶) Catalogue de la collection des portraits du château d'Eu.

IV. **HENRI** de Bourbon, duc de Montpensier, de Châtellerault
et de Saint-Fargeau, prince de Dombes et de la Roche-sur-
Yon, dauphin d'Auvergne, marquis de Mézières, comte de
Mortain et de Bar-sur-Seine, vicomte d'Auge, de Domfront et
de Brosse, baron de Beaujolais, de Montagu en Combrailles
et de Mirebeau, seigneur de Champigny, d'Argenton et de
Saint-Sever; appelé, pendant la vie de son père, le *Prince de
Dombes* (¹).

Né à Mézières en Touraine le 12 mai 1573.

Mort à Paris, en son hôtel, le 27 février 1608 (²).

Marié, par contrat passé à Rouen le 27 avril 1597, le 15
mai suivant, à Notre-Dame de Cléry, à *Henriette-Catherine, duchesse de Joyeuse*, fille unique et héritière du duc
Henri de Joyeuse, maréchal de France, ensuite capucin, et
de Catherine de la Valette. Elle se remaria, le 5 janvier
1611, à Charles de Lorraine, duc de Guise, et mourut au
Louvre le 25 février 1656, âgée de soixante et onze ans,
un mois et dix-sept jours (³).

ENFANT NÉ DE CE MARIAGE.

Marie de Bourbon, duchesse de Montpensier, etc.; née au
château de Gaillon le 15 octobre 1605; morte au Louvre
le 4 juin 1627 (⁴); mariée à Nantes le 6 août 1626, à *Gaston-Jean-Baptiste de France*, duc d'Orléans, auquel elle
donna Mademoiselle de Montpensier.

(¹) Lettre de Henri IV du 7 juin 1589.
(²) Lestoile dit que ce prince mourut le 29 et dernier février (p. 448, édit.
Michaud et Poujoulat). — Le supplément de l'édition de 1736 dit le 28 février. —
Sépulture : Sainte-Chapelle de Champigny.
(³) *Sépulture :* Église des Capucines de Paris.
(⁴) *Sépulture :* Abbaye de Saint-Denis.

CHAPITRE IX

LES COMTES DE BUSSET [1]

1. **PIERRE** de Bourbon, seigneur de l'Isle, puis baron de Busset, fils aîné de Louis de Bourbon, nommé à l'évêché de Liége, et de Catherine d'Egmont, duchesse de Gueldres, fille du duc de Gueldres; appelé quelquefois, mais à tort le *bâtard de Liége* [2].

---

[1] Ce chapitre a été principalement rédigé d'après les notes et documents que M. le comte de Busset a bien voulu me communiquer. (Voy. aussi l'*Art de vérifier les dates*, édit. 1817, t. VI.) Les autres sources sont : le P. Anselme, Moréri, le *Dictionnaire de la noblesse*, le chevalier de Courcelles, etc.

[2] Le mariage de Louis de Bourbon ne fut pas reconnu par Pierre, sire de Beaujeu, puis duc de Bourbon. A la mort de Louis de Bourbon (1482), Catherine de Gueldres envoya son fils en France, où il fut élevé par les soins de Pierre, duc de Bourbon, qui, cependant, refusa de le reconnaître et de lui donner sa légitime. Catherine de Gueldres et son fils, Pierre de Bourbon, commencèrent contre les ducs de Bourbon un long procès. Les Mémoires de la maison de Busset disent que Philippe de Bourbon, baron de Busset, fils de Pierre, continua, après la mort de son père, le procès qu'il avait intenté aux ducs de Bourbon au sujet de sa légitime ; « mais que le Roi, pour éviter les divers procès que cette affaire occasionnerait, à cause que les biens de la maison de Bourbon étaient partagés et passés dans plusieurs branches qui s'étaient formées depuis, ordonna, par arrêt de son conseil, que Philippe de Bourbon, fils de Pierre et petit-fils de Louis de Bourbon, nommé à l'évêché de Liége, et de Catherine de Gueldres, ses hoirs et successeurs, seraient reconnus à l'avenir pour vrais et légitimes enfants de la maison de Bourbon, nés en loyal mariage, porteraient les armes comme les autres princes de la maison, sans qu'ils puissent prétendre autre partage de ladite maison. » Ces Mémoires ajoutent que cet arrêt fut homologué au Parlement en 1518. — Moréri disait déjà : « On prétend que son père l'avait eu, avant que d'être évêque, d'une princesse de la maison de Gueldres, nommée Catherine, et ce sur la bonne foi du mariage. » — Voy l'Appendice de la page 61.

Né en novembre 1464 aux Pays-Bas (¹).

Mort peu avant le 4 mars 1529.

Marié, par contrat du 1ᵉʳ janvier 1498, à *Marguerite de Tourzel*, dite *d'Alègre*, héritière des terres de Busset, de Puyagut et de Saint-Priest en Auvergne; fille et héritière de Bertrand de Tourzel, dit d'Alègre, baron de Puisagut ou Puyagut, seigneur de Busset, et d'Isabelle de Levis-Cousan ; veuve de Claude de Hénoncourt, seigneur de Harouel.

ENFANTS NÉS DE CE MARIAGE.

1. PHILIPPE, baron de Busset, qui suit.

2. **Isabelle de Bourbon**, mariée : 1° par contrat passé au château de la Mothe-Feuilly en Berry, le 3 juin 1531, à *Jean de la Queille*, seigneur de Fleurat; — 2° par contrat du 20 janvier 1544, à *François de Chauvigny*, seigneur de Blot-l'Église, etc. Elle fit un codicille le 10 juin 1586, étant veuve de ce dernier (²).

3. **Suzanne de Bourbon**, mariée, par contrat passé à Beaune le 1ᵉʳ septembre 1535, à *Jean d'Albret*, baron de Miossens. — Elle a été la gouvernante de Henri IV.

4 et 5. **Anne et Magdeleine de Bourbon**, religieuses au monastère de Saint-Pierre-d'Iseure-lez-Moulins, le 15 juin 1522, où elles moururent et furent inhumées.

II. **PHILIPPE** de Bourbon, baron de Busset et de Puyagut, seigneur de Coustayers et de Saint-Priest-de-Bramefan.

Tué à la bataille de Saint-Quentin le 10 août 1557.

Marié, par contrat passé à Saint-Germain-en-Laye le 3 février 1530, à *Louise Borgia*, duchesse de Valentinois, fille unique de César Borgia, duc d'Urbin et de Valentinois, et de Charlotte d'Albret, veuve de Louis II, sire de la Trémoille, tué à la bataille de Pavie le 24 février 1524 ; née le 17 mai 1500 ; morte quelque temps avant le 4 mai 1553 (³).

(¹) L'*Histoire secrète de Bourgogne*, par mademoiselle de la Force (Paris, 1782, 3 vol. in-12), t. III, p. 54 et suivantes.

(²) *Sépulture :* En l'église paroissiale de Blot-l'Église.

(³) *Sépulture :* En l'église de Busset, dans le caveau sous le chœur.

ENFANTS NÉS DE CE MARIAGE.

1. CLAUDE, baron de Busset, qui suit.

2. **Henri de Bourbon**, né à Bomiers en Berry le 21 septembre 1533 ; baptisé le 14 octobre 1553, tenu par Henri II, roi de Navarre, et Suzanne de Bourbon, sa tante paternelle ; mort le 7 mars 1534 [1].

3. **Jean de Bourbon**, seigneur de la Mothe-Feuilly et du Montet ; né à la Mothe-Feuilly le 2 septembre 1537, tenu sur les fonts baptismaux par François de Saint-Georges, baron de Sainte-Sévère, et par Gabrielle de Tulant, demoiselle de l'Ile-Savary ; marié, le 10 septembre 1566, à *Euchariste de la Brosse-Morlet*, fille de Jacques, seigneur de la Brosse-Morlet, vice-roi d'Écosse, et de Françoise de Moussy-la-Contour-de Puy-Baillard, dont il eut :

> 1. GILBERTE DE BOURBON, accordée, le 17 janvier 1594 et mariée par contrat du 13 avril 1598 [2], à *Joachim de Chabannes*, comte de Saignes, seigneur de Trucy ; vivante le 13 janvier 1599.
> 2. JEANNE DE BOURBON, mariée, par contrat passé au château de la Mothe-Feuilly en Berry le 13 janvier 1599, à *Jean-Louis de la Mousse*, seigneur de Plaisance et de la Fay.

4. **Jérôme de Bourbon**, seigneur du Montet, né au château de Busset le 19 octobre 1545, tenu sur les fonts baptismaux par Claude de Bourbon, son frère aîné, et par Catherine Renard, demoiselle de Touvent ; chevalier de Malte le 21 avril 1562 ; quitte l'ordre et se marie, avant le 7 mai 1584, à *Jeanne de Rollat*, fille de Martin de Rollat, seigneur de Brugeac en Bourbonnais, et de Françoise de Bayard, dont il n'eut pas d'enfants. Elle était veuve avant le 11 avril 1619, et mourut avant le 18 juin 1652.

5. **Marguerite de Bourbon**, née à Bomiers en Berry le 10 octobre 1552, tenue sur les fonts baptismaux par

---

[1] *Sépulture :* En l'église des Minimes de Bomiers.
[2] *Notice historique de la maison de Chabannes*, p, 146.

François le Groing, seigneur de la Pulvérière, Catherine Renard, demoiselle de Touvent, et Anne le Groing, demoiselle du Vernet ; mariée, par contrat passé à Montluçon le 25 juin 1551, à *Jean-Pierre de Bussière* (¹), premier baron du Limousin, duquel elle était veuve le 21 mai 1576.

6. **Catherine de Bourbon**, née à la Mothe-Feuilly le 14 octobre 1534 ; tenue sur les fonts baptismaux par Jean de la Jarrie, seigneur de Lavaux, et Catherine d'Alègre, dame d'Autri ; morte sans alliance.

III. **CLAUDE Iᵉʳ** de Bourbon, d'abord baron, puis comte de Busset en 1578, baron de Puyagut, de Châlus, etc.

Né au château de Busset le 18 (ou le 23) octobre 1531.

Tenu sur les fonts baptismaux par François d'Escars, seigneur de la Vauguyon, Jean de la Queille, seigneur de Fleurat, et dame Bénigne de Listenal.

Mort avant le 17 juin 1588 (²).

Marié, par contrat du 7 mai 1564, à *Marguerite de la Rochefoucauld*, fille d'Antoine de la Rochefoucauld, baron de Barbezieux, et d'Antoinette d'Amboise, veuve de Pierre du Puy, seigneur de Vatan.

ENFANTS NÉS DE CE MARIAGE.

1. CÉSAR, comte de Busset, qui suit.

2. **Jean de Bourbon**, né à Busset le 5 octobre 1567, dont on ignore le sort ; on sait qu'il eut pour parrains et marraine, MM. de Fleurat et du Montet, et dame de Marsent.

3. **Louise de Bourbon**, née à Busset le 8 juillet 1566 ; tenue sur les fonts baptismaux par M. de la Vauguyon et madame de Ravel ; mariée, par contrat du 31 août 1588 (³), à *Jean de Thomassin*, seigneur de Montmartin, baron de Doucé. Elle vivait encore le 5 octobre 1596.

(¹) Quelques-uns disent : de Pierrebuffière.
(²) D'autres disent avant le 21 juin 1588.
(³) Archives du château de Busset. Le mariage fut célébré avant le 50 avr 1589, jour de la naissance de Claude II de Bourbon=Busset.

4. **Diane de Bourbon**, née le 28 février 1569; tenue sur les fonts baptismaux par Claude d'Escars, seigneur de Carency, Diane d'Escars, demoiselle de la Vauguyon, et Catherine de Chauvigny, demoiselle de Blot; mariée, par contrat passé au château de Châlus le 5 octobre 1596, à *Paul Jay*, seigneur du Pin et de la Mothe-de-Château-Garnier en Poitou. Ils vivaient ensemble le 4 juillet 1626, et Diane de Bourbon était veuve en 1627.

IV. **CÉSAR** de Bourbon, comte de Busset, baron de Châlus, de Puyagut, de Saint-Priest-de-Bramefan, de Saint-Martin-du-Puits et de Vézigneux.

Né à Buxeuil ou Busseuil (¹) le 51 janvier 1565.

Mort avant le 1ᵉʳ janvier 1631 (²).

Marié (³) : 1° par contrat passé à Bordeaux le 12 avril 1584, à *Marguerite de Pontac* (⁴), fille de Jacques de Pontac, seigneur de Haute-Brionne ou du Haubrion, et de Finette d'Aspremont, morte peu de temps après son mariage; — 2° par contrat passé au château de Busset le 21 juin 1588, à *Louise de Montmorillon*, fille unique et héritière de Saladin de Montmorillon, baron de Saint-Martin-du-Puits, de Vézigneux, etc., et d'Anne de l'Hospital Sainte-Mesme. Elle vivait encore le 19 février 1648 (⁵).

(¹) Moréri.

(²) *Sépulture :* En l'église de Busset. — L'ancienne église de Busset n'existe plus aujourd'hui ; elle était bâtie au milieu de la cour du château, qu'elle séparait presque entièrement en deux. Comme elle tombait en ruines, on construisit, vers 1835, l'église actuelle, qui fait aussi partie du château. Vers 1838, une partie de la vieille église s'écroula ; on la démolit alors complétement, et sur l'emplacement du chœur, sous lequel se trouvait le caveau de la famille, on construisit la chapelle mortuaire du château, qui ne fut complétement terminée qu'en 1858, époque à laquelle y fut transporté le corps de Louis-François-Joseph de Bourbon, comte de Busset, celui de Céline du Prat, comtesse de Bourbon-Châlus, et tous les corps de ceux des membres de la famille qui reposaient dans l'ancien caveau de l'église. Ceux qui étaient inhumés dans la chapelle du cimetière n'en ont pas été enlevés.—Les sépultures de la famille de Bourbon-Busset n'ont pas été violées pendant la Révolution.

(³) Voy., sur un projet de mariage entre César de Bourbon-Busset et Claude de Saulx-Tavannes, trois lettres de Henri IV, du 20 juin 1582 et du 12 juillet 1582.

(⁴) Voy. sur ce mariage la lettre de Henri IV au comte de Busset, du 20 mai 1584.

(⁵) *Sépulture :* A Vigne (Nièvre, commune de Neuf-Fontaines).

ENFANTS NÉS DU SECOND MARIAGE.

1. CLAUDE II, comte de Busset, qui suit.

2. **Charles de Bourbon**, baron de Vézigneux, né à Busset le 25 août 1590; tenu sur les fonts baptismaux par Diane de Bourbon, sa tante; marié, par contrat du 19 novembre 1631, à *Marguerite de la Baume-de Suze*, fille de Georges de la Baume-de Suze, seigneur de Plessian ou Plassian, et de Jeanne de Maugiron; elle fit son testament le 26 novembre 1644. Charles de Bourbon mourut sans postérité légitime (¹), le 1ᵉʳ juin 1632, au château de Vézigneux (²).

3. **Jules-César de Bourbon**, né à Vézigneux le 9 mai 1593; tenu sur les fonts baptismaux par Paul de la Prade, seigneur de Bousson, et dame Anne de l'Hospital Sainte-Mesme, dame de Vézigneux, sa grand'mère maternelle; mort en 1604.

4. JEAN-LOUIS, comte de Busset, qui suit.

5. **Anne de Bourbon**, née à Busset le 28 janvier 1595; tenue sur les fonts baptismaux par Jean-Louis de Comboursier, seigneur de Tereil, Suzanne des Serpens, veuve de Claude de la Guiche, seigneur de Saint-Géran, et Anne de Tournon, première femme de Jean-François de la Guiche, maréchal de France; mariée, par contrat passé au château de Vézigneux le 14 février 1611, à *Antoine de Pracontal*, baron de Soussey; morte le 13 mars 1641.

6. **Marguerite de Bourbon**, née à Vézigneux le 6 août 1599; tenue sur les fonts baptismaux par Saladin, seigneur de Cussigny, baron de Granges, Marguerite de Clermont-Bussy, dite d'Amboise, femme d'Olivier, seigneur de Chastellux, vicomte d'Avalon, et Jeanne de Fromentière, dame de Chomesson; mariée, par contrat du 19 avril 1613, à *Jean de la Fayette*, baron de Hautefeuille; elle vivait avec lui le 19 février 1648.

(¹) Voir à l'Appendice la note sur son bâtard Louis de Razout.
(²) *Sépulture :* En l'église paroissiale du château de Vézigneux, à Saint-Martin-du Puits, en Nivernais.

7. **Magdeleine de Bourbon**, née à Vézigneux le 25 juin 1601 ; mariée, par contrat passé au château de Soussey, près Arnay-le-Duc, le 30 juin 1624, à *Louis*, seigneur de Villers-la-Faye et du Rousset ; morte le 22 février 1651 ([1]).

V. **CLAUDE II** de Bourbon, comte de Busset, baron de Châlus et de Vézigneux.

Né à Busset le 30 avril 1589.

Tenu sur les fonts baptismaux par Jean de Thomassin, seigneur de Montmartin, et Marguerite de la Rochefoucauld, son aïeule.

Mort sans enfants avant le 13 mars 1641.

Marié, par contrat passé au château de l'Espinasse le 4 juillet 1622, à *Louise de la Fayette*, dame de Maubec, fille de Claude de la Fayette, baron de Hautefeuille et de Nades, et de Marie d'Alègre, veuve de François d'Apchier, seigneur de la Valette et du Chaylar.

VI. **JEAN-LOUIS** de Bourbon, comte de Busset, baron de Châlus, de Puyagut, de Vézigneux, de Saint-Martin-du-Puits, etc.

Né au château de Busset ([2]) le 25 juin 1597.

Tenu sur les fonts baptismaux par Jean-François de la Guiche, seigneur de Saint-Géran, comte de la Palice, depuis maréchal de France, et Isabeau de la Rochefoucauld, veuve de Jean-Louis de la Rochefoucauld, comte de Randan.

Mort le 8 avril 1667 ([3]).

Marié, par contrat passé au château de Pompignac en Auvergne, le 1er août 1639, à *Hélène de la Queille*, fille de Jean de la Queille, seigneur de Fleurat, et de Simone de Saix ; morte à Cusset le 7 mars 1669 ([4]).

([1]) Suivant le *Dictionnaire de la noblesse*, c'est son mari qui est mort le 22 février 1651.

([2]) Moréri.

([3]) *Sépulture :* En l'église de Busset, au tombeau de ses ancêtres.

([4]) *Sépulture :* En l'église du couvent des Célestins de Vichy. — Ce couvent n'existe plus depuis 1774 ; il n'en reste actuellement qu'un bâtiment servant de grange et de hangar.

1. **Jean-Louis de Bourbon**, mort au berceau.

2. LOUIS Ier, comte de Busset, qui suit.

3. **Magdeleine de Bourbon**, né le 18 novembre 1644 ;
baptisée en l'église paroissiale de Busset, le 2 juin 1647,
tenue par Jean de la Queille, seigneur de Fleurat, son aïeul
maternel, et Magdeleine de Bourbon, sa tante paternelle ;
mariée, par contrat passé à Paris le 17 septembre 1668, à
François Andrault de Langeron, marquis de Maulevrier ;
morte en couches au château de Maulevrier, peu de temps
après avoir fait son testament, daté du 6 août 1669.

4. **Anne de Bourbon**, née le 18 juin 1646 ; mariée, en janvier 1672, à *Jean II de Saulx*, marquis de Tavannes ;
morte le 17 octobre 1707.

VII. **LOUIS Ier** de Bourbon, comte de Busset, baron de Châlus,
de Vézigneux, de Saint-Martin-du-Puits et de Puyagut, lieutenant général de l'artillerie de France en 1674.

Né le 18 octobre 1648.

Baptisé en l'église de Busset le 5 juillet 1660, tenu par
Louis d'Estain, évêque de Clermont, et Philiberte de Saint=
André-d'Apchon, femme de Jacques d'Apchon, comte dudit
lieu et de Cérézat.

Tué au siége de Fribourg, dans la nuit du 10 au 11 novembre 1677 (1).

Accordé par contrat du 15 janvier 1672, et marié le 15 du
même mois, en la chapelle de l'Arsenal, à Paris, à *Magdeleine de Bermondet*, fille de Georges de Bermondet, comte
d'Oradour, et de Françoise Garnier. Elle se remaria, en la
paroisse de Saint-Sulpice, à Paris, à l'âge de trente-cinq ans,
le 20 juin 1689, avec Louis-Joseph, comte de Roche-

____

(1) *Sépulture :* Son cœur fut inhumé à Busset, au tombeau de ses ancêtres, le 9
écembl 57   7.

chouart (¹); morte au château de Châlus, le 30 juillet 1724, âgée de soixante-dix ans (²).

ENFANTS NÉS DE CE MARIAGE.

1. LOUIS II, comte de Busset, qui suit.

2. **Antoine-François de Bourbon**, comte de Châlus, mort sans alliance à Vézigneux, le 15 avril 1742, âgé de soixante-quatre ans (³).

3. **Magdeleine de Bourbon**, accordée, par contrat passé au château de Châlus le 30 septembre 1703, et mariée, le 1ᵉʳ octobre 1703 (⁴), à *Nicolas de Quélen-de-Stuer* (⁵)-*de-Caussade*, comte de la Vauguyon ; veuve le 8 janvier 1725 ; morte à Paris le 29 (⁶) novembre 1738, âgée de soixante-trois ans ou environ (⁷).

4. **Françoise de Bourbon** (⁸), morte jeune, avant le 1ᵉʳ avril 1679.

VIII. **LOUIS II** de Bourbon, comte de Busset, baron de Châlus, de Puyagut, de Vézigneux et de Saint-Martin-du-Puits.

Né le 30 septembre 1672.

Baptisé, en l'église de Saint-Vincent de Busset, le 1ᵉʳ novembre 1687.

Mort le 14 avril 1724, au château de Busset (⁹).

Marié, par contrat passé à Paris le 31 décembre 1719 (¹⁰), à *Marie-Anne de Gouffier-de Thois*, fille de Jean-Timoléon de Gouffier, marquis de Thois, et de Henriette-Mauricette

---

(¹) Ce mariage fut déclaré nul, le 25 janvier 1696, par sentence de l'official de Paris, parce qu'en 1680 la dame de Busset avait tenu sur les fonts baptismaux un fils du comte de Rochechouart.
(²) *Sépulture :* En l'église paroissiale du Haut-Châlus.
(³) *Sépulture :* En l'église paroissiale de Saint-Martin-du-Puits.
(⁴) Moréri.
(⁵) On dit aussi : de Stuard ou de Stuart.
(⁶) Le *Dictionnaire de la noblesse* dit à tort : le 25.
(⁷) *Gazette*, 1738, p. 590.
(⁸) Moréri la nomme Marie.
(⁹) *Sépulture :* En l'église de Busset.
(¹⁰) Moréri dit que Louis II se maria le 5 février 1720.

de Pennancoët-de-Kéroualle ([1]) ; morte à Paris, aux Récollets de la rue de la Planche, le 14 février 1755, dans la soixante-neuvième année de son âge ([2]).

1. FRANÇOIS-LOUIS-ANTOINE, comte de Busset, qui suit.

2. **Louise-Claude de Bourbon**, née à Busset en décembre 1720 ; religieuse bénédictine au Cherche-Midi, à Paris, où elle fit profession le 17 septembre 1740, sous le nom de *sœur Sainte-Placide ;* élue prieure de cette maison le 7 mars 1771 ([3]) ; puis abbesse de Sainte-Croix, au diocèse de Poitiers, en novembre 1779 ; morte le 3 novembre 1788.

3. **Henriette-Antoinette de Bourbon**, née le 1er janvier 1724 ; mariée, par contrat passé à Paris le 22 août 1747, à *Paul de Grivel-de Grossoves,* comte d'Ouray ; veuve le 2 novembre 1752 ; morte à Paris le 17 septembre 1788 ([4]).

IX. **FRANÇOIS-LOUIS-ANTOINE** de Bourbon, comte de Busset et de Châlus, baron de Vézigneux, lieutenant général des armées du Roi ; servit avec distinction pendant la guerre de la Succession d'Autriche et la guerre de Sept ans. — Louis XV, le 1er juillet 1761 ([5]), lui accorda un brevet qui rétablissait le titre de Cousin du Roi, interrompu sans motifs connus depuis 1715, pour lui et ses descendants, titre dont avaient joui ses ancêtres.—Il fut premier gentilhomme de la chambre du comte d'Artois.

Né au château de Vézigneux ([6]), le 26 août 1722.

Baptisé en l'église de Saint-Vincent de Busset le 3 octobre 1723, tenu par François-Louis de Gouffier-de Thois et An-

---

([1]) Sœur de la duchesse de Portsmouth.

([2]) *Gazette* du 1er mars 1755. — *Sépulture :* Aux Récollets de la rue de la Planche, dans le caveau sous le chœur.

([3]) *Gazette,* 1771, p. 16·.

([4]) *Gazette,* 1788, p. 334.

([5]) Le *Dictionnaire de la noblesse* dit le 8 août.

([6]) Moréri dit : au château de Busset.

toinette de Sève, marquise de Tavannes, représentant Magdeleine de Bermondet, comtesse douairière de Bourbon-Busset.

Mort à Busset le 16 janvier 1793 (¹).

Marié : 1° par contrat passé à Paris le 16 avril 1743, le 23 avril suivant (²), dans la chapelle du château de Champlâtreux (³), à *Magdeleine-Louise-Jeanne* (⁴) *de Clermont-Tonnerre*, fille de Gaspard, duc de Clermont-Tonnerre, maréchal de France, et d'Antoinette Potier de Novion ; née le 19 mars 1722 ; morte le 27 juillet 1769 (⁵) ; — 2° le 27 avril 1775 (⁶), dans l'église de Saint-Eustache, à Paris, à *Jeanne-Marie-Louise-Thècle de Guigues-de Moreton*, fille de Claude de Moreton, comte de Chabrillant, et de Marie Verdelhan de Fourniels, veuve de M. Boucaud, seigneur de Dormans, receveur général de la ville de Paris ; née le 24 septembre 1733 ; morte le 24 avril 1812. — Elle fut dame d'atours de Madame la comtesse d'Artois (⁷).

ENFANTS NÉS DU PREMIER MARIAGE.

1. **Gaspard-Louis de Bourbon**, comte de Châlus, né le 16 mai 1745, au château de Busset ; baptisé à Paris ; mort à Paris le 8 décembre 1751 (⁸).

2. LOUIS-FRANÇOIS-JOSEPH, comte de Busset, qui suit.

3. **Arthus-Charles-Timoléon de Bourbon**, né à Paris le

(¹) Le chevalier de Courcelles dit à tort en 1795. — *Sépulture :* En une chapelle particulière du cimetière de Busset.

(²) *Gazette*, 1769, p. 492.

(³) Diocèse de Paris, paroisse de Saintry.

(⁴) La *Gazette*, 1769, p. 492, dit qu'elle s'appelait Jeanne-Marie.

(⁵) *Gazette*, 1769, p. 492.

(⁶) *Corresp. complète de madame du Deffand avec la duchesse de Choiseul*, etc. Paris, 1867, 3 vol. in-8° ; t. II, p. 591. — On donne ordinairement pour date de ce mariage l'année 1772.

(⁷) Elle avait été présentée au Roi et à la famille royale au commencement de mai 1773, par la comtesse de Gouffier (*Gazette*, p. 322), et elle fut nommée dame d'atours de la comtesse d'Artois, au moment du mariage de cette princesse (*Gazette*, 1773, p. 881).

(⁸) *Sépulture :* En l'église cathédrale de Notre-Dame de Paris.

21 septembre 1752; baptisé le lendemain, à Notre-Dame de Paris; mort le 18 avril 1759, à Paris, au collége Louis-le-Grand ([1]).

4. **Louis-Antoine-Paul de Bourbon**, vicomte de Bourbon-Busset, mestre de camp, premier gentilhomme de la chambre de Mgr le comte d'Artois ([2]); né au château de Busset le 10 juin 1753 ([3]); baptisé à Saint-Sulpice le 3 juin 1762, tenu par Antoine-Paul-Jacques de Quélen-de Stuer-de Caussade, marquis de Saint-Mégrin, duc de la Vauguyon, et Jeanne d'Illiers, femme de Louis-Auguste, marquis de Rieux; mort au château de Lignières le 9 février 1802 ([4]); marié, le 8 octobre 1796, à *Marguerite-Louise-Charlotte-Joséphine de Lordat*, fille de Marie-Paul-Jacques, marquis de Lordat, baron de Bram, et d'Antoinette-Marie-Françoise Biotières-Chassincourt-Tilly; morte à Paris le 7 juin 1800, dont il a eu :

1. Louis-Charles-Timoléon de Bourbon, né le 6 novembre 1797; mort à Vézigneux le 2 mai 1798 ([5]).

2. Eugène de Bourbon, vicomte de Bourbon-Busset, lieutenant de cavalerie; né au château de Vézigneux le 15 février 1799; mort au château de Lignières le 24 novembre 1863 ([6]); marié : 1° le 12 septembre 1822, à Paris, à *Ida-Albertine-Charlotte de Calonne-de Courtebonne*, fille de Louis-Jacques de Calonne-de Courtebonne, et de Charlotte de Cocherel; morte à Paris le 12 septembre 1828 ([7]); — 2° le 7 novembre 1832, à Paris, à *Marie-Claire-Eugénie de Nédonchel*, née à Tournay le 9 décembre 1812, fille d'Eugène-Joseph de Nédonchel et de Henriette-Thècle-Albertine du Sart-de Bourlandont.

([1]) *Sépulture :* A Paris, en l'église paroissiale de Saint-Benoît.

([2]) Il prêta serment, le 19 décembre 1779, entre les mains du comte d'Artois, pour cette place en survivance de son père. (*Gazette*, 1780, p. 9.)

([3]) Selon le registre des baptêmes de Saint-Sulpice. (Communiqué par M. le comte de Chastellux.) — M. de Saint-Allais (*Art de vérifier les dates*) dit le 19 novembre 1753.

([4]) *Sépulture :* En l'église de Lignières.

([5]) *Sépulture :* Probablement en l'église de Saint-Martin-du-Puits.

([6]) *Sépulture :* En une chapelle particulière, dans le cimetière de Lignières.

([7]) *Sépulture :* En l'église de Lignières.

ENFANTS NÉS DU PREMIER MARIAGE.

1° MARIE-LOUIS-HENRI DE BOURBON, comte de Bourbon-Lignières, né le 7 avril 1826 ; marié à Paris, le 31 mai 1855, à *Adrienne-Stanislas-Léontine de Mailly*, née à Paris le 16 février 1831, fille d'Adrien-Stanislas de Mailly et d'Eugénie Loulay de Villepail, dont il a eu :

   1° *Louis-Eugène-Marie de Bourbon*, né à Paris le 24 octobre 1856.

   2° *Charles-Adrien-Marie-Eugène de Bourbon*, né à Paris le 30 décembre 1858.

   3° *Georges-Louis-Marie-Gabriel de Bourbon*, né à Paris le 29 juillet 1860.

   4° *Isabelle-Ida-Amanda-Marie de Bourbon*, née à Paris le 26 juillet 1862 ; morte à Paris le 5 octobre 1862 (¹).

   5° *Anne-Marie-Louise-Arnoldine de Bourbon*, née au château de Lignières le 2 décembre 1866.

2° CHARLES-LOUIS-MARIE DE BOURBON, vicomte de Busset, né à Paris le 23 janvier 1828 ; non marié.

ENFANTS NÉS DU SECOND MARIAGE.

3° PAULINE-SUZANNE-HENRIETTE DE BOURBON, née à Paris le 6 août 1833 ; morte à Paris le 4 juin 1835 (²).

4° LOUISE-MARIE-CHARLOTTE-GASPARINE-JOSÉPHINE DE BOURBON, née au château de Lignières le 28 septembre 1834 ; morte à Paris le 14 mai 1848 (³).

5° MARGUERITE-LOUISE-MARIE-ANNE DE BOURBON, née à Paris le 28 août 1837 ; mariée à Paris, le 28 octobre 1857, à *Amable-Marie-Laurent, vicomte* puis *comte de Chabannes* ; morte au château d'Argoulais en Nivernais, le 8 octobre 1870 (⁴).

6° EUGÉNIE-MARIE-GABRIELLE-LOUISE DE BOURBON, née à Paris le 21 mai 1841 ; non mariée.

5. **Louise-Henriette-Gasparde de Bourbon**, née au château de Busset le 20 juillet 1746 ; morte à Paris le 18 décembre 1761, pensionnaire aux Filles Sainte-Marie de la rue du Bac (⁵).

(¹) *Sépulture :* En l'église de Lignières.
(²) *Sépulture :* En l'église de Lignières.
(³) *Sépulture :* En l'église de Lignières.
(⁴) *Sépulture :* Caveau de famille à Argoulais.
(⁵) *Sépulture :* A Paris, en l'église de Saint-Sulpice.

6. **Marie-Anne-Julie-Louise de Bourbon**, demoiselle de Châlus, née au château de Busset le 16 septembre 1747 ; baptisée le 4 octobre suivant en l'église de Busset, tenue par Gaspard le Compasseur de Courtivron, marquis de Courtivron, et Anne-Marie-Julie le Tonnelier de Breteuil, duchesse de Clermont-Tonnerre ; morte le 8 juillet 1784 à Paris, pensionnaire aux Filles Sainte-Marie de la rue du Bac (¹).

7. **N.... de Bourbon**, née au château de Busset le 21 mars 1751 ; morte le 23 du même mois.

X. **LOUIS-FRANÇOIS-JOSEPH** de Bourbon, comte de Busset et de Châlus, etc., menin de Louis XVI, maréchal des camps et armées du Roi, appelé, du vivant de son père, le *marquis de Bourbon-Busset*.

Né au château de Busset le 1er juin 1749.

Baptisé en l'église du château de Busset le 18 juin 1749, tenu par François-Joseph, marquis de Clermont-Tonnerre, son oncle maternel, et Louise-Jacqueline de Lastic-de-Saint-Jal, femme de Claude de la Queille, marquis de Château-Gay. Mort le 3 février 1829 au château de Busset (²).

Marié, à Boynes, près Fontainebleau, le 4 mars 1778, à *Élisabeth-Louise Bourgeois de Boynes*, fille de Pierre-Étienne-François Bourgeois de Boynes, ministre de la marine, et de Charlotte-Louise Desgots, sa seconde femme ; morte à Busset le 7 décembre 1853 (³).

ENFANTS NÉS DE CE MARIAGE.

1. FRANÇOIS-LOUIS-JOSEPH, comte de Busset, qui suit.

2. **Antoine-Louis-Jules de Bourbon**, chef d'escadron ; né le 20 janvier 1787 ; mort au château de Busset en septembre 1829 (⁴).

(¹) *Sépulture :* A Paris, en l'église de Saint-Sulpice.
(²) *Sépulture :* En une chapelle particulière du cimetière de Busset.
(³) *Sépulture :* En une chapelle particulière du cimetière de Busset.
(⁴) Le registre de la paroisse de Busset porte qu'il y fut inhumé le 17 septembre 1829. — *Sépulture :* En une chapelle particulière du cimetière de Busset.

3. **Gaspard de Bourbon**, né à Southampton, en Angleterre, pendant l'émigration, le 1er novembre 1797 ; baptisé le même jour, à Southampton, tenu par Sébastien-Corentin de Dall-de Thomelin, chanoine, et Gasparde de Bourbon, sa sœur ; mort à Paris le 10 septembre 1817 (¹).

4. **Gasparde-Louise-Julie de Bourbon**, née à Paris le 28 décembre 1779 ; baptisée à Paris, en l'église de Saint-Laurent, tenue par Gaspard de Clermont-Tonnerre, duc et pair, maréchal de France, et Charlotte-Louise Desgots, son aïeule maternelle ; accordée, par contrat passé à Londres le 19 septembre 1801, et mariée le 4 octobre de la même année, à *Louis-Paul, vicomte de Gouvello*, maréchal des camps et armées du Roi ; morte au château de la Berge en Nivernais, le 12 décembre 1853 (²).

XI. **FRANÇOIS-LOUIS-JOSEPH** de Bourbon, comte de Busset, pair de France, lieutenant général des armées du Roi.

Né à Paris le 4 février 1782.

Baptisé le même jour, en l'église de Saint-Laurent, tenu par son aïeul, François-Louis-Antoine de Bourbon, comte de Busset, et Marie-Françoise-Herminie Nigot de Saint-Sauveur, femme de François-Étienne de Gueudreville, conseiller d'État.

Mort à Paris le 15 décembre 1856 (³).

Marié, le 14 juin 1818 (⁴), à Paris, paroisse de l'Assomption, à *Charlotte-Sabine-Louise-Gabrielle de Gontaut-Biron*, fille de Charles-Michel de Gontaut-Biron, lieutenant général, et de Marie-Louise-Joséphine de Montaut, duchesse de Gontaut ; née à Five-Fields, près de Londres (⁵), le 8 octobre 1796. Elle a été dame d'honneur de S. A. R. Madame la Dauphine.

(¹) *Sépulture :* Au cimetière du Père-Lachaise.
(²) *Sépulture :* A Chaulne, sa paroisse
(³) *Sépulture :* En la chapelle mortuaire du château de Busset.
(⁴) Le Roi signa le contrat de mariage du comte de Busset le 31 mai 1818. (*Moniteur universel*, p. 671.)
(⁵) Actuellement dans la ville même.

1. **CHARLES-FERDINAND**, comte de Busset, qui suit.

2. **Gaspard-Louis-Joseph de Bourbon**, comte de Châlus, frère jumeau du précédent; né à Paris le 21 janvier 1819; baptisé à Paris, le 23 mai 1819, en la chapelle du palais de l'Élysée, tenu par le duc de Clermont-Tonnerre et la duchesse de Gontaut, sa grand'mère maternelle; mort au château de Busset le 10 novembre 1871, à une heure du matin ([1]); marié : 1° le 7 janvier 1847, dans la chapelle de madame Swetchine, rue Saint-Dominique, à Paris, à *Céline du Prat*, née à Lyon le 21 septembre 1825, fille de Marc-Louis-Gabriel des Bravards-d'Eyssat, comte du Prat, et d'Anne-Jeanne-Joséphine Merlat; morte au Montet-aux-Mines, le 6 juin 1857 ([2]); — 2° le 26 décembre 1860, à Paris, en l'église de Sainte-Clotilde, à *Marie-Anne de Castelnault*, née à Paris le 4 avril 1832. — Les enfants nés du premier mariage sont :

> 1. François-Joseph-Robert de Bourbon, né à Paris le 26 février 1848; sous-lieutenant aux zouaves pontificaux, qui continuera la branche des Bourbons-Busset et prendra le titre de comte de Bourbon-Busset. — Il a été baptisé en l'église de Busset le 24 septembre 1850, tenu par Fr.-L.-J. de Bourbon, comte de Busset, son grand-père, et A.-J.-Jos. Merlat, sa grand'mère maternelle.
>
> 2. Marie-Gabriel-Charles-Guy de Bourbon, né à Moulins le 13 septembre 1849, zouave pontifical; il prendra le titre de comte de Bourbon-Châlus. — Il a été baptisé le 1er octobre 1849, en la cathédrale de Moulins, tenu par Charles de Bourbon, comte de Busset, son oncle paternel, et Marie du Prat, marquise de Dreux-Brézé, sa tante maternelle.
>
> 3. Louise de Bourbon, née au château de Thoury le 13 septembre 1861; baptisée le 29 septembre 1861, en l'église de Neuvy, tenue par madame de Castelnault, sa grand'mère maternelle, et Charles de Bourbon, comte de Busset.

([1]) *Sépulture :* En la chapelle mortuaire du château de Busset.
([2]) *Sépulture :* En la chapelle mortuaire du château de Busset.

XII. CHARLES-FERDINAND de Bourbon, comte de Busset.
Né à Paris le 21 janvier 1819.

Baptisé à Paris, en la chapelle du palais de l'Élysée, le
23 mai 1819, tenu par le duc et la duchesse de Berry [1].
Marié, dans la chapelle du château d'Issy, près Paris, le 22
septembre 1842, à *Marie-Louise-Alexandrine-Eulalie de
l'Espine*, née à Paris le 29 juillet 1824, fille de Charles,
comte de l'Espine, et de dona Marie-Louise-Eulalie de Car-
vajal, duchesse de San-Carlos.

ENFANTS NÉS DE CE MARIAGE.

1. **Françoise-Eulalie-Marie-Madeleine de Bourbon**, née
à Paris le 29 juin 1844 ; baptisée à Busset le 1er octobre
1844, tenue par Fr.-L.-J. de Bourbon, comte de Busset, et
la comtesse douairière de l'Espine, son arrière-grand'mère
maternelle ; mariée, au château de Busset, le 15 octobre
1866, à *Alain de Charette de la Contrie*, capitaine aux
zouaves pontificaux.

2. **Marguerite-Marie-Charlotte-Joséphine de Bourbon**,
née à Paris le 6 juillet 1845 ; baptisée en l'église de Busset
le 8 août 1846, tenue par le duc de San-Carlos, son grand-
oncle maternel, représenté par Charles, comte de l'Espine,
son grand-père, et Charlotte-Sabine-Louise-Gabrielle de
Gontaut, comtesse de Bourbon-Busset, sa grand'mère paternelle ; mariée à Paris, à la mairie du VIIe arrondissement,
le 27 décembre 1871, et en l'église de Sainte-Clotilde,
le 28, à *Henri-Marie-Guillaume, vicomte de Chabrol-
Tournoelle*, député à l'Assemblée nationale.

3. **Joséphine-Marie-Suzanne de Bourbon**, née à Paris le
16 décembre 1846 ; baptisée à Paris, en l'église de Saint-
Thomas-d'Aquin, le 29 décembre 1846, tenue par Charles,
comte de l'Espine, son grand-père maternel, et Marie-
Louise-Joséphine de Montaut, duchesse de Gontaut, son
aïeule paternelle.

---

[1] Registres des baptêmes de la paroisse de la Madeleine.

4. **Isabelle-Marie-Alexandrine de Bourbon**, née à Paris
le 18 avril 1849 ; baptisée à Paris, en l'église de Saint-
Thomas-d'Aquin, le 5 mai 1849, tenue par Pierre-Bernar-
din-Théophile, baron Masson du Rondon, son arrière-grand-
oncle, et Élisabeth Bourgeois de Boynes, son aïeule paternelle, représentée par Antoinette-Virginie Schmits, épouse
du parrain.

APPENDICE (¹)

Les Bourbons de la branche de Busset n'étoient point indifférents à
l'orgueil et au cœur de mon beau-père ; il en descendoit par les Lupé
de Torrebren, ceux-ci par les la Queille, ces derniers directement par
une mère. Il avoit pris le soin de me le démontrer souvent. Les Bourbons-Busset étoient encore plus prochainement et plus clairement cou-
sins des comtes du Prat (des Bravards-d'Eyssat) par les Saulx-Tavannes.
On les traitoit dans la famille en rois détrônés. Le comte de Busset (²),
mari de mademoiselle de Gouffier, une parente du marquis de Raray,
venoit parfois à la Goupillère, et se laissoit volontiers rendre les honneurs dus à un Bourbon. Il faut dire qu'à côté de cette innocente et
même assez juste gloriole, il avoit l'esprit parfaitement droit et le
cœur tout à fait bienveillant.

Leur infériorité parmi les Bourbons et l'oubli de leur auréole remon-
tent au temps de Louis XI. Mon beau-père me disoit souvent : « Nous
devrions les appeler *Monseigneur*, si *mon cousin* ne nous en dispensoit
pas. » L'illustration et l'origine de notre famille m'ayant fait particuliè-
rement étudier le quinzième siècle et celui qui l'a suivi, je vais un
instant me séparer de moi-même et des miens pour m'attacher à eux.

(¹) Nous croyons devoir reproduire ici un passage des rares et curieux *Mémoires
de madame du Prat*, née Brillon, publiés par le marquis du Prat, son arrière-petit-fils, sous le titre de : *Notes sur les tableaux vendus, pillés, saccagés et sau-
vés de mon pauvre vieux château de la Goupillère*. Versailles, 1863, in-8°, tiré
à 100 exemplaires (p. 91).
(²) Louis II.

Leur honneur n'est point étranger à notre satisfaction. Ici je quitte l'anecdote pour entrer dans l'histoire, et je commence par déclarer que s'ils eussent été cadets, ils seroient sans difficultés aujourd'hui princes du sang.

Charles Ier, duc de Bourbonnais et d'Auvergne, mort en 1456, avoit épousé Agnès de Bourgogne. Six garçons et bien des filles furent les fruits de cette féconde union. Leurs destinées s'accomplirent comme il suit. Jean II mourut sans enfants de Jeanne de France. Pierre II épousa Anne de Beaujeu, fille de Louis XI : grande princesse et maîtresse femme s'il en fût, élevée à l'école du Roi son père et douée de son ambition comme de son habileté. S'il étoit de saison de succomber à mon goût et de reprendre mes études, je dirois de ce souverain, pièces en main, plus de bien qu'il n'est convenu d'en rapporter. Philippe fut marié à une des descendantes de la fée Mélucine. Charles eut une fille naturelle avant son épiscopat. Jacques mourut à vingt-deux ans, sans autre illustration que son nom et la Toison d'or. Enfin Louis, sixième (¹) fils du duc Charles, fut nommé évêque et prince de Liége en 1455, à l'âge de dix-huit ans. Il entra dans les ordres seulement onze ans après, en 1466. Il fut égorgé en 1482 par Guillaume de la Marck, dit le Sanglier des Ardennes. Tels furent les fils de Charles Ier ; ses filles entrèrent, les unes dans le cloître, auquel je ne prétends pas les disputer, les autres dans les maisons d'Anjou, de Bourgogne, d'Egmont, de Chalon et de Savoie ; je manque de loisirs pour les suivre. Je n'ai besoin pour mon récit que de Pierre et de Louis de Bourbon. Ils laissèrent des rejetons appartenant également à la généalogie et à l'histoire. J'abandonne les autres à la glorieuse poussière de leurs tombeaux.

En l'année 1503, Pierre II mourut jeune encore, sans laisser d'autres enfants légitimes que Suzanne de Bourbon, laquelle épousa son cousin issu de germain, Charles, devenu connétable. Elle mourut sans enfants ; tous l'avoient prédécédée. Je reviendrai à sa mère et aux manœuvres qui doivent conserver à cette mémoire de femme et à ce caractère viril l'inimitié des Bourbons-Busset. La position, non pas illégitime, mais illégale, de cette branche, les difficultés de Suzanne de Bourbon, la défection qui en fut la suite et que commit le connétable, le procès intenté par Louise de Savoie, la participation qu'y prit le chancelier du Prat, la réputation qui lui en revint, résultèrent de près ou de loin de la même ambition.

Si Anne de Beaujeu, autrement dite Anne de France, ne s'étoit point tant agitée et n'avoit pas tant intrigué pour sa fille et pour son gen-

---

(¹) Madame du Prat se trompe ; Louis était le cinquième fils de Charles Ier. Nous rectifions cette erreur en la signalant ; mais çà et là nous avons corrigé, sans prévenir, quelques erreurs échappées à la spirituelle marquise.

dre ([1]), pour les enfants qu'elle espéroit de leur union, pour elle-même, l'aînesse de la maison et une part de ses grands biens auroient appartenu sans contestation à Pierre de Bourbon ([2]), fils aîné de Charles, évêque de Liége. La couronne de France, au lieu d'échoir à Henri IV, représentant de la branche de Bourbon-Vendôme, rameau des comtes de la Marche, cadets eux-mêmes des Bourbons-Montpensier, seroit revenue aux vrais aînés, les comtes de Bourbon-Busset; elle seroit tombée sur la tête de César de Bourbon, comte de Busset, baron de Châlus, fils d'une la Rochefoucauld, veuf d'une Pontac, mari d'une Montmorillon, beau-père d'une la Queille; nobles et illustres noms, faits dans l'occasion pour le trône, ni plus ni moins que ceux de Luxembourg, de Beauvau, de Laval, de Châtillon, dont descendoit Henri IV. Ce n'est pas que je veuille, par cette dissertation, rien enlever à mon respect pour nos rois, ni les traiter d'usurpateurs. Je m'incline devant leur étoile, devant la noblesse de leurs carrières et la grandeur de leurs vertus qui les ont consacrés. Mais je veux rendre aux Bourbons-Busset, nos amis et nos alliés, l'honneur d'aînesse et de légitimité qui leur appartient. L'histoire, complaisante et soumise, ne pouvant en faire des cadets, en a fait des bâtards. Grande origine, il est vrai, selon le préjugé des nations, lorsqu'elle vient d'une faute royale ou princière; mais cependant ombre réelle, et dès lors outrage sanglant, lorsque cette origine est une calomnie.

Il n'est jamais entré dans mes principes, ni dans mes penchants, de considérer un nuage comme un ornement du ciel, une vapeur comme un embellissement du paysage, une tache, quelque royale qu'elle soit, comme l'ornement d'un blason. Sortir d'une branche bâtarde seroit une calamité pour moi, et s'allier à un rameau illégitime me sembleroit un abaissement, quand bien même les fleurs de lis devroient par suite embellir mon écusson. L'or et les honneurs pourroient couvrir la barre fatale, mais ne la sauroient pas effacer. Je tiens donc à rendre à notre branche de Busset l'hommage et la vérité qui lui appartiennent.

Louis de Bourbon, tige des Bourbons-Busset, étoit élevé en Flandre sous la tutelle de Philippe le Bon, duc de Bourgogne, son oncle. Plus tard, lors de la révolte des Liégeois contre son autorité, révolte excitée par le roi Louis XI, père d'Anne de Beaujeu (il ne faut pas le perdre de vue), il se réfugia dans le duché de Gueldre. Dépouillé de son évêché et de sa principauté, auxquels les liens du sacerdoce ne l'attachoient point encore, il épousa secrètement, et toutefois du consentement du duc de Bourgogne, son oncle, Catherine d'Egmont, fille du duc de Clèves et de Gueldre. Cette princesse étoit assez belle pour

---

obtenir son amour, assez vertueuse pour fixer son cœur, assez noble pour que le Roi et la maison de Bourbon tout entière l'adoptassent pour fille et pour cousine, si d'autres intérêts n'avoient pas combattu de tels droits.

Mais Louis II n'avoit plus de père ; sa maison, aussi bien que le Roi, son chef et son maître, étoit gouvernée par le crédit et l'habileté de sa belle-sœur que dirigeoient d'autres calculs.

Anne de Beaujeu, maîtresse de l'esprit du Roi son père, et voulant conserver à sa fille, à son gendre futur, aux enfants qui naîtroient d'eux, l'aînesse et les apanages de la maison de Bourbon que réclameroient à bon droit les fils de l'évêque de Liége, rendit Louis XI contraire à cette union. Elle avoit d'ailleurs été formée sous les yeux et par la main du duc de Bourgogne, foible recommandation aux yeux du Roi Très-Chrétien. Il maintint donc illégaux un mariage et une postérité qui, du moins en aucun cas, n'étoient illégitimes, et qui demandoient la sanction du Roi, après avoir obtenu la bénédiction de Dieu. L'influence d'Anne de Beaujeu s'accrut encore de l'inimitié existant entre le Roi et le duc de Bourgogne, oncle et protecteur de Louis. Il prêta un nouvel appui à Guillaume de la Marck et aux Liégeois révoltés contre leur prince. Nulle paix, nulle trêve ne purent avoir lieu entre Louis XI et Louis de Bourbon, qui, voyant son mariage méconnu et contesté par sa famille, se jeta dans les ordres, auxquels il avoit été destiné sans vocation, auxquels il arrivoit par désespoir. Il reçut enfin l'onction sainte et la consécration épiscopale.

Louis de Bourbon mourut en 1482. Pierre de Bourbon, son fils, intenta un procès aux ducs de Bourbon pour se faire reconnoître et revendiquer sa succession. Des longueurs aboutirent à un échec. Le crédit de ces princes exploita l'illégalité de sa naissance. Anne de Beaujeu soutint, envenima peut-être leur opposition.

Devenue régente du royaume pendant la minorité de Charles VIII, son frère, elle fit servir sa toute-puissance éphémère à la confirmation des avantages de sa fille et à la destruction des justes prétentions de Pierre. Le règne établi de Charles VIII ne changea rien à cet ordre de choses si fatal pour les seigneurs de Busset. La bonté et la foiblesse du roi Louis XII acceptèrent les faits que la tendresse paternelle du roi Louis XI avoit établis, que la reconnoissance et l'amitié fraternelles de Charles VIII avoient consolidés. Le captif de Bourges, le vaincu de Saint-Aubin du Cormier ne devoit-il pas encore de dernières soumissions à la victorieuse régente ? Le mari d'Anne de Bretagne ne devoit-il pas d'éclatantes réparations à la sœur de Jeanne de France ?

François Ier substitua l'influence de Louise de Savoie, sa mère, à celle qu'Anne de Beaujeu avoit exercée. A la mort de cette princesse, qui suivit de près celle de Suzanne de Bourbon, il pensa aux droits inaliénables et imprescriptibles de sa couronne plus qu'à ceux de Pierre de Bourbon. Il renversa cette grande opulence que le connétable tenoit de la princesse sa femme et de sa belle-mère, Anne de Beaujeu, et qui menaçoit le royaume d'un déchirement. Il ne songea pas à réhabiliter la mémoire de Louis de Bourbon, et moins encore à reconstituer la position de ses fils. Les seigneurs de Busset furent oubliés. Sa justice n'alla point au delà du châtiment, la restitution fut omise.

Telle est, selon mes souvenirs, mes études et les récits que j'ai recueillis, l'histoire abrégée de la disgrâce des Bourbons de la branche aînée et légitime, dite de Busset. Elle n'a point, du reste, abaissé leurs cœurs, demeurés à la hauteur de leur origine. Également François et Bourbons, ils ont toujours servi le pays et le prince, et contracté leurs alliances à la hauteur de leur rang. Les Saulx-Tavannes, les Clermont-Tonnerre, les d'Alègre, les Gouffier, etc., sont, avec les noms que j'ai déjà prononcés, les maisons qu'ils ont honorées de leurs choix. Elles n'ont rien qui les fasse déroger de la grandeur de leur origine. Portant leur épée, comme ils portent leur nom, ils ont gardé une fidélité constante à ceux dont ils auroient dû la recevoir.

Pour ma part, lorsque je rencontrois jadis quelques-uns d'entre eux, malgré la familiarité qui régnoit entre nous, je me sentois toujours portée à leur tirer la révérence que les grandeurs déchues, et cependant nobles et dignes, ont le droit d'exiger.

———————

CHAPITRE X

BRANCHES BATARDES ISSUES DES BRANCHES PRÉCÉDENTES

§ 1. — LES VICOMTES DE LAVEDAN, LES MARQUIS DE MALAUSE
ET LES BARONS DE BASIAN.

I. BRANCHE DE LAVEDAN
ISSUE DES DUCS DE BOURBON

I. CHARLES, bâtard de Bourbon, baron de Caudes-Aigues et de Malause en Quercy, vicomte de Lavedan dans le Bigorre, etc., fils naturel de Jean II, duc de Bourbon.

Mort le 8 septembre 1502.

Marié, avant 1462, à *Louise du Lion*, vicomtesse de Lavedan, etc., fille de Gaston du Lion, seigneur de Malause, et de Jeanne, vicomtesse de Lavedan ; vivait encore en 1505.

ENFANTS NÉS DE CE MARIAGE.

1. **Hector de Bourbon**, vicomte de Lavedan ; marié à *Renée* [1] *d'Anjou*, fille de René d'Anjou, seigneur de Mézières, et d'Antoinette de Chabannes ; mort avant le 26 juin 1525, sans enfants.

2. **JEAN**, vicomte de Lavedan, qui suit.

---

[1] Moréri dit : Aimée.

3. **Jacques de Bourbon**, mort sans postérité.

4. **Gaston de Bourbon**, baron de Basian, chef de la branche
de Basian, dont on parlera ci-après, au n° 3 du § 1 de ce
chapitre.

II. **JEAN** de Bourbon, vicomte de Lavedan, baron de Malause
et de Barbazan.

Mort en 1549.

Marié : 1° en 1529, à *Antoinette d'Anjou*, fille de René
d'Anjou, seigneur de Mézières, et d'Antoinette de Chabannes ; — 2° en 1539, à *Françoise de Silly*, dame du Fay,
Cerisay, etc., fille de François de Silly, seigneur de Lon-
ray, et d'Aimée de la Fayette ; veuve de Frédéric de Foix,
seigneur d'Almenesches, laquelle était morte en 1571 ;
elle fut gouvernante, puis dame d'honneur de Jeanne d'Albret, reine de Navarre.

ENFANTS NÉS DU PREMIER MARIAGE.

1. ANNE, vicomte de Lavedan, qui suit.

2. **Manaud de Bourbon**, baron de Barbazan-de-Bas ; marié
à *Anne de Castelnau-Coarase*, fille d'Antoine, seigneur de
la Loubère, et de Catherine de Bazilhac, née en 1522, dont
il eut :

> Annet de Bourbon, baron de Barbazan, né vers 1557 ; marié
> à *Andrée d'Antin*, fille d'Arnaud, baron d'Antin, et d'Anne
> d'Ornesan, de laquelle il eut quatre filles :
>
> > 1° Catherine de Bourbon, mariée, en 1601, à *Roger de
> > Comminges*, seigneur de Peguilhem ; — 2° Jeanne de
> > Bourbon, mariée à N..., seigneur de Doulhac ; — 3° Mag-
> > deleine de Bourbon, mariée à N... *de Saint-Paul*, sei-
> > gneur de Lespouey en Bigorre ; — 4° Anne de Bourbon,
> > mariée à N..., seigneur de Gonnez.

ENFANTS NÉS DU SECOND MARIAGE.

3. HENRI Ier DE BOURBON, baron de Malause, tige de la
branche de Malause, dont il est parlé au n° 2 du § 1 de ce
chapitre.

4. **Marie de Bourbon**, mariée, en 1568, à *Jean Guichard*, seigneur de Peré ou Peraset en Vendômois.

5. **Louise de Bourbon**, abbesse de Fontevrault; née à Moulins le 21 octobre 1548; morte à Fontevrault le 11 janvier 1637 [1].

6. **Jeanne de Bourbon**, abbesse de la Règle en Limousin en 1575, puis de la Trinité de Poitiers de 1586 à 1598; morte le 15 mars 1610, âgée de soixante et un ans.

7. **Françoise de Bourbon**, mariée à *Bertrand de Larmandie*, seigneur de Longa.

8. **Aimée de Bourbon**, morte sans alliance; vivait en 1556.

III. ANNE de Bourbon, vicomte de Lavedan, baron de Barbazan et de Malause.

Son testament fut ouvert le 20 novembre 1594.

Marié : 1° le 27 décembre 1551, à *Jeanne d'Abzac*, fille de Pierre d'Abzac, seigneur de la Douze en Périgord, et de Jeanne de Bourdeille; — 2° avant 1584, à *Catherine de Tersac-Montbéraut*, dame douairière de la Case, qui vivait veuve le 20 novembre 1594.

ENFANTS NÉS DU PREMIER MARIAGE.

1. JEAN-JACQUES, vicomte de Lavedan, qui suit.

2. **Jeanne de Bourbon** [2], mariée, avant le 21 novembre 1584, à *Antoine*, seigneur de Bégole.

3. **Jeanne de Bourbon**, la jeune, mariée, le 22 septembre 1586, à *Guillaume de Montvalat*.

4. **Magdeleine de Bourbon**, mariée à *Louis*, seigneur de la Corne.

Enfant naturel.

ANNE DE LAVEDAN.

---

[1] *Gazette de France*, 1637, 31 janvier.
[2] Moréri l'appelle Catherine.

IV. JEAN-JACQUES de Bourbon, vicomte de Lavedan.

Mort après le 25 août 1610.

Marié : 1° par contrat du 16 octobre 1600, à *Catherine de Bourbon*, fille de Jean de Bourbon, baron de Basian ; — 2° à *Marie de Gontaut*, fille d'Arnaud de Gontaut, seigneur de Saint-Geniez, et de Jeanne de Foix, et veuve de Philippe de Montaut-Bénac, à laquelle, se voyant sans enfants, il fit don de la vicomté de Lavedan ([1]). — Marie de Gontaut se remaria, avant le 12 mai 1620, avec Bernard, seigneur de Bezoles et de la Graule, et fit son testament le 17 février 1643.

2. BRANCHE DE MALAUSE
ISSUE DE LA BRANCHE DE LAVEDAN

I. HENRI Ier de Bourbon, baron de Malause, troisième fils de Jean de Bourbon, vicomte de Lavedan, prend le titre de vicomte de Lavedan en 1610, après la mort de Jean-Jacques de Bourbon, vicomte de Lavedan ; conseiller et chambellan du roi de Navarre (Henri IV), puis lieutenant de la compagnie de gens d'armes de Henri IV ([2]).

Né en 1544.

Mort à Miramont en 1611.

Marié, par traité du 19 mai 1571, à *Françoise de Saint-Exupéry*, dame de Miramont, fille aînée et héritière de Guy de Saint-Exupéry, seigneur de Miramont, et de Magdeleine de Saint-Nectaire, morte en 1613.

ENFANTS NÉS DE CE MARIAGE.

1. **Élie de Bourbon**, né en 1572 ; mort jeune après le 30 septembre 1584.

2. HENRI II, marquis de Malause, qui suit.

([1]) Marie de Gontaut légua à un neveu de son premier mari la vicomté de Lavedan, qui fut érigée en duché, en 1650, en faveur du fils de l'héritier de Marie de Gontaut.

([2]) Lettre de Henri IV du 12 avril 1607.

3. **Jacques de Bourbon**, mort jeune.

4. **Magdeleine de Bourbon**, mariée, le 15 août 1595, à *Gilbert-François de Cardaillac*, baron de la Capelle-Marival (¹).

5. **Françoise de Bourbon**, alliée, le 3 août 1605, à *Bertrand de Peyronenc*, seigneur de Sanchemarans en Quercy ; fait son testament le 24 juin 1616.

II. **HENRI II** de Bourbon, marquis de Malause (²), vicomte de Lavedan.

Mort, en sa soixante-dixième année, au château de Sanchemarans en Quercy (³), le 31 décembre 1647 (⁴), après s'être converti au catholicisme le 3 octobre 1647 (⁵).

Marié à *Marie de Chalon* (⁶), dame de la Case en Albigeois, fille d'Antoine de Chalon, seigneur de la Case, et d'Anne de Lannoy-la-Boissière.

ENFANTS NÉS DE CE MARIAGE.

1. LOUIS, marquis de Malause, qui suit.

2. **Magdeleine de Bourbon**, mariée : 1° à *Jacques d'Escars II*, marquis de Merville ; — 2° par contrat du 26 janvier 1656, à *Jean de Thubières-de Grimoard-de Pestels-de Lévis*, comte de Caylus ; morte à Montal en Auvergne, en septembre 1638.

3. **Victoire de Bourbon**, mariée à *Armand d'Escodeca ou d'Escaudecat*, marquis de Mirambeau et de Pardaillan ; morte au mois d'août 1644.

(¹) Elle en eut un fils, Henri-Victor de Cardaillac, baron de la Capelle-Marival, qui était des plus fiers de sa naissance : « Un certain de la Capelle, parent du marquis de Malause, dit Tallemant (VI, 520), avoit fait faire à d'Hozier sa généalogie et la portoit toujours avec lui, bien reliée, in-quarto. Il faisoit sans cesse tomber le discours sur cela, et à tout bout de champ tiroit son livre. »

(²) La baronnie de Malause fut érigée en marquisat en faveur de Henri II par Henri IV, roi de France, dont il était le filleul et le fidèle serviteur.

(³) La *Gazette* dit : le château de Chamarain.

(⁴) *Gazette*, 1648, p. 71.

(⁵) *Gazette*, 26 octobre 1647, et Tallemant des Réaux (édit. P. Paris), VI, 188.

(⁶) Moréri dit : Magdeleine de Chalon.

III. LOUIS de Bourbon, marquis de Malause, vicomte de Lavedan.

Mort à Paris, le 1er septembre 1667, âgé de cinquante-neuf
ans et trois mois (¹).

Marié : 1° en l'église de Saint-Sulpice, à Paris, le 22 avril
1638, à *Charlotte de Kerveno*, fille de François, marquis
de Kerveno, et de Marie de Lannoy-la-Boissière ; morte,
après le mois de septembre 1647 ; — 2° en 1653, à *Henriette de Durfort*, fille aînée de Guy-Aldonce de Durfort,
marquis de Duras, et d'Élisabeth de la Tour de Bouillon ;
elle abjura le calvinisme en 1687 (²).

ENFANTS NÉS DU PREMIER MARIAGE.

1. **Henri de Bourbon**, né le 14 juillet 1644 ; mort jeune.

2. **Magdeleine de Bourbon**, née en 1644 (?) ; morte jeune.

ENFANTS NÉS DU SECOND MARIAGE.

3. GUY-HENRI III, marquis de Malause, qui suit.

4. **Armand de Bourbon**, marquis de Miremont, né le 12
    juillet 1655 ; mort à Londres, au palais de Somerset, le 25
    février 1732 (³) ; réfugié en Angleterre pour cause de reli-
    gion (⁴), où il servit en qualité de lieutenant-général, puis
    en Hollande, où il se fit nommer le *comte de Bourbon*.

5. **Louis de Bourbon**, comte de la Case (⁵), né le 10 mars
    1667 ; réfugié en Angleterre pour cause de religion, servit,
    comme son frère, dans l'armée de Guillaume III, et fut
    tué à la bataille de la Boyne, en Irlande, le 22 juillet 1690.

6. **Charlotte de Bourbon**, demoiselle de Malause, née
    le 4 avril 1659 ; réfugiée en Angleterre (⁶) ; morte à

(¹) *Sépulture :* A la Case en Albigeois.
(²) *Journal de Dangeau*, II, 19.
(³) Moréri.
(⁴) Les Malause étaient calvinistes depuis Henri II, le filleul de Henri IV. —
Voy. sur le marquis de Miremont les *Mémoires* du marquis de Sourches, I, 81.
(⁵) Moréri dit : marquis de la Case.
(⁶) Mademoiselle de Malause, qui est encore huguenote, eut ordre de se mettre
dans un couvent, à Paris. (*Dangeau*, 5 mai 1686.)

Londres, au palais de Somerset, le 25 octobre 1732, sans alliance.

7. Henriette de Bourbon, demoiselle de la Case, née en 1661 ; morte à Paris en 1668.

Enfant naturel.

Louis, bâtard de Bourbon-Malause, né de Françoise de Birgand ; baptisé à Saint-Sulpice, à Paris, le 17 février 1641.

IV. GUY-HENRI III de Bourbon, marquis de Malause, vicomte de Lavedan, comte de la Case, baron de Caudes-Aigues, aide de camp de Turenne, son grand-oncle, brigadier des armées du Roi en 1688 ; abjura le calvinisme, à Paris, le 12 août 1678 [1], entre les mains de Bossuet, évêque de Condom.

Né le 23 juin 1654 [2].

Mort en son château de la Case, près de Castres, le 18 août 1706 [3].

Marié : 1° à *Marie-Hiacynthe-Mitte de Chevrières-de Saint-Chaumont*, fille d'Armand-Jean-Mitte, seigneur de Chevrières, marquis de Saint-Chaumont, comte de Miolans, et de Gasparde de la Porte-d'Ossin ; morte en couches en mai 1691, à la Bruyère, dans le diocèse de Lavaur [4] ; — 2° en 1692, à *Marie-Louise-Françoise de Bérenger-de Montmouton*, fille de Charles de Bérenger, marquis de Montmouton ; morte au château de Saint-Côme, dans le Rouergue, le 5 juillet 1738, âgée de soixante-quinze ans [5]. — Appelée la *marquise de Malause*, puis la *marquise douairière de Malause*.

ENFANT NÉ DU PREMIER MARIAGE.

1. Marie-Geneviève-Henriette-Gertrude de Bourbon, marquise de Montpezat, dame de Bruguières ; née à la

---

[1] *Gazette*, 1678, p. 748. — *Mémoires* du marquis de Sourches, avril 1685, I, 81.
[2] Moréri dit le 3.
[3] *Gazette*, 1706, p. 444.
[4] *Sépulture :* A la Bruyère.
[5] *Gazette*, 1738, p. 564.

Bruyère en mai 1691 ; mariée à Paris, dans la chapelle de
l'hôtel de Lauzun, en la paroisse de Saint-Sulpice, le 31
janvier 1715, à *Ferdinand-Joseph de Poitiers-de Rye et
d'Anglure*, comte de Vadans, etc., mort à Paris le 29 octobre 1715. Elle fut dame d'accompagnement de la duchesse douairière d'Orléans, veuve du Régent, et mourut
le 7 mars 1778.

ENFANTS NÉS DU SECOND MARIAGE.

2. LOUIS-AUGUSTE, marquis de Malause, qui suit.

3. **Armand de Bourbon**, d'abord comte de Malause, puis
marquis de Malause après la mort de Louis-Auguste de
Bourbon, son frère, en 1741, brigadier des armées du Roi ;
mort à Villefranche, en Italie, le 26 avril 1744, âgé de
quarante-huit ans, des blessures qu'il avait reçues à l'at-
taque des retranchements de Villefranche et de Montal-
ban ([1]). Il ne fut pas marié, et la branche de Malause s'étei-
gnit avec lui.

4. **Arnaud de Bourbon**, chevalier de Malte, mort en sa
commanderie de Condat en Périgord.

V. **LOUIS-AUGUSTE** de Bourbon, marquis de Malause, vicomte
de Lavedan, comte de la Case, baron de Caudes-Aigues, seigneur de Favers, colonel du régiment d'Agénois en 1719,
brigadier des armées du Roi le 15 mars 1740.

Né en 1694.

Mort dans son château de la Case, près de Castres, le 27
décembre 1741 ([2]), sans postérité.

Marié à Paris, le 15 mars 1729, à *Marie-Christine de Maniban*, fille aînée de Gaspard-Joseph de Maniban, marquis
de Maniban et de Campagne, etc., premier président au parlement de Toulouse, et de Jeanne-Christine de Lamoignon
de Bâville ; morte le 25 mai 1751.

([1]) *Gazette*, 1744, p. 240.
([2]) *Gazette*, 1742, p. 46.

3. BRANCHE DE BASIAN(¹)
ISSUE DE LA BRANCHE DE LAVEDAN

I. GASTON de Bourbon, seigneur de Basian, au diocèse d'Auch, quatrième fils de Charles, bâtard de Bourbon, baron de Caudes-Aigues et de Malause, et vicomte de Lavedan, guidon dans la compagnie de cent hommes d'armes des rois de Navarre, Henri d'Albret et Antoine de Bourbon, de 1546 à 1550.

Marié, par contrat du 25 février 1554, à *Suzanne du Puy*, dame de Parentis et d'Audagence.

ENFANTS NÉS DE CE MARIAGE.

JEAN, baron de Basian, qui suit.

Autres enfants qui ne sont connus que parce que leur mère, en mariant Jean de Bourbon, le nommait son fils aîné.

II. JEAN de Bourbon, baron de Basian, qui se fit calviniste.
Son testament est du 22 avril 1604.
Marié, par contrat du 6 juin 1564, à *Françoise de Saint-Martin*, fille de Jean de Saint-Martin, vicomte de Vicarosse.

ENFANTS NÉS DE CE MARIAGE.

1. SAMUEL, baron de Basian, qui suit.
2. **Catherine de Bourbon**, mariée, par contrat du 16 octobre 1600, à *Jean-Jacques de Bourbon*, vicomte de Lavedan.

III. SAMUEL de Bourbon, baron de Basian et d'Audagence.
Baptisé en 1583.
Marié, par contrat du 23 août 1599, à *Élisabeth d'Astarac*, fille de Michel d'Astarac, seigneur de Fontrailles, et d'Isabelle de Gontaut-Cabrerez; elle testa le 4 février 1655.

(¹) Cette branche, protestante et éloignée de la Cour, est en général peu connue.

ENFANT NÉ DE CE MARIAGE.

GÉDÉON, baron de Basian, qui suit.

IV. GÉDÉON de Bourbon, baron de Basian et d'Audagence, seigneur de la Canau, de Parentis, etc.

Né en 1608 ; vivait encore le 29 octobre 1666.

Marié, par contrat du 28 juin 1648, à *Anne-Louise d'Alba*.

ENFANTS NÉS DE CE MARIAGE.

1. LOUIS, baron de Basian, qui suit.

2. **Benjamin de Bourbon**, mousquetaire du Roi en la première compagnie ; mort à Paris le 21 février 1680, âgé d'environ vingt-six ans ([1]).

3. **Anne de Bourbon**, mariée à *Paul de Polastron*, seigneur de Maurens.

4. **Anne-Louise de Bourbon**, mariée, le 12 août 1672, à *Phinées de Sariac*, seigneur de Pontchentut.

5. **Catherine de Bourbon**, mariée à *Jean de Boulouse* ; vivait veuve en 1722.

V. LOUIS de Bourbon, baron de Basian.

Vivait pauvre et obscur dans la religion réformée, en 1697, époque à laquelle l'intendant de Montauban le força de produire ses titres et l'écusson de ses armes.

Mort en 1722.

Marié, le 4 juillet 1721, à *Anne de Garisson*. Il a eu pour fils, sans doute d'une première femme, *N...*, baron de Basian, qui suit ([2]).

VI. N... de Bourbon, baron de Basian.

Marié, au diocèse d'Auch, à la fin d'août 1725.

([1]) *Sépulture :* A Saint-Sulpice.

([2]) En effet, N... de Bourbon, marié en 1725, ne peut être le fils d'Anne de Garisson, mariée en 1721 à Louis de Bourbon, baron de Basian.

§ 2. — LES SEIGNEURS DE LIGNY ET DE RUBEMPRÉ
ISSUS DES COMTES DE VENDÔME.

I. JACQUES, bâtard de Vendôme, fils naturel de Jean II, comte de Vendôme; légitimé par lettres de François Ier, en décembre 1518, dès lors appelé *Jacques de Bourbon-Vendôme*, chevalier, baron de Ligny, seigneur de Bonneval, de Vançay (¹), etc.

Mort le 1er octobre 1524 (²).

Marié, par contrat passé à Amiens le 7 décembre 1505, à *Jeanne de Rubempré*, fille de Charles, seigneur de Rubempré, dans les Pays-Bas, et de Françoise de Mailly; veuve de François, seigneur de Crèvecœur; elle se remaria en troisièmes noces à Pierre ou Perceval de Chepois, vicomte de Cluny.

ENFANTS NÉS DE CE MARIAGE.

1. CLAUDE, seigneur de Ligny, qui suit.

2. **André de Bourbon-Vendôme**, seigneur de Rubempré, capitaine d'une compagnie d'ordonnance du Roi, député de la noblesse du Ponthieu aux États de Blois, mort après 1577; marié : 1° à *Anne de Busserade*, fille et héritière de Louis de Busserade, seigneur des Rieux, et de Marguerite de Boufflers, dont il eut : JEAN DE BOURBON-VENDÔME, mort jeune au château de Cagny; — 2° par contrat passé à Maineville le 18 septembre 1560, à *Anne de Roncherolles*, fille de Philippe de Roncherolles, baron du Pont-Saint-Pierre, et de Suzanne de Guisencourt, dont il eut six enfants :

    1. CHARLES DE BOURBON-VENDÔME, seigneur de Rubempré, mort sans alliance en 1595; servit Henri IV contre la Ligue (³).

(¹) Moréri dit : Vauçai.

(²) *Sépulture :* Abbaye de Longpont, près Soissons. — Sa femme y fut aussi enterrée.

(³) Lettre de Henri IV, 26 mars 1592.

2. Louis de Bourbon-Vendôme, seigneur de Grainville et de Rubempré, né en 1574; mort sans alliance en 1598.

3. Marguerite de Bourbon-Vendôme, dame de Rubempré, mariée, par contrat du 29 novembre 1596 (¹), à *Jean de Monchy*, seigneur de Montcavrel.

4. Magdeleine de Bourbon-Vendôme, mariée à *Jean*, seigneur de Gonnelieu.

5. Jeanne (²) de Bourbon-Vendôme, abbesse de Saint-Étienne de Reims.

6. Marguerite de Bourbon-Vendôme, religieuse en l'abbaye du Trésor, dans le Vexin.

3. **Jean de Bourbon-Vendôme**, abbé de Cuissy, au diocèse de Laon; mort le 9 novembre 1571 (³).

4. **Jacques de Bourbon-Vendôme**, grand archidiacre de Rouen.

5. **Catherine de Bourbon-Vendôme**, mariée à *Jean d'Estrées*, seigneur de Vallieu et Cœuvres.

6. **Jeanne de Bourbon-Vendôme**, abbesse de Saint-Étienne de Reims.

7. **Magdeleine de Bourbon-Vendôme**, religieuse à Notre-Dame de Soissons, puis abbesse de Saint-Étienne de Reims après sa sœur; morte le 25 août 1588 (⁴).

II. CLAUDE de Bourbon-Vendôme, seigneur de Ligny.

Mort en 1595, âgé d'environ quatre-vingts ans (⁵).

Marié, le 20 juin 1542, à *Antoinette de Bours*, vicomtesse de Lambercourt, fille et héritière de Claude de Bours, seigneur d'Onival, et de Jeanne de Vaudricourt; morte à Abbeville le 7 janvier 1585 (⁶).

(¹) Moréri dit : en décembre 1595.
(²) Moréri dit : Marie.
(³) *Sépulture :* Abbaye de Cuissy.
(⁴) *Sépulture :* Église de Notre-Dame de Soissons.
(⁵) *Sépulture :* Église de Notre-Dame du Castel d'Abbeville.
(⁶) *Sépulture :* Église de Lambercourt, détruite en 1793.

ENFANTS NÉS DE CE MARIAGE.

1. **Antoine de Bourbon-Vendôme**, vicomte de Lambercourt, appelé le *seigneur de Ligny*, tué en duel à Paris, en 1594, ne laissant pas d'enfants.

2. **Claude de Bourbon-Vendôme**, dame de Ligny et de Lambercourt, morte en 1620 ; mariée, le 24 juin 1571, à *Jean IV*, sire de Rambures et de Hornoy.

3. **Anne de Bourbon-Vendôme**, mariée à *Claude de Créqui*, seigneur de Hémond.

Enfant naturel.

Jacques de Vendôme, seigneur de Ligny et de Courcelles, né de mademoiselle de Courcelles, mort en 1632 ; marié : 1° à *Marie de Bommy ;* — 2° à *Louise de Gouy*, fille de Jacques de Gouy, seigneur de Cournehant, et de Marguerite de la Chaussée ; il en eut six enfants :

1. François-Claude de Vendôme, seigneur de Lévigny (¹), appelé *Monsieur de Brétencourt;* marié à *Louise de Belleval ;* mort sans postérité en 1658.

2. François de Vendôme, seigneur de Brétencourt et d'Abrancourt ; marié, par contrat du 18 février 1649, à *Jacqueline Tillette d'Achery ;* il en eut un fils dont on ignore le sort. — Après la mort de sa femme, il épousa sa servante, dont il eut deux filles, qui épousèrent l'une le *sieur des Lyons*, l'autre *M. Fortel des Essarts*, et deux fils dont le sort est inconnu ; on croit cependant qu'ils sont allés en Espagne.

3. Charles de Vendôme, lieutenant de cavalerie.

4. Marguerite de Vendôme, mariée à *Jacques de Monchy*, seigneur de Lamberval. — Tous les deux étaient morts en 1658.

5. Marie-Gabrielle de Vendôme, morte en 1629.

6. Antoinette de Vendôme, mariée en 1626, à *Alexandre de Touzin*, chevau-léger de la garde du Roi, dont elle était veuve en 1658[2].

(¹) Moréri dit : seigneur de Ligny.

(²) Voir, sur les seigneurs de Ligny et de Rubempré, l'important travail de M. R. de Belleval, dans la Revue nobiliaire de Dumoulin, 1866, p. 195.

DEUXIÈME PARTIE

LA MAISON DE BOURBON DEPUIS ANTOINE DE BOURBON

CHAPITRE I

LA FAMILLE ROYALE [1]

QUI CONTINUE CELLE DES DUCS DE VENDÔME

1. **ANTOINE** de Bourbon, roi de Navarre en 1555, prince de Béarn, duc de Vendôme, de Beaumont et d'Albret, comte de Foix, d'Armagnac, de Périgord, de Bigorre, de Rouergue, de Fezenzac, de Marle et de Conversan, vicomte de Limoges et de Meaux, seigneur d'Épernon [2], de la Fère, de Ham, de Beaurevoir, etc., fils aîné de Charles de Bourbon, duc de Vendôme (voy. p. 29). Il porta d'abord le titre de *duc de Vendôme*, puis celui de *roi de Navarre*.

Né le 22 avril 1518 au château de la Fère, en Picardie.

---

[1] Depuis Henri IV, les princes et princesses de la branche royale composent seuls la *Famille royale*. Les rois n'ont jamais voulu considérer les princes des autres branches comme faisant partie de la famille royale, tandis que lesdits princes ont toujours voulu en être. (*Mémoires* de Bezenval, t. II, p. 292.)

[2] La châtellenie d'Épernon fut vendue par Henri, roi de Navarre, en 1581, à Henri III, qui l'érigea en duché-pairie et la donna à son favori la Valette, duc d'Épernon. (Lestoile, *Journal de Henri III*, 27 novembre 1581.)

Mort aux Andelys le 17 novembre 1562, des suites d'une blessure reçue au siége de Rouen (¹).

Marié à Moulins, le 20 octobre 1548, à *Jeanne d'Albret*, fille et héritière de Henri d'Albret, roi de Navarre, et de Marguerite d'Angoulême, sœur de François Iᵉʳ; née le 7 janvier 1528 (²), morte à Paris le 9 juin 1572 (⁵).

ENFANTS NÉS DE CE MARIAGE.

1. **Henri de Bourbon**, duc de Beaumont au Maine (⁴), né le 21 septembre 1551, mort le 20 août 1555 au château de la Flèche (⁵).

2. HENRI IV, roi de France et de Navarre, qui suit (⁶).

5. **Louis-Charles de Bourbon**, comte de Marle, né le 19 février 1554, au château de Gaillon; mort au berceau (⁷).

4. **Magdeleine de Bourbon**, née le 11 avril 1557; morte le 25 du même mois (⁸).

5. **Catherine de Bourbon** (⁹), princesse de Navarre, duchesse d'Albret, comtesse d'Armagnac et de Rhodez, vicomtesse de Limoges, née à Paris le 7 février 1558; morte le 13

(¹) *Sépulture :* Église de Saint-Georges, à Vendôme.

(²) Suivant un document béarnais cité par la *Correspondance littéraire* (5ᵉ année, p. 267), Jeanne d'Albret serait née le 16 novembre.

(⁵) *Sépulture :* Église de Saint-Georges, à Vendôme.

(⁴) Joachim du Bellay a fait une ode sur la naissance du petit duc de Beaumont, fils de monseigneur de Vendôme, roi de Navarre.

(⁵) *Sépulture :* Église de Saint-Georges, à Vendôme.

(⁶) Henri IV descend de saint Louis par :

    1. Robert, comte de Clermont, sixième fils de saint Louis.

    2. Louis Iᵉʳ, duc de Bourbon, son fils.

    3. Jacques Iᵉʳ, comte de la Marche, troisième fils du précédent.

    4. Jean Iᵉʳ, son fils.

    5. Louis, comte de Vendôme, second fils du précédent.

    6. Jean II, comte de Vendôme, son fils.

    7. François, comte de Vendôme, son fils.

    8. Charles, comte de Vendôme, son fils.

    9. Antoine, comte de Vendôme, roi de Navarre, son fils.

(⁷) *Sépulture :* Église de Notre-Dame d'Alençon.

(⁸) *Tableaux généalogiques*, etc., par le P. Labbe.

(⁹) Appelée *Catherine de France* après l'avénement de Henri IV au trône de France. — Voy. Dupleix, *Vies des roys Henry IV et Louys XIII*, p. 578, et Remarques de M. le Mareschal de Bassompierre sur cet ouvrage, p. 58.

février 1604, à Nancy (¹) ; mariée, le 30 janvier (²) 1599, à *Henri de Lorraine*, marquis de Pont (³), duc de Bar, puis de Lorraine, mort le 20 juillet 1624 (⁴). — Appelée successivement : *Madame, Madame Catherine* (⁵) et *Madame sœur du Roi*, depuis l'avénement de son frère jusqu'à son mariage, et après son mariage la *duchesse de Bar* ou *Madame de Bar*.

Enfant naturel.

CHARLES, bâtard de Bourbon, successivement évêque de Comminges, de Lectoure et de Soissons (1590), archevêque de Rouen (1594); se démet de son archevêché en 1604 et devient abbé de Marmoutier; mort à Marmoutier, au commencement de juin 1610 (⁶).

II. **HENRI IV**, roi de France et de Navarre (⁷), dit *le Grand.* — Sacré à Chartres le 27 février 1594.

Né le 13 décembre 1553 (⁸) au château de Pau.

(¹) *Sépulture :* Église de Saint-Georges, à Vendôme.

(²) Le *Journal inédit du règne de Henri IV* (1598-1602), par P. de Lestoile, (p. 78), et le *Supplément au Journal de Lestoile*, disent le 31 janvier.

(³) *Journal inédit du règne de Henri IV*, par P. de Lestoile, p. 65.

(⁴) *Mercure françois*, 1624, p. 499.

(⁵) Sully, *Mémoires*, éd. Petitot, t. II, p. 70 et 158 ; Héroard, *Journal*, t. I, p. 52. — Henri IV donne aussi ce nom à sa sœur.

(⁶) Lestoile, p. 612, édit. Michaud et Poujoulat.

(⁷) Prince de Navarre jusqu'à la mort de sa mère (1572); roi de Navarre en 1572, sous le nom de Henri III; roi de France après la mort de Henri III le 2 août 1589, à Saint-Cloud. — Il fut appelé successivement : le *comte de Viane*, en naissant ; le *prince de Navarre* et le *prince de Béarn*, le *roi de Navarre* et le *roi de France et de Navarre.*—Ajoutons que, devenu roi, Henri de Bourbon s'appela Henri de France, car le Roi a pour nom de famille le nom même de sa couronne. (Voy. *Recueils de Mémoires et de Dissertations* qui établissent que c'est par erreur et par un mauvais usage que l'on nomme l'auguste maison qui règne en France la *Maison de Bourbon*, que son nom est *de France*, et qu'entre toutes les maisons impériales et royales régnantes, elle est la seule qui ait pour nom de famille le nom même de sa couronne, etc. Amsterdam et Paris, 1769, in-12. — Biblioth. de Versailles, I d. 291.) — Prault (*L'esprit de Henri IV*, p. 3) dit que Henri IV fut appelé au berceau le *prince de Viane*, et qu'on lui donna peu de temps après le nom de *duc de Beaumont* qu'avait porté son frère ; mais il ne cite pas de preuves.

(⁸) Le P. Anselme, Moréri et l'*Art de vérifier les dates* disent que Henri IV est né le 13 décembre. — D'après un document (*Journal des naissances et morts des princes de Béarn*, par l'évêque d'Oloron) cité par M. Bascle de Lagrèze dans son *Histoire du château de Pau*, et par M. Berger de Xivrey aux tomes I, p. 37, et II, p. 515, des *Lettres de Henri IV*, la naissance de Henri IV aurait eu lieu le 14 décembre, entre une heure et deux heures après minuit. Ce serait au contraire le 12 décembre que Henri IV serait né, suivant Théodore-Agrippa d'Aubigné (*Hist. univ.*, ch. I) et d'après le document béarnais cité par la *Correspondance litté-*

Assassiné le 14 mai 1610 à Paris ([1]).

Marié, à Notre-Dame de Paris, le 18 août 1572, à *Marguerite de France*, duchesse de Valois, appelée *Marguerite de Valois*, fille de Henri II, roi de France, et de Catherine de Médicis ; née le 14 mai 1553 ([2]) ; morte à Paris, dans son hôtel, au faubourg Saint-Germain, le 27 mars 1615 ([3]). — Ce mariage ayant été déclaré nul par le Pape, le 17 décembre 1599 ([4]), Henri IV épousa en secondes noces ([5]), par procuration, à Florence, le 5 octobre 1600, et en personne, à Lyon, le 27 décembre 1600, *Marie de Médicis*, princesse de Toscane, fille de François de Médicis, grand-duc de Toscane, et de Jeanne d'Autriche ; née à Florence le 26 avril 1575 ; morte à Cologne le 3 juillet 1642 ([6]). — Elle fut couronnée reine de France en l'abbaye de Saint-Denis le 13 mai 1610, et gouverna la France, comme régente, depuis le 15 mai 1610 jusqu'à la mort de son favori Concini, maréchal d'Ancre, tué le 24 avril 1617. — Appelée la *Reine-mère* depuis l'arrivée en France d'Anne d'Autriche, reine-infante, le 6 novembre 1615 ([7]).

ENFANTS NÉS DU SECOND MARIAGE.

ENFANTS DE FRANCE ([8])

1. LOUIS XIII, roi de France, qui suit.

---

raire (3ᵉ année, p. 267).—La recherche curieuse sur le nombre de 14 fatal à Henri IV, citée par Lestoile dans son Journal (p. 631, édit. Michaud et Poujoulat), admet le 14 décembre comme la date de la naissance du Roi.

([1]) *Sépulture :* Abbaye royale de Saint-Denis ; son cœur, à la Flèche, au collége des Jésuites.

([2]) Si l'on en croit Bassompierre (*Remarques*, p. 170), Marguerite de Valois serait née en février.

([3]) *Journal de Jean Héroard*, t. II, p. 175. — *Lettres de Malherbe à Peiresc*, édit. Lud. Lalanne, p. 492. — *Mercure françois*, p. 428. — *Sépulture :* Abbaye royale de Saint-Denis ; son cœur aux Augustins réformés du faubourg Saint-Germain.

([4]) Après son « démariage » la reine Marguerite est appelée par Henri IV « ma sœur la royne Marguerite. »

([5]) Marie de Médicis avait été accordée à Henri IV par le traité de Florence du 25 avril 1600.

([6]) *Gazette*, 1642, p. 652.—*Sépulture :* Abbaye royale de Saint-Denis ; son cœur, à la Flèche ; ses entrailles, à Saint-Pierre, à Cologne.

([7]) Héroard, II, 186 ; *Mercure françois*, 1615, p. 306.

([8]) « Aussitôt qu'un enfant du Roi vient au monde, il se nomme Enfant de France. » *Lettres de la Palatine*, édit. Charpentier, I, 289.

2. **N...** de France, duc d'Orléans, né à Fontainebleau le 16 avril 1607 (¹); mort à Saint-Germain-en-Laye le 17 novembre 1611, à une heure après minuit ou environ (²). — Appelé *Monsieur* (³), depuis la mort de Henri IV.

3. GASTON DE FRANCE, duc d'Orléans, tige de la première maison d'Orléans, dont il sera parlé au chapitre v.

4. **Élisabeth de France**, appelée *Madame* (⁴), née à Fontainebleau le 22 novembre 1602 (⁵); baptisée à Fontainebleau le 14 septembre 1606, tenue par le duc de Lorraine et sa fille (⁶); morte à Madrid le 6 octobre 1644 (⁷); mariée par procuration, à Bordeaux, en l'église de Saint-André, le 18 octobre 1615, et en personne, aussi à Bordeaux, le 25 novembre 1615 (⁸), en vertu du traité du 25 mars 1612 (⁹), à *Don Philippe*, prince des Asturies, depuis Philippe IV, roi d'Espagne.

5. **Christine** ou **Chrétienne de France**, appelée successivement la *Petite Madame, Madame Chrétienne* (¹⁰) et *Madame* (¹¹), puis, après son mariage, *Madame Royale* et quelquefois *Madame de Savoie*. En Italie, elle fut appelée la *princesse de Piémont*, puis la *duchesse de Savoie* en 1630. — Née au Louvre, à Paris, le 10 février 1606; baptisée à Fontainebleau le 14 septembre 1606, tenue par le duc de Lor-

---

(¹) *Lettres de Henri IV*, t. VII, p. 184. — *Lettres de Malherbe à Peiresc*, 32. — Héroard, I, 258.

(²) *Mercure françois*, 1611, p. 158. — Bassompierre (*Mém.*, I, 318) dit à tort que ce prince mourut le 16. — *Sépulture :* Abbaye royale de Saint-Denis; son cœur, aux Célestins de Paris; ses entrailles, à l'église de Saint-Germain-en-Laye, sous la première marche du grand autel.

(³) Il était d'usage que le frère aîné du Roi s'appelât *Monsieur* tout court. Sa femme s'appelait *Madame* tout court.

(⁴) L'aînée des filles du Roi ou Filles de France s'appelle *Madame* tout court ; les autres Filles de France font suivre le titre de Madame de leur nom de baptême ; exemple : *Madame Christine*.

(⁵) *Lettres de Henri IV*, t. V, p. 701 et 702. — Héroard, I, 57.

(⁶) *Lettre de Henri IV*, 15 septembre 1606 (VI, 664), et le P. Anselme.

(⁷) *Gazette*. — *Sépulture :* A l'Escurial.

(⁸) *Mercure françois*, 1615, p. 537.

(⁹) Le contrat fut signé le 23 mars 1612 (Héroard, II. 108).

(¹⁰) Ou Madame Christienne (Héroard).

(¹¹) Après le mariage de sa sœur Élisabeth.

raine et sa fille (¹) ; morte à Turin le 27 décembre 1663 (²) ; mariée à Paris, le 10 février 1619 (³), à *Victor-Amédée*, prince de Piémont (⁴), depuis Victor-Amédée Ier, duc de Savoie, en 1630 ; veuve et régente le 7 octobre 1637 (⁵).

6. **Henriette-Marie de France**, appelée successivement : la *Petite Madame* (⁶), *Madame Henriette* (⁷) et *Madame* (⁸), puis après son mariage : la *princesse de Galles* et la *Reine d'Angleterre*. — Née au Louvre, à Paris, le 26 novembre 1609 (⁹) ; morte le 10 septembre 1669 (¹⁰), à Colombes, près Paris (¹¹) ; mariée (par traité signé à Paris le 20 novembre 1624) par procuration à Paris, en l'église de Notre-Dame, le 11 mai 1625, et en personne le 22 juin 1625 (¹²), à *Charles*, prince de Galles, depuis Charles Ier, roi d'Angleterre, décapité le 9 février 1649. — La reine d'Angleterre s'était réfugiée en France dès l'année 1644 (¹³).

(¹) Mêmes sources que note 6, p. 83.

(²) *Gazette*, 1664, p. 48. — *Sépulture* : Son corps fut mis en dépôt en l'église des Carmélites déchaussées jusqu'à ce qu'il fût transporté à Verceil, auprès du duc son mari, dans la chapelle qu'on y devait construire d'après les ordres de la duchesse.

(³) *Mercure françois*, 1619, p. 86. — Héroard, II, 251. — Le contrat fut signé le 11 janvier 1619 (Héroard, II, 229), et les fiançailles eurent lieu le 9 février, 1619 (Héroard, II, 231). — Le P. Anselme dit à tort que le mariage eut lieu en 1620.

(⁴) Il était arrivé à Paris pour se marier, le 7 février (*Mercure françois*, 1619, p. 86). — On peut ajouter que le projet de ce mariage remonte à l'année 1609 ; voy. Lettre de Henri IV du 29 septembre 1609.

(⁵) *Gazette*.

(⁶) *Lettres de Malherbe à Peiresc* (25 avril et 15 juin 1614). — Héroard, 1614 ; II, 141.

(⁷) Bassompierre, *Mémoires*, II, 148.

(⁸) Après le mariage de sa sœur Chrétienne.

(⁹) *Lettres de Henri IV*, t. VII, p. 801. — Héroard, I, 414. — *Journal de Lestoile* (édit. Michaud et Poujoulat), p. 516. — Le P. Anselme dit à tort le 25.

(¹⁰) *Gazette*, 1669, p. 903.

(¹¹) Dans un château qu'elle y avait acheté. Voy. *Mémoires de madame de Motteville* (édit. Charpentier), IV, 279, et *Gazette*, 1669, p. 927. — *Sépulture* : Abbaye royale de Saint-Denis ; son cœur et ses entrailles, aux Filles de Sainte-Marie de Chaillot.

(¹²) Bassompierre (III, 250) dit à tort : le dernier jour de mai.

(¹³) Si l'on en croit la Palatine (*Lettres*, I, 295, édit. Charpentier), la reine d'Angleterre aurait contracté un second mariage, mais secret, en épousant son chevalier d'honneur, qui la traitait fort mal. Il s'appelait *Mylord Jermyn, comte de Saint-Albans*. Mylord Saint-Albans était grand chambellan de la Reine en 1669. (*Gazette* p. 1132.)

Enfants naturels.

a. Une fille mort-née à Nérac, en 1581, de la *Belle Fosseuse*, une des filles d'honneur de la reine Marguerite. Elle s'appelait Françoise de Montmorency et était fille de Pierre, marquis de Thury et baron de Fosseux; elle fut mariée depuis au baron de Cinq-Mars [1].

b. Henri IV perdit, le 29 novembre 1588, un *fils naturel* dont il est fait mention dans la lettre qu'il écrivit à Corisande, comtesse de Gramont, le 30 novembre 1588 : « Je suis fort affligé, lui dit-il, de la perte de mon petit, qui mourut hier ; à vostre advis, ce que ce seroit d'un légitime ? Il commençoit à parler. » On n'a aucun renseignement positif sur cet enfant, ni sur sa mère, quoique Voltaire dise qu'il était fils de Corisande [2].

Nés de *Gabrielle d'Estrées*, née vers 1571, morte à vingt-huit ans, à Paris, au doyenné de Saint-Germain, le 10 avril 1599, après avoir mis au monde, la veille, un enfant mort [3]; mariée en 1591 à Nicolas d'Amerval, seigneur de Liancourt; démariée en 1594, peu de temps avant la naissance du chevalier de Vendôme. — Appelée successivement, depuis son mariage, quelquefois *madame de Liancourt* [4], mais plus généralement *madame Gabrielle* [5], à partir de juin 1594 [6], la *marquise de Monceaux*, ou *madame de Monceaux* [7], ou *la Marquise* tout court ; enfin, après avoir été créée duchesse de Beaufort, le 10 juillet 1597 [8], la *duchesse de Beaufort*, ou *madame de Beaufort* [9], ou *la Duchesse* tout court [10].

c. César de Bourbon, duc de Vendôme, tige de la maison de Vendôme, dont on parlera au chapitre 1er de la quatrième partie.

---

[1] *Mémoires de Marguerite de Valois*, édit. Guessard, p. 178-179, et *Lettres*, p. 289.

[2] La *Notice sur la vie de Henri le Grand*, qui est jointe à l'édition des *Amours du grand Alcandre*, publiée par Didot l'aîné (Paris, 1786, 2 vol. in-12), cite (II, 201), parmi les maîtresses de Henri IV, Catherine de Luc d'Agen, bourgeoise, que le Roi abandonna bientôt, quoiqu'elle fût grosse. On dit qu'elle mourut de misère, elle et son enfant.

[3] *Remarques de Bassompierre*, p. 60, et *Amours du grand Alcandre*, p. 75, édit. Didot.

[4] Lestoile, 15 septembre et 12 novembre 1594. — Sully, II, 317, éd. Petitot.

[5] Les *Amours de Henri IV*, etc. Amsterdam. 1754, in-12, p. 81.

[6] Époque de la naissance de César, duc de Vendôme. « Henri IV eut une telle joie de la naissance de César, duc de Vendôme, qu'il fit à l'instant quitter à Gabrielle le nom de son mari et lui donna le titre de marquise de Monceaux. » (*Amours du grand Alcandre*, p. 59.)

[7] Lettre de Henri IV du 24 mars 1596. — Les contemporains disent Monceaux ou Monsaux, et Mousseaux.

[8] *Journal de Lestoile.*

[9] Lettre de Henri IV du 25 août 1597.

[10] Sully, III, 233 (en 1598), et III, 289 (en 1599).— Henri IV l'appelle *feu madame la Duchesse* dans une lettre du 7 juin 1599. — Suivant Lestoile (*Journal*, p. 286), les contemporains lui donnaient le surnom de la *duchesse d'ordure*.

d. ALEXANDRE DE BOURBON, chevalier de Vendôme, chevalier de Malte le
1er février 1604 (¹), puis abbé de Marmoutier en 1610 et grand prieur de
France; né à Nantes le 19 avril 1598 (²); baptisé à Saint-Germain-en-
Laye le 13 décembre 1598, tenu sur les fonts par Madame Catherine,
sœur du Roi, et par le comte de Soissons (³); légitimé de France en avril
1599; mort le 8 février 1629, prisonnier au château de Vincennes (⁴).—
Appelé d'abord *Alexandre-Monsieur*, puis le *chevalier de Vendôme* ou
Monsieur le Chevalier.

e. CATHERINE-HENRIETTE DE BOURBON, mademoiselle de Vendôme (⁵), née à
Rouen le 11 novembre 1596 (⁶); légitimée de France en mars 1597;
morte à Paris le 20 juin 1663; mariée, le 20 janvier 1619 (⁷), à *Charles II
de Lorraine,* duc d'Elbeuf; veuve le 5 novembre 1657. — Appelée successivement *mademoiselle de Montmorency* (⁸), *mademoiselle de Vendôme* et la *duchesse d'Elbeuf* (⁹).

Nés de Catherine-Henriette de Balzac-d'Entragues, appelée *mademoiselle d'Entragues,* puis la *marquise de Verneuil* (¹⁰); née vers 1579; morte à Paris le 9
février 1633, à cinquante-quatre ans (¹¹).

f. Un premier enfant mort-né dont elle accoucha à Saint-Germain, au
commencement de juillet 1600 (¹²).

. (¹) Supplément au *Journal de Lestoile.*
(²) *Lettres de Henri IV,* t. IV, p. 961.
(³) Communiqué par M. Parent de Rosan, d'après les registres de la paroisse de
Saint-Germain.
(⁴) *Sépulture :* Église des Pères de l'Oratoire, à Vendôme.
(⁵) *Mém. de mademoiselle de Montpensier,* III, 450 (édit. Charpentier). — Bassompierre, II, 148. — Héroard, I, 19 et 28.
(⁶) *Lettres de Henri IV,* IV, p. 658. — Lestoile, p. 279 (édit. Michaud et Poujoulat).
(⁷) Héroard, II, 230. — Quelques-uns disent en février.
(⁸) Henri IV la destina dès sa naissance au fils du connétable de Montmorency,
né la même année; c'est pourquoi il appelle sa fille mademoiselle de Montmorency dans les lettres qu'il adresse au Connétable le 15 et le 20 novembre 1596.
(⁹) Plusieurs familles, entre autres celles de Rohan, de Richelieu et de Poix, se
rattachent à Henri IV et à Gabrielle d'Estrées par les mariages qu'elles ont con-
tractés avec les descendants de la duchesse d'Elbeuf.
(¹⁰) Henri IV la créa marquise de Verneuil en 1599. (Lettre du 11 août 1599.)
(¹¹) La *Gazette de France* (au 26 février 1633, p. 80) dit que la marquise de
Verneuil mourut âgée de cinquante-quatre ans, ce qui la fait naître vers 1579;
c'est exact. En effet, François de Balzac, son père, a épousé en premières noces
Jacqueline de Rohan, morte en 1578; il est évident que la marquise de Verneuil,
fille de Marie Touchet (ancienne maîtresse de Charles IX), seconde femme de
François de Balzac, ne peut être née en 1569, année qui devrait être celle de sa
naissance, si elle était morte à soixante-quatre ans, comme le dit le P. Anselme.
(¹²) *Supplément au Journal de P. de Lestoile,* p. 517, et les *Amours du grand
Alcandre,* p. 78 (édit. Didot).

g. Henri de Bourbon ([1]), né au château de Verneuil le 3 novembre 1601 ([2]);
baptisé en la chapelle du château de Saint-Germain le 9 décembre 1607,
tenu par le Dauphin et Madame (Élisabeth) sa sœur ([3]); légitimé de
France en janvier 1603; mort en son château de Verneuil le 28 mai
1682 ([4]); d'abord évêque titulaire de Metz, puis duc de Verneuil en
1663 ([5]); marié à Paris, le 29 octobre 1668 ([6]), à *Charlotte Séguier,*
fille de Pierre Séguier, chancelier de France, et veuve depuis 1661 de
Maximilien-François de Béthune, duc de Sully; née en 1622, morte à
Paris, le 5 juin 1704, âgée de quatre-vingt-un ans et dix mois ([7]). —
Appelé successivement : *Monsieur de Verneuil,* le *chevalier de Verneuil,* le *marquis de Verneuil, Monsieur de Metz,* de 1608 à 1652 ([8]),
et enfin le *duc de Verneuil.*

h. Gabrielle-Angélique de Bourbon, mademoiselle de Verneuil; née à Paris le 21 janvier 1603 ([9]); baptisée à Saint-Germain-en-Laye le 9 décembre 1607, tenue par César, duc de Vendôme, et mademoiselle de Vendôme sa sœur ([10]); morte à Metz le 29 avril 1627 ([11]); mariée à Lyon, le

---

([1]) Il fut d'abord nommé Gaston, puis Henri. « M. de Verneuil fut baptisé à
Saint-Germain le 9 décembre 1607 et reçut alors le nom de Henri. » (Héroard
I, 298.)

([2]) *Journal inédit du règne de Henri IV,* par P. de Lestoile, p. 260. — Le
P. Anselme dit que ce prince naquit en octobre.

([3]) Communiqué par M. Parent de Rosan. — Registres de la paroisse de Saint
Germain. — *Journal de Héroard.*

([4]) *Gazette,* 1682, p. 310. — *Sépulture :* Aux Carmélites de Pontoise; son cœur,
à l'abbaye de Saint-Germain des Prés.

([5]) Il fut reçu au Parlement le 15 décembre 1663. (*Journal d'Olivier Lefèvre
d'Ormesson,* II, 62. — *Gazette,* 1665, p. 1251.)

([6]) *Gazette,* 1668, p. 1154.—Jal, *Dictionnaire critique de biographie et d'histoire,* art. Verneuil.

([7]) *Gazette,* 1705, p. 288. — *Sépulture :* Église des religieuses de Sainte-Éli-
sabeth, à Paris, où elle s'était retirée.

([8]) Le Pape refusa à Henri IV, en 1608, de donner à son fils l'évêché de Metz,
mais il lui accorda le droit de le faire appeler l'*évêque de Metz* (Lettre de Henri IV
du 1er mai 1608); les députés du chapitre de Metz étaient cependant venus à Saint-
Germain pour saluer le futur évêque, le 12 février 1608 (Héroard, I, 316). — Le
marquis de Verneuil n'était pas dans les ordres; son diocèse fut toujours admi-
nistré au spirituel par plusieurs suffragants, et il ne reçut ses bulles pour l'admi
nistration temporelle qu'en 1621. — Monsieur de Metz était aussi abbé de Saint-
Germain des Prés, de Bonport, des Vaux de Cernay, de Tiron, d'Orcamp, de la Va-
lasse, de Fécamp, de Saint-Taurin d'Évreux, etc.; c'est ainsi que son père lui avait
constitué de grands revenus. Monsieur de Metz renonça à son évêché en 1652, et
à ses bénéfices en 1666, année de son mariage.

([9]) *Supplément au journal de Lestoile,* p. 344, et les *Amours du grand
Alcandre,* II, 195. — Nous ne savons d'après quelle autorité M. Berger de Xivrey
(*Lettres de Henri IV,* VII, p. 18, note) fait naître cette fille de Henri IV à l'au-
tomne de 1602.

([10]) Communiqué par M. Parent de Rosan, d'après les registres de la paroisse de
Saint-Germain.

([11]) Les *Mémoires* du cardinal de Richelieu disent le 29, ainsi que le *Mercure
françois,* 1627, p. 556.—Quelques-uns disent à tort le 24. — *Sépulture :* Le corps
fut d'abord déposé en la cathédrale de Metz, puis porté à Cadillac en octobre 1661.

LA FAMILLE ROYALE.

12 décembre 1622, à *Bernard de la Valette*, duc d'Epernon. — Appe-
ée la *duchesse de la Valette*.

Né de Jacqueline de Bueil ou Beuil, *comtesse de Moret* [1], née vers 1580 ; mariée
« en figure, » comme dit Tallemant des Réaux [2], dans les premiers jours d'octobre 1604 [3] , à Philippe de Harlay, comte de Césy ou Sésy, à condition qu'elle
ne serait sa femme que de nom ; ce mariage fut rompu en 1607 [4], moyennant
30,000 écus que Henri IV donna au mari ; — elle se remaria en 1617 à René du
Bec, marquis de Vardes, et mourut à Vardes, au commencement d'octobre
1651 [5].

    i. Antoine de Bourbon, comte de Moret, né au château de Moret le 9 mai
       1607 [6], légitimé de France en 1608 [7] ; mort des blessures reçues à la
       bataille de Castelnaudary, le 1er septembre 1632 [8]

Nés de Charlotte des Essarts, appelée d'abord *mademoiselle de la Haye* [9], puis
madame des Essarts [10] et la *comtesse de Romorantin* [11] ; morte le 8 juillet
1651 ; mariée le 4 novembre 1650 au maréchal de l'Hôpital.

    j. Jeanne-Baptiste de Bourbon [12] ; elle était née avant le 11 janvier
      1608 [13] ; légitimée de France en mars 1608 [14] ; prend l'habit de reli-

---

[1] Elle fut faite comtesse de Moret en décembre 1604. (*Supplément au journal de Lestoile*, p. 381.)

[2] Tome I, p. 155, édit. Paulin-Pâris.

[3] Suivant les auteurs du *Supplément au journal de Lestoile*, Jacqueline de Bueil épousa, à Saint-Maur des Fossés, le jeune Chanvalon, le 5 octobre 1604 (p. 379).

[4] « Madame de Moret est démariée, écrit Malherbe à Peiresc le 18 juillet 1607 (*Lettres*, p. 40) ; il ne reste plus que d'avoir les expéditions de Rome. » — Voy. aussi Héroard, I, 292 et 299.

[5] Loret, *Muse historique*, 8 octobre 1651.

[6] *Lettres de Malherbe à Peiresc*, p. 54. — Héroard, I, 264 et 275.

[7] Trois semaines ou un mois avant le 25 mars. — Voy. *Lettres de Malherbe*, p. 64. — *L'État de la France* (1749, t. II, p. 449) dit au mois de janvier 1608.

[8] *Mercure françois*, 1632, p. 890. — *Mém. de Pontis*, II, 75, édit. 1715.

[9] *Lettres de Malherbe*, p. 29, 37 et 64.

[10] *Lettres de Malherbe*, p. 149. — Héroard, I, 278.

[11] « Le Roi lui avoit baillé pour 6,000 livres de rente de domaine qui est à Romorantin et quelques lieux voisins ; le don a été révoqué. » (*Lettres de Malherbe*, 1610, p. 149.)

[12] Malherbe l'appelle *Jeanne de France*. (*Lettres à Peiresc*, p. 64.)

[13] Héroard, au 11 janvier 1608. — C'est par erreur que M. Berger de Xivrey (*Lettres de Henri IV*, t. VII, p. 62, note) donne pour date de la naissance de cette princesse 1604 ; c'est ainsi qu'il trouve que Henri IV, à la fin de 1606, a neuf enfants au lieu de huit, nombre indiqué par le Roi dans sa lettre.

[14] On trouve dans le recueil des lettres de Henri IV une lettre du Roi adressée au chancelier pour lui ordonner de faire vérifier au plus tôt la légitimation de cette princesse. Nous ne savons sur quelle autorité on a placé cette lettre, datée seulement « du 30 mars, à Fontainebleau, » à l'année 1607. Elle est évidemment de 1608, et Henri IV était le 30 mars 1608 à Fontainebleau, aussi bien que le 30 mars 1607.

gieuse en l'abbaye de Chelles ; abbesse de Fontevrault, chef et générale de cet ordre le 11 janvier 1637 — 22 mai 1639 ; morte à Fontevrault le 16 janvier 1670 (¹).

k. MARIE-HENRIETTE DE BOURBON, née en... (²) ; abbesse de Chelles en 1627 ; morte à Chelles le 10 février 1629 (³).

III. LOUIS XIII, roi de France et de Navarre, dit le *Juste*. — Dauphin (⁴) jusqu'au 14 mai 1610. Roi, le 14 mai 1610 ; sacré à Reims le 17 octobre 1610. — Déclaré majeur le 2 octobre 1614.

Né à Fontainebleau le 27 septembre 1601 (⁵).

Baptisé au palais de Fontainebleau le 14 septembre 1606, tenu par le cardinal de Joyeuse et la duchesse de Mantoue (⁶).

Mort au château neuf de Saint-Germain le 14 mai 1643 (⁷).

Marié, en vertu du traité de Madrid du 22 mars 1612 (⁸), par procuration à Burgos le 18 octobre 1615, et en personne à Bordeaux le 25 novembre de la même année (⁹), à *Anne d'Autriche*, fille de Philippe III, roi d'Espagne, et de

---

(¹) *Gazette*, 1670, p. 95 et 145. — Le P. Anselme dit à tort le 16 juillet. — *Sépulture :* Abbaye de Fontevrault.

(²) Cette seconde fille de la comtesse de Romorantin est probablement née à la fin de 1608 ou au commencement de 1609, la faveur de sa mère étant finie à la fin de mars 1608, bien que le Roi ait encore revu sa maîtresse à la fin d'avril ou dans les premiers jours de mai, au Pressoir, près Fontainebleau. (*Lettres de Malherbe*, 25 mars 1608, p. 64 et 68. — Lestoile, fin mars 1608, p. 452.)

(³) *Sépulture :* Église du monastère de Chelles.

(⁴) Le titre de *Dauphin* est celui que portaient les comtes de Viennois ; il paraît pour la première fois dans un acte passé en 1140 entre Guigues IV et l'évêque de Grenoble. On croit que le titre de Dauphin de Viennois, comme celui de Dauphin d'Auvergne, vient d'un dauphin que ces seigneurs portaient dans leurs armoiries. Humbert II, dauphin de Vienne, céda en 1349 le Dauphiné à Philippe VI, roi de France, à condition que les fils aînés des rois de France auraient cette province en apanage et qu'ils porteraient le nom et les armes des Dauphins de Vienne. Philippe VI donna le Dauphiné à son petit-fils Charles, depuis Charles V, à partir duquel, jusqu'en 1830, on compte 25 Dauphins. Louis XIII, le premier Dauphin de la maison de Bourbon, est le seizième Dauphin.

(⁵) *Lettres de Henri IV*, t. V, p. 476 et 477. — Héroard, I, 2. — *Récit de la naissance des Enfants de France*, par Louise Bourdier, in *Archives curieuses de l'histoire de France*, XIV, 196.

(⁶) *Journal de Héroard*, I, 211 ; le P. Anselme.

(⁷) *Gazette*, 1643, p. 400 et suivantes. — *Sépulture :* Abbaye royale de Saint-Denis ; son cœur, à la maison professe des Jésuites de Paris ; ses entrailles, à Notre-Dame de Paris.

(⁸) Le contrat fut signé le 25 mars 1612. (Héroard, II, 108.)

(⁹) Le *Mercure françois* (1615, 282 et 557) donne ces deux dates ; le P. Anselme dit le 24 novembre. — Le mariage ne fut consommé, dit Bassompierre (*Mém.*, II, 148) qu'en 1619.

Marguerite d'Autriche ; née à Valladolid le 22 septembre
1601 ; morte au Louvre, à Paris, le 20 janvier 1666 (¹). —
Régente de France pendant la minorité de Louis XIV, depuis le 18 mai 1643 jusqu'au 7 septembre 1651 (²). —
Appelée la *Reine-Infante* du 18 octobre au 25 novembre
1615, puis la *Reine* ou la *Reine-régente* pendant la minorité de Louis XIV, et la *Reine-mère* depuis le 7 juin 1660,
jour où le roi d'Espagne remit Marie-Thérèse, appelée alors
l'*Infante-reine* à Louis XIV et à Anne d'Autriche (³).

ENFANTS NÉS DE CE MARIAGE.
ENFANTS DE FRANCE.

1. LOUIS XIV, roi de France, qui suit.

2. PHILIPPE DE FRANCE, duc d'Orléans, tige de la seconde
maison d'Orléans, dont il est parlé ci-après.

IV. **LOUIS XIV**, roi de France et de Navarre, surnommé *Dieu-
donné* au moment de sa naissance, et le *Grand* en 1680. —
Dauphin jusqu'au 14 mai 1645. Roi le 14 mai 1643 ; sacré à

(¹) *Gazette*, p. 105 ; madame de Motteville (*Mém.*, IV, p. 445, édit. Charpentier).
— *Sépulture :* Abbaye royale de Saint-Denis ; son cœur, au Val-de-Grâce.

(²) Anne d'Autriche, s'il faut en croire la Palatine, aurait épousé en secret le
cardinal Mazarin, qui n'était pas prêtre et n'avait pas les ordres, dit-elle, qui
pussent l'empêcher de se marier. (*Lettres,* t. II, p. 5 et 375, édit. Charpentier.)—
Plusieurs Mazarinades parlent de ce mariage, qui semble prouvé par les lettres de
Mazarin à la Reine, publiées par M. Ravenel, par celles qu'a imprimées M. Chéruel dans le *Journal de l'instruction publique* d'octobre 1854, et par les honneurs rendus à Mazarin pendant sa maladie et après sa mort. (*Voy. Mém. de madame de Motteville*, IV, 237 et 251, édit. Charpentier.) — Voy. aussi Chamfort,
OEuvres, t, II, p. 241. — Jules Mazarin, né à Piscina, dans les Abruzzes, le 14 juillet 1592 (Cousin, *la Jeunesse de Mazarin*), mourut au château de Vincennes le
9 mars 1661, à deux heures et demie du matin. (*Gazette*, 1661, p. 246.) — Le mariage d'Anne d'Autriche avec Mazarin a été très-sérieusement contesté par M. J. Loiseleur (*Problèmes historiques*, 1857, in-12), qui donne la preuve que Mazarin
était prêtre (p. 153), ce qu'indique aussi Daniel de Cosnac (*Mém.*, I, 252), et ce
qui prouve qu'il n'a pu contracter un mariage quelconque avec Anne d'Autriche,
dont il fut toutefois, sans nul doute, l'amant dès octobre 1643. — Faut-il parler
ici du *Masque de Fer*, mystérieux personnage mort à la Bastille le 19 novembre
1703, âgé de près de soixante ans, et qui serait, suivant Voltaire, dont la thèse est
fortement appuyée par les recherches de M. Loiseleur, un fils naturel d'Anne
d'Autriche et de Mazarin. (Voy. *Problèmes historiques*, p. 46.)

(³) *Mém. de madame de Motteville*, IV, 209, édit. Charpentier.!

Reims le 7 juin 1654 (¹). — Déclaré majeur le 7 septembre 1651.

Né le 5 septembre 1638 (²), à Saint-Germain (³).

Baptisé le 21 avril 1643 à Saint-Germain, tenu par le cardinal Mazarin et la princesse de Condé (Charlotte-Marguerite de Montmorency) (⁴).

Mort le 1ᵉʳ septembre 1715 à Versailles (⁵).

Marié par contrat du 7 novembre 1659 (⁶), par procuration le 3 juin 1660 (⁷), à Fontarabie, et en personne le 9 juin suivant, à Saint-Jean de Luz (⁸), à *Marie-Thérèse d'Autriche*, fille de Philippe IV, roi d'Espagne, et d'Élisabeth de France, sa première femme; née à Madrid le 20 septembre 1638; morte à Versailles le 30 juillet 1683 (⁹). — Remarié en secret, probablement le 12 juin 1684 (¹⁰), à *Madame de Maintenon* (¹¹).

ENFANTS NÉS DU MARIAGE DE LOUIS XIV ET DE MARIE-THÉRÈSE.

ENFANTS DE FRANCE.

1. LOUIS DE FRANCE, dauphin, qui suit.

(¹) *Gazette*, p. 577.

(²) *Mercure françois*, 1638, p. 291. — *Gazette*, p. 501 et suivantes.

(³) « En ce même mois naquit l'infante d'Espagne, ce qui fit remarquer qu'à même mois aux deux rois étoient nés fils et fille, comme il avoit fait à leurs pères trente-sept ans auparavant qui avoient été mariés ensemble.» (Bassompierre, *Mém.*, IV, 304.) — Cette observation faite en 1638 devient assez curieuse quand on la rapproche du mariage qui eut lieu en 1660 entre Louis XIV et l'Infante.

(⁴) Registres des baptêmes de Saint-Germain.

(⁵) Registres de Notre-Dame de Versailles. — *Gazette*, p. 431. — Dangeau. — *Sépulture :* Abbaye royale de Saint-Denis: son cœur, aux Jésuites de la rue Saint-Antoine; ses entrailles, à Notre-Dame de Paris.

(⁶) Date du jour de la signature de la paix des Pyrénées. (*Gazette*, p. 1138.)

(⁷) Le P. Anselme dit à tort le 4 juin.

(⁸) *Gazette*, 1660, p. 558, 565 et 596.

(⁹) *Gazette*, p. 396, 409 et 493. — *Sépulture :* Abbaye royale de Saint-Denis; son cœur, au Val-de-Grâce.

(¹⁰) Voy. Lavallée, *Madame de Maintenon et la Maison royale de Saint-Cyr*, 2ᵉ édit., p. 35. — La Palatine croyait que Louis XIV avait épousé madame de Maintenon deux ans après la mort de la Reine. (*Lettres*, II, p. 108.)

(¹¹) Françoise d'Aubigny ou d'Aubigné, née dans la prison de la Conciergerie, à Niort, le 27 novembre 1635; mariée au poëte Scarron en 1652; veuve en 1660; achète en 1674 la terre de Maintenon, érigée en marquisat au mois de mai 1688; appelée dès 1674 *madame de Maintenon*, puis en 1688 la *marquise de Maintenon;* morte le 15 avril 1719 à la maison royale de Saint-Cyr, où elle fut inhumée.

2. **Philippe de France**, duc d'Anjou, né le 5 août 1668 au vieux château de Saint-Germain ([1]); baptisé en la chapelle du château des Tuileries le 24 mars 1669, tenu, au nom de la reine d'Espagne et de l'Empereur, par Marie-Thérèse de France, sœur dudit duc d'Anjou ([2]), et par Monsieur ([3]); mort le 10 juillet 1671 à Saint-Germain ([4]).

3. **Louis-François de France**, duc d'Anjou, né le 14 juin 1672, au vieux château de Saint-Germain ([5]); baptisé en son appartement du château de Saint-Germain, le 1er novembre, tenu par le prince de Conty et la maréchale de la Motte, gouvernante des enfants de France ([6]); mort le 4 novembre 1672 à Saint-Germain ([7]).

4. **Anne-Élisabeth de France**, née le 18 novembre 1662 au Louvre ([8]); baptisée (bien probablement) au Louvre le 27 décembre 1662, tenue par la Reine-mère et Monsieur ([9]); morte le 30 décembre 1662 au Louvre ([10]). — Appelée *Madame*.

5. **Marie-Anne de France**, née avant terme ([11]), le 16 novembre 1664, au Louvre ([12]); baptisée par le curé de Saint-Germain l'Auxerrois à..., le 16 novembre 1664, tenue

---

([1]) *Gazette*, p. 766.

([2]) La petite princesse, âgée de deux ans, était portée par la duchesse de Créqui.

([3]) *Gazette*, p. 315-316; le P. Anselme.

([4]) *Gazette*, p. 692. — *Sépulture :* Abbaye royale de Saint-Denis ; son cœur, au Val-de-Grâce.

([5]) A minuit un quart. (*Gazette*, p. 586.)

([6]) *Gazette*, p. 1110; le P. Anselme.

([7]) *Gazette*, p. 1135. — Mademoiselle de Montpensier (*Mém.*, IV, 531, éd. Charpentier) dit à tort que le duc d'Anjou mourut le jour de la Toussaint. — *Sépulture :* Abbaye royale de Saint-Denis; son cœur, au Val-de-Grâce.

([8]) *Gazette*, 1662, p. 1156.

([9]) *Gazette*, 1663, p. 23.

([10]) *Gazette*, 1663, p. 23. — *Sépulture :* Abbaye royale de Saint-Denis ; son cœur, au Val-de-Grâce. (Voy. *Dict. hist. de la ville de Paris*, etc., par Hurtaut et Magny, 1779, 4 vol. in-8°, t. I, p. 130.)

([11]) La Reine accoucha à huit mois. (*Mém. de madame de Motteville*, IV, 562.— *Journal d'Olivier Lefèvre d'Ormesson*, II, 246.)

([12]) *Gazette*, 1664, p. 1157.

par le prince de Condé et Madame (¹) ; morte au Louvre le
26 décembre 1664 (²). — Appelée *Madame* (³).

6. Marie-Thérèse de France, née au vieux château de
Saint-Germain le 2 janvier 1667 (⁴) ; baptisée en la chapelle
du palais des Tuileries le 21 janvier 1668, tenue par la duchesse douairière d'Orléans et le duc d'Enghien (⁵) ; morte

---

(¹) *Gazette*, p. 1157.

(²) *Gazette*, 1665, p. 23. -- *Sépulture :* Abbaye royale de Saint-Denis ; le cœur,
au Val-de-Grâce.

(³) C'est cette princesse qui donna lieu à la fable de la *religieuse mauresque*
du couvent de Moret, près Fontainebleau, qui n'était autre, disait-on, qu'une
mauresse dont la reine était accouchée et qu'on avait reléguée au couvent après
avoir dit qu'elle était morte. Saint-Simon n'a pas manqué de reproduire ces
bruits ou *canards* relatifs à la mauresse. « On prétendoit qu'elle étoit fille du Roi
et de la Reine, dit-il, que sa couleur l'avoit fait cacher et disparoître (pas si bien
pourtant, puisque toute la Cour allait la voir), et publier que la Reine avoit fait
une fausse couche, et beaucoup de gens de la Cour en étoient persuadés. Quoi
qu'il en soit, la chose est demeurée une énigme. » (*Mém.*, II, 76, édit. Hachette.)
Voici maintenant l'explication de l'énigme : « Il est faux, dit la Palatine, que la
Reine ait mis au monde une négresse. Feu Monsieur, qui avoit été présent, disoit
que la petite princesse étoit laide, mais point noire. On ne peut ôter de la tête
du peuple que l'enfant ne vive encore, qu'elle ne soit dans un couvent, à Moret,
près de Fontainebleau ; cependant il est certain que l'enfant laide est morte ;
toute la Cour l'a vue mourir. » (*Lettres*, II, 165, au 8 octobre 1719.) — « La Reine
tomba malade et accoucha à huit mois, dit Mademoiselle de Montpensier... Monsieur me conta que... la fille dont elle étoit accouchée ressembloit à un petit
maure que M. de Beaufort avoit amené, qui étoit fort joli, qui étoit toujours avec
la Reine ; que quand l'on s'étoit souvenu que son enfant y pourroit ressembler, on
l'avoit ôté, mais qu'il n'étoit plus temps ; que la petite fille étoit horrible ; qu'elle
ne vivroit pas ; que je me gardasse bien de le dire à la Reine, ni qu'elle mour-
roit... » (*Mém.*, IV, 14, édit. Charpentier.) — Enfin, lisons un dernier témoignage,
celui de la princesse de Conty, dont les récits furent transmis par la reine Marie
Leczinska au duc de Luynes : « Elle s'étoit imaginée (la religieuse mauresque) être
Fille de France ; on lui avoit persuadé que Marie-Thérèse étoit accouchée d'elle et
que la singulière couleur de sa peau avoit déterminé à la mettre dans un couvent. La Reine (Marie Leczinska) m'a fait l'honneur de me dire qu'elle en avoit
parlé à madame la princesse de Conty, fille légitimée de Louis XIV, et que madame
la princesse de Conty lui avoit dit qu'effectivement la reine Marie-Thérèse étoit
accouchée d'une fille dont le visage étoit tout à fait violet, et même noir, parce
qu'elle avoit apparemment beaucoup souffert en venant au monde, mais que cette
fille mourut peu de temps après ; que le nommé La Roche, concierge de la
Ménagerie, avoit dans ce temps-là un maure et une mauresque ; que cette mauresque accoucha d'une fille ; que les père et mère, en étant assez embarrassés, en
parlèrent à madame de Maintenon, qui en eut pitié et en fit prendre soin ; qu'elle
la mit dans le couvent de Moret et la recommanda beaucoup, et que c'étoit là
l'origine de la fable qu'on avait imaginée. » (*Mémoires du duc de Luynes*, 17 décembre 1756.)

(⁴) *Gazette*, 1667, p. 35.

(⁵) *Gazette*, p. 99 ; le P. Anselme.

à Saint-Germain le 1ᵉʳ mars 1672 (¹). — Appelée *Madame* (²).

Enfants naturels ³.

1° Nés de Louise-Françoise de Labaume-le-Blanc, *mademoiselle de la Vallière*, créée *duchesse de la Vallière* le 14 mai 1667 (⁴) ; née au château de la Vallière en Touraine le 6 août 1644 ; morte le 6 juin 1710 (⁵), aux Carmélites de la rue Saint-Jacques, à Paris, où elle s'était retirée en 1674. Elle y avait pris le voile le 2 juin 1674, et y fut appelée *Sœur Louise de la Miséricorde ;* elle fit profession le 4 juin 1675.

 a. CHARLES, né à Paris, à l'hôtel Brion, le 19 décembre 1663 (⁶) ; mort jeune.

 b. PHILIPPE, né à Paris, à l'hôtel Brion, le 7 janvier 1665 (⁷) ; mort jeune.

 c. Un fils, peut-être celui que le P. Anselme appelle *Louis*, et qu'il dit être mort le 15 juillet 1666 et avoir été enterré à Saint-Eustache de Paris (⁸).

 d. Une fille, morte jeune (⁹).

(¹) *Gazette*, 1672, p. 240. — *Sépulture :* Abbaye royale de Saint-Denis.

(²) *Mém. de Mademoiselle de Montpensier*, IV, 517. — *Journal d'Olivier Lefèvre d'Ormesson*, II, 484. — *Gazette*, 1668, p. 99 et 1206.

(³) Si l'on en croit Saint-Simon (édit. Sautelet, I, 124, et IV, 182), le premier enfant naturel de Louis XIV serait une fille née, vers 1660, du Roi et d'une jardinière, et qui fut mariée à *M. de la Queue*, mestre de camp.

(⁴) « Les lettres d'érection de la terre de Vaujours en duché, en faveur de mademoiselle de la Vallière et de sa fille, que le Roy avoue pour être à luy, furent vérifiées le 14 mai 1667. » (*Journal d'Olivier Lefèvre d'Ormesson*, II, 506.)

(⁵) Dangeau. — *Gazette*, 1710, p. 288. — La *Gazette* se trompe en disant âgée de soixante-sept ans.

(⁶) Olivier Lefèvre d'Ormesson, *Journal*, II, 69 et 70. — Acte de baptême de cet enfant (déclaré fils de M. de Lincour et de damoiselle Élisabeth Dubeux), publié dans la *Revue rétrospective* (Iʳᵉ série, IV, 251). — Voy. le *Journal de Colbert pour l'histoire du roi*, imprimé dans ladite *Revue* (loc. cit.) et dans les *Réflexions sur la miséricorde de Dieu*, par la duchesse de la Vallière (édit. Techener, 1860, t. II, p. 201). — L'hôtel Brion était un petit bâtiment que le comte de Brion, premier écuyer de Gaston, créé duc de Damville en 1644, avait fait construire dans le jardin du Palais-Royal. (*Mémoires de madame de Motteville*, IV, 55.)

(⁷) Acte de baptême de cet enfant, déclaré fils de François Derssy, bourgeois, et de Marie Bernard, sa femme.

(⁸) A cette date, Olivier Lefèvre d'Ormesson dit dans son *Journal* (II, 465) : « Depuis un mois, je n'ay point escrit exactement et par jour, ne s'estant rien passé de considérable, sinon que M. Colbert vint un jour, assez diligemment, de Fontainebleau icy (à Paris). Le bruit courut, quelques jours après, que le dernier des enfants de mademoiselle de la Vallière estoit mort ; c'estoit un garçon eslevé dans les Tuilleries. Elle avoit desjà perdu un autre garçon et une fille. L'on m'a dit que ce dernier ressembloit fort au Roy, et que Sa Majesté estant à Paris l'alloit voir souvent ; que ceux qui estoient auprès de luy l'appeloient « mon prince », et celle qui disoit cela prétendoit le savoir de la cousturière qui lui faisoit ses robes. »

(⁹) *Journal d'Olivier Lefèvre d'Ormesson*, II, 463.

c. Louis DE BOURBON, comte de Vermandois, né au vieux château de Saint-Germain, le 2 octobre 1667 (¹); légitimé de France en février 1669 (²); mort à Courtray le 18 novembre 1683 (³).

f. MARIE-ANNE DE BOURBON, duchesse de la Vallière, appelée *Mademoiselle de Blois*, née au château de Vincennes le 2 octobre 1666 (⁴); légitimée de France en mars 1667 (⁵); mariée (par contrat du 15 janvier 1680), le 16 janvier à Saint-Germain (⁶), à *Louis-Armand*, prince de Conty; veuve le 9 novembre 1685; morte à Paris le 3 mai 1739 (⁷). — Appelée d'abord la *princesse de Conty*; puis, après la mort de son mari (1685), la *princesse douairière de Conty*, et enfin, après la mort de François-Louis, prince de Conty (1709), la *princesse de Conty première douairière*. Elle était surnommée, à la Cour, la *grande princesse de Conty*, à cause de sa haute taille (⁸).

2° Nés de Françoise-Athénaïs de Rochechouart, marquise de Montespan, née en 1641 au château de Tonnay-Charente, fille de Gabriel de Rochechouart, duc de Mortemart, seigneur de Vivonne; mariée en 1663 à Henri-Louis de Pardaillan-de Gondrin, marquis de Montespan (⁹); séparée de corps et de biens par arrêt du 7 juillet 1674; morte aux eaux de Bourbon-l'Archambault le 27 mai 1707 (¹⁰), à soixante-six ans.

g. Un enfant né en 1669; mort jeune.

h. LOUIS-AUGUSTE DE BOURBON, duc du Maine, chef de la branche de Bourbon du Maine, dont il sera parlé dans la quatrième partie, au chapitre second.

i. LOUIS-CÉSAR DE BOURBON, comte de Vexin, abbé de Saint-Denis et de

---

(¹) *État de la France*, 1677, t. I, p. 487.

(²) L'*État de la France*, 1677, dit que les lettres de légitimation sont du 20 février 1669.

(³) La *Gazette*, 1683, p. 671, dit qu'il mourut dans la nuit du 17 au 18 novembre. — *Sépulture:* Cathédrale d'Arras.

(⁴) Je n'ajoute que peu de foi à cette date du 2 octobre, qui répète juste la date du 2 octobre 1667, jour de la naissance du comte de Vermandois.

(⁵) « Avant que de partir pour l'armée, j'envoyai un édit au Parlement. J'érigeois en duché la terre de Vaujours en faveur de mademoiselle de la Vallière, et je reconnoissois une fille que j'avois eue d'elle; car n'étant pas résolu d'aller à l'armée pour y demeurer éloigné de tous les périls, je crus qu'il étoit juste d'assurer à cette enfant l'honneur de sa naissance et de donner à la mère un établissement convenable à l'affection que j'avois pour elle depuis six ans. » (*Œuvres de Louis XIV*, édit. de 1806, II, 290.) — L'*État de la France* (1708, t. II, p. 158) dit que les lettres de légitimation ont été vérifiées au Parlement le 14 mai 1667.

(⁶) *Gazette*, 1680, p. 54.

(⁷) Luynes. — *Gazette*, 1739, p. 228. — *Sépulture :* Église de Saint-Roch, à Paris.

(⁸) *Lettres de la Palatine*, II, 121.

(⁹) Mort en novembre 1702.

(¹⁰) Dangeau. — Le P. Anselme et le *Dictionnaire de la noblesse* disent le 28 mai.

Saint-Germain des Prés, né au Génitoy, près Lagny (¹), le 20 juin 1672;
légitimé de France par lettres-patentes du 20 décembre 1673; mort à
Paris le 10 janvier 1683 (²).

j. Louis-Alexandre de Bourbon, comte de Toulouse. chef de la branche de
Bourbon-Toulouse, dont il sera parlé dans la quatrième partie, au chapitre troisième.

k. N..., née en 1669, morte à trois ans (³).

l. Louise-Françoise de Bourbon, appelée *Mademoiselle de Nantes*, née à
Tournay (⁴) le 1ᵉʳ juin 1673; baptisée à Saint-Sulpice le 18 décembre
1673 (⁵); légitimée de France par lettres du 20 décembre 1673; mariée
à Versailles le 24 juillet 1685 (⁶), à *Louis III, duc de Bourbon*; veuve
le 4 mars 1710; morte à Paris, au Palais-Bourbon, le 16 juin 1743 (⁷).
— Appelée depuis son mariage : *Madame la duchesse de Bourbon,
Madame la Duchesse, Madame la Duchesse douairière* et *Madame la
Duchesse la mère.*

m. Louise-Marie-Anne de Bourbon, appelée *Mademoiselle de Tours*, née
et baptisée à Saint-Germain le 12 novembre 1674, tenue par Nicolas Le
Grand, pauvre homme, et Anne Dupont, femme de Louis Delespine (⁸);
légitimée de France en janvier 1676; morte le 15 septembre 1681, aux
eaux de Bourbon (⁹).

n. Françoise-Marie de Bourbon, appelée *Mademoiselle de Blois* (¹⁰), née
au château de Maintenon (¹¹) le 9 février 1677 (¹²); légitimée de France
en novembre 1681; mariée à Versailles, le 18 février 1692 (¹³), à *Phi-*

(¹) *Madame de Montespan et Louis XIV*, par P. Clément, p. 16. — Le Génitoy était une terre qui appartenait au premier maître d'hôtel du Roi, Louis San-
guin, seigneur de Livry; elle renfermait le château de Livry (même ouvrage, p. 42).
— Voy. aussi *Lettres de madame de Sévigné*, édit. Hachette, t. III, p. 85, note 9.

(²) *Gazette*, 1683, p. 56. — *Sépulture :* Chœur de l'église de Saint-Germain
des Prés.

(³) *Madame de Montespan et Louis XIV*, par P. Clément, p. 16. — *Mémoires
de Mademoiselle de Montpensier*, IV, 593, édit. Charpentier.

(⁴) *Mém. de Mademoiselle de Montpensier*, IV, 593, édit. Charpentier.

(⁵) Le P. Anselme, p. 342.

(⁶) *Gazette*, 1685, p. 440. — Registres de Notre-Dame de Versailles, sur lesquels
elle signe Louise-Françoise de Bourbon, légitimée de France.

(⁷) *Gazette*, 1743, p. 504. — Luynes. — *Sépulture :* Aux Carmélites du faubourg Saint-Jacques.

(⁸) Registres paroissiaux de Saint-Germain-en-Laye. Sur le registre minute, Mademoiselle de Tours est désignée comme fille naturelle du Roi. mais le registre copie
ne porte plus cette mention. — Communiqué par M. Parent de Rosan.

(⁹) La *Gazette*, p. 600, ne dit pas le jour du décès de cette princesse. — *Sépulture :* Au prieuré de Souvigny.

(¹⁰) Sans doute après le mariage de la première mademoiselle de Blois, devenue
princesse de Conty en 1680.

(¹¹) P. Clément, ouvrage cité, p. 93.

(¹²) Le P. Anselme dit le 4 mai; mais la *Gazette*, en parlant de la mort de cette
princesse, dit qu'elle était née le 9 février, et l'*Almanach royal* de 1749 dit aussi
le 9 février. Gabriel Peignot, nous ne savons d'après quelle autorité, dit le 9 mai.

(¹³) *Gazette*, p. 93, et Dangeau. — Registres de Notre-Dame de Versailles.

lippe II d'Orléans, duc de Chartres, depuis duc d'Orléans et Régent de France ; veuve le 2 décembre 1723 ; morte à Paris le 1er février 1749 [1]. — Appelée successivement : *Mademoiselle de Blois,* la *duchesse de Chartres* jusqu'au 9 juin 1701, puis la *duchesse d'Orléans* et la *duchesse douairière d'Orléans,* et aussi *Son Altesse Royale.*

3° Né de Marie-Angélique d'Escorailles de Roussille, duchesse de Fontanges, née en 1661, morte le 28 juin 1681 au monastère de Port-Royal.

o. Un fils qui a peu survécu à sa mère [2].

V. LOUIS DE FRANCE, Dauphin, appelé *Monseigneur,* et surnommé le *Grand-Dauphin.*

Né à Fontainebleau le 1er novembre 1661 [3].

Baptisé en la chapelle du vieux château de Saint-Germain le 24 mars 1668, tenu, au nom du pape Clément IX et de la reine d'Angleterre, par le cardinal-légat duc de Vendôme et la princesse de Conty [4].

Mort au château de Meudon le 14 avril 1711 [5].

Marié, par contrat signé à Munich, le 30 décembre 1679 [6], par procuration, à Munich, le 28 janvier 1680 [7], et en personne, à Châlons, le 7 mars suivant [8], à *Marie-Anne-Chrestienne* [9] ou *Christine-Victoire de Bavière,* fille de Ferdinand-Marie, électeur de Bavière, et d'Adélaïde-Henriette de Savoie; née à Munich le 28 novembre 1660 [10] ; morte à Versailles le 20 avril 1690 [11] ; appelée la *Dauphine de Bavière.* — Le Grand-Dauphin se remaria vers 1695,

---

[1] *Gazette,* 1749, p. 71 ; Luynes et Barbier. — *Sépulture :* Église de la Madeleine de Tresnel ; le cœur, au Val-de-Grâce.

[2] *De la Maison royale de France,* par Gabriel Peignot. Paris et Dijon, 1815, in-8°, p. 221. — *Dictionnaire* de Jal.

[3] *Gazette,* 1661, p. 1178.

[4] *Gazette,* p. 516-518 ; le P. Anselme.

[5] *Gazette,* 1711, p. 204. — Dangeau. — *Sépulture :* Abbaye royale de Saint-Denis.

[6] *Gazette,* 1680, p. 15.

[7] *Gazette,* 1680, p. 64 et 73.

[8] *Gazette,* 1680, p. 230.

[9] La Dauphine signe : Marie-Anne-Chrestienne.

[10] *Gazette,* 1690, p. 192. — Quelques-uns disent le 18.

[11] *Gazette,* 1690, p. 192. — Dangeau. — *Sépulture :* Abbaye royale de Saint-Denis ; son cœur, au Val-de-Grâce.

mais en secret (¹), avec *Marie-Émilie Joly de Chouin*, morte à Paris en 1752 (²).

ENFANTS NÉS DU MARIAGE DU GRAND-DAUPHIN ET DE LA DAUPHINE
DE BAVIÈRE.

ENFANTS DE FRANCE (³).

1. LOUIS DE FRANCE, duc de Bourgogne, qui suit.

2. PHILIPPE DE FRANCE, duc d'Anjou, tige de la branche des Bourbons d'Espagne, dont il sera parlé dans la troisième partie, au chapitre premier.

3. **Charles de France**, duc de Berry, d'Alençon et d'Angoulème, né à Versailles le 31 août 1686 (⁴) ; baptisé en la chapelle du château de Versailles le 18 janvier 1687, tenu par le duc de Chartres et Mademoiselle d'Orléans (⁵) ; mort au château de Marly le 4 mai 1714 (⁶) ; marié à Versailles le 6 juillet 1710 (⁷), à *Marie-Louise-Élisabeth d'Orléans*, appelée *Mademoiselle*, fille de Philippe II, duc d'Orléans et depuis Régent de France ; née à Versailles le 20 août 1695 ; morte le 21 juillet 1719 au château de la Muette, dans le bois de Boulogne (⁸). — Les enfants nés de ce mariage sont :

    1. CHARLES DE BERRY, duc d'Alençon, né à Versailles le 26 mars 1713 (⁹) ; baptisé à Versailles le 8 avril 1713, tenu par le

---

(¹) Sur ce mariage, voy. dans le volume intitulé : *Lettres de Louis XIV, de Mgr le Dauphin, etc., adressées à madame la marquise de Maintenon*, 1 vol. in-8° de 92 pages, imprimé pour MM. les bibliophiles français (chez Didot, 1822), la lettre de Monseigneur, du vendredi 22. — Voy. aussi les *Additions de Saint-Simon au Journal de Dangeau*, V, 63, et XI, 554, et les *Lettres de la Palatine*, I, 176, et II, 98 (édit. Charpentier). — La lecture du *Journal de Dangeau* permet de croire que ce mariage a eu lieu en 1695.

(²) Cette date est donnée par Saint-Simon dans ses *Additions au Journal de Dangeau*, du 22 août 1695, V, 64.

(³) *Gazette*, 1686, p. 61. — Dans leur jeunesse, ces princes sont appelés souvent les trois princes enfants de France.

(⁴) *Gazette*, 1686, p. 490. — Dangeau. — Registres de Notre-Dame de Versailles.

(⁵) *Gazette*, p. 61. — Registres de Notre-Dame de Versailles.

(⁶) *Gazette*, 1714, p. 216. — Dangeau. — *Sépulture :* Abbaye royale de Saint-Denis ; son cœur, au Val-de-Grâce.

(⁷) *Gazette*, 1710, p. 336. — Dangeau. — Registres de Notre-Dame de Versailles.

(⁸) *Sépulture :* Abbaye royale de Saint-Denis ; son cœur, au Val-de-Grâce.

(⁹) *Gazette*, 1713, p. 156. — Dangeau.

duc de Saint-Aignan et la marquise de Pompadour, gouvernante des enfants du duc de Berry [1] ; mort à Versailles le
16 avril 1713 [2].

2. N... DE BERRY, née avant terme et morte en naissant à Fontainebleau le 21 juillet 1711 [3].

3. MARIE-LOUISE-ÉLISABETH DE BERRY, née posthume et avan
terme, à Versailles, le 16 juin 1714 [4] ; baptisée à Versailles
le 16 juin 1714, tenue par Louis, marquis de Pons, maître
de la garde-robe du duc de Berry, et la marquise de Pompadour, gouvernante des enfants du duc de Berry [5] ; morte
à Versailles le lendemain 17 juin [6].

Le duc de Berry laissa un enfant naturel d'une femme de chambre
de la duchesse de Berry, qu'il avait mariée un an avant sa
mort, mais avec la condition que le mari n'aurait aucun rapport avec sa femme ; elle accoucha après la mort du duc de
Berry, et « Madame de Berry, qui n'étoit pas du tout jalouse,
prit soin de la mère et de l'enfant [7]. »

Enfant naturel du Grand-Dauphin [8].

MADEMOISELLE DE FLEURY, née de la Raisin, comédienne ; elle ne fut pas reconnue. Elle fut mariée en juin 1715 à Monsieur Dubois d'Avaucourt,
et mourut en août 1716, auprès de Tours [9].

VI. **LOUIS DE FRANCE**, duc de Bourgogne, puis Dauphin
après la mort du Dauphin son père, le 14 avril 1711 ; désigné
quelquefois sous le nom de *Dauphin-Bourgogne*.

---

[1] Registres de Notre-Dame de Versailles.
[2] *Gazette*, 1713, p. 192. — Dangeau. — Registres de Notre-Dame de Versailles.
— *Sépulture* : Abbaye royale de Saint-Denis ; son cœur, au Val-de-Grâce.
[3] *Gazette*, 1711, p. 371. — Dangeau. — *Sépulture* : Abbaye royale de Saint-
Denis.
[4] *Gazette*, 1714, p. 299. — Dangeau. — Registres de Notre-Dame de Versailles.
[5] Registres de Notre-Dame de Versailles. — *Gazette*, 1714, p. 299.
[6] *Gazette*, 1714, p. 299. — Dangeau. — Registres de Notre-Dame de Versailles.
— *Sépulture* : Abbaye royale de Saint-Denis ; son cœur, au Val-de-Grâce.
[7] *Lettres de la Palatine*, 1, 297 (édit. Charpentier).
[8] « Monseigneur a eu plusieurs maitresses, entre autres la comtesse du Roure,
et quelques autres d'une naissance moins élevée, dont lui sont nés plusieurs enfants qui n'ont point été reconnus et sont restés dans l'obscurité, quoique issus
d'un si grand prince. » (*Journal de P. Narbonne*, p. 13.)
[9] Dangeau, XV, 425-426, et XVI, 438. — Saint-Simon, XIV, 17 (édit. Hachette ;
in-8°). — La Palatine ; *Lettres*, 1, 264 (édit. Charpentier).

Né à Versailles le 6 août 1682 (¹).

Baptisé en la chapelle du château de Versailles le 18 janvier 1687, tenu par le Roi et Madame (²).

Mort au château de Marly le 18 février 1712 (³).

Marié, en vertu du traité de Turin du 29 août 1696 et par contrat signé à Turin le 15 septembre 1696, le 7 décembre 1697, à Versailles (⁴), à *Marie-Adélaïde*, princesse de Savoie, fille aînée de Victor-Amédée II, duc de Savoie, et d'Anne-Marie d'Orléans; née à Turin le 6 décembre 1685; morte à Versailles le 12 février 1712 (⁵). — Appelée *Madame la duchesse de Bourgogne*, puis *Madame la Dauphine*, et désignée quelquefois sous le nom de *Dauphine de Savoie* (⁶).

(¹) *Gazette*, 1682, p. 450 et suivantes. — Registres de Notre-Dame de Versailles.

(²) *Gazette*, 1687, p. 61. — Registres de Notre-Dame de Versailles.

(³) *Gazette*, 1712, p. 94. — Dangeau. — Registres de Notre-Dame de Versailles. — *Sépulture:* Abbaye royale de Saint-Denis; le cœur, au Val-de-Grâce.

(⁴) *Gazette*, 1697, p. 599. — Comme la princesse n'était pas encore nubile, le mariage ne fut consommé que deux ans après sa célébration.

(⁵) *Gazette*, 1712, p. 94. — Dangeau. — *Sépulture:* Abbaye royale de Saint-Denis; le cœur, au Val-de-Grâce.

(⁶) Elle descendait par une de ses aïeules, Élisabeth de Vendôme, de Gabrielle d'Estrées, petite-fille de Babou de la Bourdaisière, qui descendait lui-même du notaire Babou. Louis XV n'ignorait pas cette origine de sa mère et s'en amusait : « Sous le règne de Louis XI, vers 1470, lui fait-on dire dans un curieux article du *Mercure du XIX* siècle* (XXII, 259), il y avait à Bourges un honnête notaire qui s'appelait Babou. On trouva même quelque part que le père de ce notaire avait été barbier, mais cela n'est pas si constant que l'état de notaire exercé par le fils, dont il existe dans les archives du Berry nombre d'actes signés de sa main. Babou fit fortune et acheta pour son fils, Philibert Babou, une charge de trésorier de France. Philibert devint maître d'hôtel du roi Charles VIII. Il fut père de Babou, sieur de la Bourdaisière, maître général de l'artillerie en 1559. La fille de ce la Bourdaisière fut mère de Gabrielle d'Estrées, laquelle eut pour fils naturel César de Vendôme, marié en 1609 à l'héritière de Mercœur, et père d'Élisabeth de Vendôme, mariée à Charles-Amédée de Savoie, duc de Nemours, qui fut tué en duel par le duc de Beaufort, son beau-frère. Charles-Amédée fut père de Marie de Nemours, laquelle fut mariée à Charles-Emmanuel de Savoie, dont elle eut Victor-Amédée, duc de Savoie, roi de Sardaigne et père de Marie-Adélaïde de Savoie, mariée à Louis de France, duc de Bourgogne, dont j'ai, moi qui vous parle, l'honneur d'être fils. Ainsi vous voyez, messieurs, que mon dixième aïeul était, comme je vous le disais, un très-digne notaire de Bourges, dont le père aurait même été barbier. Je ne le renie point, je n'en ressens aucune honte, et je vous invite tous, tant que vous êtes, à ne pas être plus difficile que moi en arbres généalogiques. » — Le *Figaro* du 6 août 1871 annonçait que le dernier rejeton de la famille, François Babou de la Bourdaisière, bijoutier, venait de mourir à l'hôpital de Bourges.

ENFANTS NÉS DE CE MARIAGE.
ENFANTS DE FRANCE.

1. **N... de France**, duc de Bretagne, né à Versailles le 25 juin 1704 ([1]); mort à Versailles le 13 avril 1705 ([2]).

2. **Louis de France**, duc de Bretagne, puis Dauphin à la mort de son père, le 18 février 1712 ([3]); né à Versailles le 8 janvier 1707 ([4]); baptisé en la chapelle du château de Versailles le 8 mars 1712, tenu par le comte de la Mothe-Houdancourt et Charlotte-Éléonore-Magdeleine de la Mothe-Houdancourt, duchesse de Ventadour, gouvernante des enfants de France ([5]); mort à Versailles le 8 mars 1712 ([6]). — On le désigne quelquefois sous le nom de *Dauphin-Bretagne*.

3. LOUIS XV, roi de France, qui suit; appelé successivement : le *duc d'Anjou*, en naissant, le 15 février 1710, et le *Dauphin*, à la mort de son frère, le 8 mars 1712 ([7]).

VII. **LOUIS XV** ([8]), roi de France et de Navarre, dit le *Bien-Aimé*. — Dauphin, le 8 mars 1712. Roi, le 1er septembre

---

([1]) *Gazette*, 1704, p. 311. — Dangeau. — Registres de la paroisse de Notre-Dame de Versailles.

([2]) *Gazette*, 1705, p. 191. — Dangeau. — *Sépulture :* Abbaye royale de Saint-Denis ; le cœur, au Val-de-Grâce.

([3]) Il n'a été Dauphin que pendant vingt jours.

([4]) *Gazette*, 1707, p. 23. — Dangeau. — Registres de Notre-Dame de Versailles.

([5]) Registres de Notre-Dame de Versailles. — *Gazette*, 1712, p. 155.

([6]) *Gazette*, 1712, p. 155. — Dangeau.— Registres de Notre-Dame de Versailles. — *Sépulture :* Abbaye royale de Saint-Denis ; le cœur, au Val-de-Grâce.

([7]) Voy. Dangeau, 1712, 8, 10 et 30 mars.

([8]) « Il y a quelques jours, dit le duc de Luynes (16 mai 1736, I, 72), que le Roi dit à son souper qu'il étoit vingt-cinq fois petit-fils de Henri IV. J'eus la curiosité d'examiner cette généalogie, que j'ai cru devoir joindre ici.

Branches par lesquelles Louis XV descend de Henri IV.

Henri IV a eu de Marie de Médicis quatre enfants, savoir un fils et trois filles, et de Gabrielle d'Estrées un fils légitimé :

1° *Louis XIII*, son fils.
Louis XIV, petit-fils.
Monseigneur, arrière-petit-fils.
Monsieur le duc de Bourgogne.
Louis XV.

1715. — Sacré à Reims le 25 octobre 1722 ([1]). — Déclaré majeur le 16 février 1723.

Né à Versailles le 15 février 1710 ([2]).

Baptisé en son appartement du château de Versailles le 8 mars 1712, tenu par Louis-Marie, marquis de Prie, et Marie-Isabelle-Gabrielle de la Mothe-Houdancourt, duchesse douairière de la Ferté ([3]).

Mort à Versailles le 10 mai 1774 ([4]).

2° *Élisabeth de France*, femme de Philippe IV, roi d'Espagne.
Marie-Thérèse, sa fille, femme de Louis XIV.
Monseigneur.
Le duc de Bourgogne.
Louis XV.

3° *Christine de France*, femme de Victor-Amédée, duc de Savoie.
Charles-Emmanuel, duc de Savoie.
Victor-Amédée II, duc de Savoie.
Marie-Adélaïde, femme de Mgr le duc de Bourgogne.
Louis XV.

4° *Henriette de France*, femme de Charles Ier, roi d'Angleterre.
Henriette d'Angleterre, femme de Philippe, duc d'Orléans, frère de Louis XIV.
Anne-Marie d'Orléans, femme de Victor-Amédée II, duc de Savoie.
Marie-Adélaïde, femme de Mgr le duc de Bourgogne.
Louis XV.

5° *César-Monsieur*, légitimé de Henri IV.
Élisabeth de Vendôme, sa fille, femme de Charles-Amédée, duc de Savoie-de Nemours.
Marie-Jeanne-Baptiste de Nemours, femme de Charles-Emmanuel, duc de Savoie, dite Madame Royale.
Victor-Amédée II, duc de Savoie.
Marie-Adélaïde, femme de Mgr le duc de Bourgogne.
Louis XV. »

On peut encore ajouter deux branches à celles qui précèdent :

6° *Christine de France*, femme de Victor-Amédée, duc de Savoie.
Adélaïde de Savoie, femme de Ferdinand-Marie, électeur de Bavière.
Marie-Anne-Christine de Bavière, femme du Grand-Dauphin.
Le duc de Bourgogne.
Louis XV.

7° *Louis XIII.*
Philippe, duc d'Orléans.
Anne-Marie d'Orléans, femme de Victor-Amédée II, duc de Savoie.
Marie-Adélaïde, femme de Mgr le duc de Bourgogne.
Louis XV.

([1]) *Gazette*, 1722. On y trouve, pages 541, 577, 625 et 649, une relation très-détaillée du sacre de Louis XV.

([2]) *Gazette*, 1710, p. 96. — Dangeau. — Registres de Notre-Dame de Versailles.

([3]) Registres de Notre-Dame de Versailles.

([4]) Registres de Notre-Dame de Versailles. — *Gazette*, 1774, p. 340. — *Sépulture* : Abbaye royale de Saint-Denis.

Accordé, par traité du 25 novembre 1721 ([1]), à *Marie-Anne-Victoire de Bourbon*, infante d'Espagne, fille de Philippe V, roi d'Espagne; née le 31 mars 1718; venue en France le 9 janvier 1722, et à Paris le 2 mars([2]); quitte Versailles le 5 avril 1725, et la France le 17 mai suivant, sans avoir été mariée([3]). — Appelée pendant son séjour en France l'*Infante d'Espagne*, et quelquefois l'*Infante-Reine*.

Marié, par contrat signé à Versailles le 9 août 1725 ([4]), par procuration à Strasbourg, le 15 août 1725 ([5]), et en personne à Fontainebleau, le 5 septembre 1725 ([6]), à *Marie-Charlotte-Sophie-Félicité*, appelée *Marie Leczinska*, fille unique de Stanislas Leczinski, comte de Lesno, palatin de Posnanie, ex-roi de Pologne, duc de Lorraine et de Bar depuis la paix de Vienne, en 1735 ([7]), et de Catherine Bnin-Opalinska; née à Posen le 23 juin 1703 ([8]); morte au château de Versailles le 24 juin 1768([9]).

([1]) *Gazette*, 1721, p. 620. — *Mém. de Saint-Simon*, t. XVIII, p. 262 et suiv., édit. Hachette, in-8°.

([2]) Voy. dans la *Gazette*, 1722, p. 109 et 153, la Relation de l'entrée de l'Infante à Paris.

([3]) *Gazette*, 1725, p. 167, 252 et 269.

([4]) *Gazette*, 1725, p. 384.

([5]) *Gazette*, 1725, p. 406.

([6]) *Gazette*, 1725, p. 432. — *Journal historique du voyage de S. A. S. Mademoiselle de Clermont*, etc., par le chevalier Daudet. Chaalons, 1725, in-12.

([7]) Stanislas-Nicolas Leczinski est né à Leopol, capitale de la Russie-Rouge, le 18 avril 1677 (suivant l'*État de la France*, 1749, t. II, p. 315, et l'*Idée généalogique de la maison de Leczinski*, insérée dans les *Variétés historiques, physiques et littéraires, ou Recherches d'un savant*. Paris, 1752, in-12, 1, 394), ou le 20 octobre 1677 (suivant Aubert, *Vie de Stanislas Leczinski*. Paris, 1769, in-12), ou le 20 octobre 1682 (suivant la *Gazette* et l'abbé Proyart, *Hist. de Stanislas I*, roi de Pologne*. Paris, 1785, in-12). Il mourut au château de Lunéville le 23 février 1766 (*Gazette*, p. 135). — Sa femme, *Catherine Bnin-Opalinska*, qu'il avait épousée en 1698, est née le 9 novembre 1680 (suivant l'*Idée généalogique*, etc.), ou le 5 novembre 1680, et est morte à Lunéville le 19 mars 1747 (*Gazette*, p. 155). — Leur sépulture est dans l'église de Notre-Dame de Bon-Secours, auprès de Nancy.

([8]) Cette date est donnée par Marie Leczinska elle-même, dans une lettre qu'elle écrivit à la duchesse de Luynes le 18 juin 1757, et qui est conservée dans les archives de la maison de Luynes, au château de Dampierre. — La *Gazette*, 1768, p. 423, donne aussi cette date, ainsi que l'*Idée généalogique*, etc.

([9]) *Gazette*, 1768, p. 423. — Le registre de la paroisse de Notre-Dame de Versailles ne fait pas mention du décès de la Reine ni de la translation de son corps

ENFANTS NÉS DE CE MARIAGE.

ENFANTS DE FRANCE.

1. LOUIS DE FRANCE, Dauphin, qui suit.

2. **N... de France**, duc d'Anjou, né à Versailles le 30 août
1730 [1]; mort à Versailles le 7 avril 1733 [2].

3. **Louise-Élisabeth de France**, née à Versailles le 14 août
1727 [3]; baptisée en la chapelle du château de Versailles
le 27 avril 1737, tenue par le duc de Chartres et Louise-
Élisabeth de Bourbon-Condé, princesse de Conty seconde
douairière [4]; morte à Versailles le 6 décembre 1759 [5];
mariée, par procuration à Versailles le 26 août 1739 [6], et
en personne, le 25 octobre 1739, à Alcala [7], à *Don Phi-*
lippe, infant d'Espagne, duc de Parme. — Appelée d'abord
Madame Première [8], puis *Madame*, et après son mariage
Madame-Infante ou l'*Infante-Duchesse*.

4. **Anne-Henriette de France**, sœur jumelle de la précédente; née à Versailles le 14 août 1727; baptisée en la
chapelle du château de Versailles le 27 avril 1737, tenue
par Louis-Henri, duc de Bourbon, et Louise-Anne de Bourbon-Condé, Mademoiselle [9]; morte à Versailles le 10 fé-

---

à Saint-Denis, où Marie Leczinska fut enterrée. Son cœur fut déposé dans le tombeau de son père, à Notre-Dame de Bon-Secours, auprès de Nancy (Voy. *Gazette*,
1768, p. 447); cependant Hurtaut (*Dictionnaire historique de la ville de Paris*,
I, p. 136) dit que le cœur fut déposé au Val-de-Grâce.

[1] *Gazette*, 1730, p. 418.

[2] *Gazette*, 1733, p. 180. — Journal manuscrit conservé dans les archives du
château de Dampierre. 1 vol. petit in-12. — *Sépulture :* Abbaye royale de Saint-
Denis; le cœur, au Val-de-Grâce.

[3] *Gazette*, 1727, p. 403. — Barbier, II, 10 (édit. Charpentier). — Registres de
Notre-Dame de Versailles.

[4] *Gazette*, 1737, p. 216. — Registres de Notre-Dame de Versailles.

[5] Registres de Notre-Dame de Versailles. — *Gazette*, 1759, p. 614. — Barbier.
— Madame-Infante était revenue en France en 1759. — *Sépulture :* Abbaye royale
de Saint-Denis.

[6] Registres de Notre-Dame de Versailles.

[7] *Gazette*, 1739, p. 419 et 557.

[8] L'usage était établi à la Cour de désigner par des noms de nombres ordinaux
les filles de Louis XV non encore baptisées, et par conséquent non encore nom-
mées. Mesdames Première, Seconde et Troisième ne furent baptisées qu'en 1737.

[9] *Gazette*, 1737, p. 216. — Registres de Notre-Dame de Versailles.

vrier 1752 ([1]). — Appelée successivement : *Madame Seconde;* en 1737, *Madame Henriette;* en 1739, après le mariage de la précédente, *Madame;* en 1746, après la naissance de la première fille du Dauphin, *Madame Henriette* ([2]); et enfin, en 1748, après la mort de cette princesse, elle reprend le titre de *Madame* ([3]).

5. **Marie-Louise de France** ([4]), née à Versailles le 28 juillet 1728 ([5]); baptisée à Versailles le 18 février 1733, tenue par Marie-Joseph, duc de Tallard, et Marie-Louise de Rohan, duchesse de Tallard, gouvernante des enfants de France et surintendante de leur maison ([6]); morte à Versailles le 19 février 1733 ([7]). — Appelée *Madame Troisième.*

6. **Marie-Adélaïde de France**, née à Versailles le 23 mars 1732 ([8]); baptisée en la chapelle du château de Versailles le 27 avril 1737, tenue par le comte de Charolais et Mademoiselle de Clermont ([9]); morte à Trieste le 27 février 1800 ([10]). — Appelée successivement : *Madame Quatrième;* en 1733, après la mort de la précédente, *Madame Troisième;* en 1737, *Madame Adélaïde;* en 1755, après la mort de Marie-Zéphirine de France, fille du Dauphin, *Madame* ([11]); en 1759, après la naissance de Madame Clotilde,

---

([1]) *Gazette,* 1752, p. 81. — Luynes. — *Sépulture :* Abbaye royale de Saint-Denis; le cœur, au Val-de-Grâce.

([2]) Luynes, VII, 531.

([3]) Luynes. — Lettre de la Dauphine à sa mère, dans l'ouvrage intitulé : *Maurice, comte de Saxe, et Marie-Josèphe de Saxe,* etc., par le comte de Vitzthum d'Eckstaedt, 1867, in-8°, p. 212, 221.

([4]) *L'État de la France,* 1737, t. II, p. 584, et Moréri disent à tort : *Louise-Marie.*

([5]) *Gazette,* 1728, p. 571. — Barbier, II, 47.

([6]) Registres de Notre-Dame de Versailles.

([7]) *Gazette,* 1733, p. 96 et 106.—Journal manuscrit des archives de Dampierre. — *Sépulture :* Abbaye royale de Saint-Denis : le cœur, au Val-de-Grâce.

([8]) *Gazette,* 1752, p. 116. — Registres de Notre-Dame de Versailles.

([9]) *Gazette,* 1737, p. 216. — Registres de Notre-Dame de Versailles.

([10]) La *Biographie universelle* dit à tort le 18 février; quelques-uns disent aussi le 25 février. La date du 27 février 1800 est donnée par l'inscription gravée sur une plaque de marbre placée à l'entrée du caveau des Bourbons à Saint-Denis. — *Sépulture :* Voy. note 6, p. 106.

([11]) Luynes, *Mém.,* 16 septembre 1755.

elle reprend son nom de *Madame Adélaïde* (¹). — Louis XV lui avait donné le surnom de *Loque* (²).

7. **Victoire-Louise-Marie-Thérèse** (³) **de France**, née à Versailles le 11 mai 1733 (⁴) ; baptisée à Fontevrault le 14 août 1745, tenue par Gilbert de Montmorin-de Saint-Hérem, évêque-duc de Langres, et Madame Claire-Louise de Montmorin-de Saint-Hérem, abbesse, chef et générale de l'abbaye et ordre de Fontevrault, gouvernante de Mesdames de France, au nom du Dauphin et de la Dauphine, Marie-Thérèse d'Espagne (⁵); morte à Trieste le 7 juin 1799 (⁶). — Appelée d'abord *Madame Quatrième*, et, à partir de 1745, *Madame Victoire*. — Louis XV lui avait donné le surnom de *Coche*, parce qu'elle était la plus grasse de ses filles.

8. **Sophie-Philippine-Élisabeth-Justine de France**, née à Versailles le 27 juillet 1734 (⁷) ; baptisée à Fontevrault le 14 août 1745, tenue par les mêmes personnes qui ont tenu sa sœur, au nom de Don Philippe, infant d'Espagne, et de Louise-Élisabeth de France, infante d'Espagne (⁸) ; morte à Versailles le 3 mars 1782 (⁹). — Appelée d'abord *Madame Cinquième*, et, à partir de 1745, *Madame Sophie*. — Louis XV lui avait donné le surnom de *Graille*.

9. **Thérèse-Félicité de France**, née à Versailles le 16

(¹) L'*Almanach royal* lui conserve cependant son titre de Madame jusqu'à l'avénement de Louis XVI.

(²) Madame Campan, *Mém.*, I, 16.

(³) Et non pas Marie-Louise-Thérèse-Victoire.

(⁴) *Gazette*, 1733, p. 240. — Journal manuscrit de Dampierre.

(⁵) Registres des actes de prises d'habit, professions de foi et décès des religieuses de l'abbaye de Fontevrault, conservés à la mairie de Fontevrault.

(⁶) La date du 7 juin 1799 est donnée par l'inscription gravée sur une plaque de marbre placée à l'entrée du caveau des Bourbons, à Saint-Denis. — Les cercueils de Mesdames Adélaïde et Victoire furent enlevés de leur tombeau, à Trieste, le 7 septembre 1814, pour être transportés en France, et embarqués le 12 sur la frégate *la Fleur de lys* (*Moniteur*, 1814, p. 1343 et 1400). Arrivés à Toulon le 21 décembre 1814, les deux cercueils ne furent déposés à Saint-Denis que le 20 janvier 1817.

(⁷) *Gazette*, 1734, p. 403.

(⁸) Registres de Fontevrault (voy. note 5).

(⁹) Registres de Notre-Dame de Versailles. — *Gazette*, 1782, p. 93. — *Sépulture :* Abbaye royale de Saint-Denis.

mai 1736 (¹); baptisée à Fontevrault le 27 septembre 1744, par ordre de Madame de Montmorin, abbesse de Fontevrault, à raison du danger de la mort ; nommée, par ordre de Leurs Majestés Thérèse-Félicité ; tenue, d'après la désignation de Leurs Majestés, par Michel Macé, prêtre-curé de Vouvré, confesseur de Mesdames de France à Fontevrault, et par Marguerite-Suzanne Milsion, nourrice de Madame Cinquième et première femme de chambre honoraire de Mesdames, épouse de Martin Tascher, valet de chambre de Madame Cinquième (²) ; morte à l'abbaye de Fontevrault le 28 septembre 1744 (³). — Appelée *Madame Sixième*.

10. **Louise-Marie de France**, née à Versailles le 15 juillet 1737 (⁴) ; baptisée à Fontevrault le 20 décembre 1738, tenue par messire François-Marc-Antoine de Bussy, seigneur de Bisé, Espieds et Chassaigne, et par Marie-Louise Bailly-Adenet, première femme de chambre de Madame Sixième et de Madame Septième (⁵) ; morte à Saint-Denis le 23 décembre 1787 (⁶) ; religieuse carmélite à Saint-Denis, sous le nom de *sœur Thérèse de Saint-Augustin ;* prend l'habit le 10 septembre 1770, et le voile le 1ᵉʳ octobre 1771 (⁷) ; élue prieure le 25 novembre 1773. — Appelée d'abord *Madame Septième* (⁸), et, depuis 1740, *Madame Louise.* — Louis XV lui avait donné le surnom de *Chiffe* (⁹).

(¹) *Gazette*, 1736, p. 240. — Luynes et Barbier. — Registres de Notre-Dame de Versailles.

(²) Registres de Fontevrault (voy. note 5 de la page 106).

(³) *Gazette*, 1744, p. 490. — Luynes. — *Sépulture :* Inhumée d'abord à Fontevrault, dans le caveau des rois d'Angleterre (Registres de Fontevrault ; voy. l'acte de décès à l'Appendice), puis à l'abbaye royale de Saint-Denis.

(⁴) *Gazette*, 1737, p. 317. — Luynes et Barbier.

(⁵) Registres de Fontevrault (voy. note 5 de la page 106).

(⁶) *Gazette*, 1788, p. 8. — *Sépulture :* Aux Carmélites de Saint-Denis.

(⁷) *Gazette*, 1770, p. 603 ; 1771, p. 663.

(⁸) « Quand on est venu annoncer au Roi la naissance d'une nouvelle fille, au lieu du duc d'Anjou qu'il attendoit, on lui a demandé si on l'appelleroit Madame Septième, il a répondu : *Madame Dernière.* » (*Journ. et Mém. du marquis d'Argenson*, édit. Rathery, I, 265.)

(⁹) Les filles de Louis XV ont encore été désignées sous les noms de : *Mesdames les deux ainées*, qui sont : Madame Élisabeth et Madame Henriette, sœurs jumelles ; — *Mesdames ainées*, qui sont : Madame Henriette et Madame Adélaïde ; — *Mesdames Cadettes*, qui sont : Madame Victoire, Madame Sophie, Madame

Enfants naturels.

a. Louis-Aimé, appelé l'*abbé de Bourbon* (¹), fils de mademoiselle Anne Couppier de Romans (²), né à Passy le 13 janvier 1762 ; baptisé à Passy le lendemain (³) ; mort à Naples le 28 février 1787 (⁴).

b. M. de Bourbon-Créqui (⁵).

c. Benoit le Duc, abbé de Saint-Martin de Paris.

d. Auguste, abbé d'Adouville, chanoine de Lille, décapité le 25 juin 1794.

e. Emmanuel-Jean-Marie Langlois de Villepaille, écuyer cavalcadour, « procureur général des plaisirs de la Force (⁶). »

f. D'Orvigny, l'auteur comédien, né à Versailles en 1743 ; baptisé à Saint-Germain-l'Auxerrois le 22 avril 1743 (⁷) ; mort à Paris le 4 janvier 1812 (⁸).

g. Cinq filles de mères différentes, protégées par Mesdames tantes de Louis XVI (⁹). Les Mémoires du duc de Luynes, à la date du 10 juillet 1754 (t. XIII, p. 435), n'us en font connaître une. « Mademoiselle Morphise(¹⁰),

---

Sixième et Madame Louise. — Ces désignations furent en usage lorsque Mesdames Quatrième, Cinquième, Sixième et Septième furent envoyées à l'abbaye de Fontevrault (18 juin 1738), pour y être élevées. Madame Victoire revint à la cour le 24 mars 1744 ; Madame Sixième mourut à Fontevrault en 1744 ; Mesdames Louise et Sophie revinrent à Versailles le 18 octobre 1750 et furent alors désignées sous le nom de *Mesdames les deux Cadettes*. — Sous Louis XVI, Mesdames Adélaïde, Victoire, Sophie et Louise sont appelées *Mesdames Tantes*.

(¹) L'abbé de Bourbon est le seul des bâtards de Louis XV qui ait été reconnu, quoique irrégulièrement. — Voy., sur sa ressemblance avec Louis XV, *Souvenirs de la fin du dix-huitième siècle* (par Desgenettes), p. 260 et 299.

(²) Mademoiselle de Romans devint plus tard Madame de Cavanac.

(³) « L'an 1762, le 14 janvier, a été baptisé Louis-Aimé, né d'hier, fils de Louis Bourbon (*sic*) et de demoiselle Anne Couppier de Roman, dame de Meilly-Coulange, demeurant à Passy, » etc. (Communiqué par M. Parent de Rosan.)

(⁴) *Gazette*, 1787, p. 116. — Le *Mercure de France* dit le 3 mars. — *Sépulture :* A Santa Maria Nova.

(⁵) *Correspondance secrète inédite*, etc., publiée par M. de Lescure, II, 560. En 1791, Louis XVI ne peut lui payer sa pension.

(⁶) Dauban, *Prisons de Paris*, 1870, p. 457.

(⁷) *Souvenirs de Barba*, 1846, in-8°, p. 170.

(⁸) Cubières-Palmezeaux, dans une brochure pseudonyme qu'il publia en 1813, sous le titre de : *Épitre en vers aux mânes de Dorvigny, ou l'Apologie des Buveurs*, regarde comme certain que d'Orvigny était le fils de Louis XV, auquel il ressemblait prodigieusement. (Voy. *Biogr. de Rabbe* et les *Souvenirs de Barba*.)

(⁹) *Corresp. secrète inédite*, etc., publiée par M. de Lescure, I, 17. — Ce renseignement coïncide avec les notes que m'a données M. Parent de Rosan et qui sont ainsi conçues : « Une fille née de mademoiselle O'Murphy et quatre filles qui furent anoblies par Louis XVI et portèrent des noms de fantaisie. »

(¹⁰) Mademoiselle Morphise s'appelait exactement O'Murphy ; elle était née à Rouen en 1737, et était fille de Daniel O'Murphy, d'origine irlandaise, officier dans l'armée française, mort en 1755. Mademoiselle O'Murphy fut mariée trois fois : 1° le 24 novembre 1755, à *Jacques de Beaufranchet*, seigneur d'Ayat, capitaine dans l'armée française, tué à Rosbach en 1757 ; — 2° à *François-Nicolas Lenormand*, seigneur de Flaghac, maître d'hôtel du comte d'Artois ; il n'eut pas d'en-

disent-ils, est accouchée à Paris d'une fille ([1]). » — On cite encore *Mademoiselle de Saint-André,* fille de mademoiselle de Vaumartel et mariée au marquis de Turpin la Chorce ([2]). — On dit encore que la marquise de Ménars, femme du frère de madame de Pompadour, le marquis de Marigny, était une fille de Louis XV ([3]).

h. Plusieurs enfants morts en bas âge, sans avoir eu de position définie ([4]).

i. Quelques enfants dont Louis XV fixait l'état en mariant leur mère dès que la grossesse était constatée, et en couvrant ainsi leur naissance du pavillon marital au moyen d'une forte dot ([5]). — C'est ainsi que le premier mari de mademoiselle O'Murphy reçut 50,000 francs pour épouser ladite demoiselle, à qui l'on donnait également 200,000 francs et un trousseau magnifique ([6]).

j. Il faut encore ajouter à cette nomenclature : *Charles-Emmanuel-Marie-Madelon de Vintimille,* marquis du Luc, surnommé le *Demi-Louis,* né au château de Versailles le 2 septembre 1741, de Pauline-Félicité de Mailly, mademoiselle de Nesle, épouse de Jean-Baptiste-Félix-Hubert, comte de Vintimille, et appelé depuis le comte du Luc. M. de Vintimille déclara publiquement que le Demi-Louis était le fils de Louis XV ([7]).

VIII. **LOUIS DE FRANCE**, Dauphin.

Né à Versailles le 4 septembre 1729 ([8]).

Baptisé en la chapelle du château de Versailles le 27 avril 1737, tenu par le duc d'Orléans et Louise-Françoise de Bourbon, duchesse douairière de Bourbon ([9]).

Mort à Fontainebleau le 20 décembre 1765 ([10]).

---

fants de mademoiselle O'Murphy, et sa postérité descend de sa première femme, Madeleine Rollet de Lauriat ; — 5° au conventionnel *Dumont,* qui divorça. — Mademoiselle O'Murphy mourut à Paris en 1814. (Communiqué par M. Parent de Rosan.)

([1]) M. Parent de Rosan m'apprend que cette fille fut mariée à un personnage important et mourut quelques mois après Louis XV.

([2]) Voy. *Mém. de madame de Pompadour* (II, 347); *Lettres originales de madame du Barry* (Londres, 1779, in-12, p. 164); *les Maîtresses de Louis XV,* par MM. de Goncourt (II, 210-211), et la *Revue de Paris* de novembre 1856. (Renseignements communiqués par M. Édouard Fournier.)

([3]) *Corresp. secrète inédite,* etc., publiée par M. de Lescure, I, 179.

([4]) Note communiquée par M. Parent de Rosan.

([5]) Note communiquée par M. Parent de Rosan.

([6]) Luynes, *Mém.,* XV, 525.

([7]) *Mém. de Madame du Haussel,* 100 et 215. — Luynes, *Mém.,* X, 108 ; III, 483, 46, 51, 467, 478. — D'Argenson, III, 286, 563, 369, 583, 385 ; IV, 57.

([8]) *Gazette,* 1729, p. 421. — Registres de Notre-Dame de Versailles.

([9]) *Gazette,* 1737, p. 216. — Registres de Notre-Dame de Versailles.

([10]) *Gazette,* 1765, p. 815.— *Sépulture :* Cathédrale de Sens ; le cœur, à Saint-Denis.

Marié : 1° par contrat du 13 décembre 1744 (¹), par procuration à Madrid, le 18 décembre 1744, et en personne à Versailles, le 23 février 1745 (²), à *Marie-Thérèse-Antoinette-Raphaëlle*, infante d'Espagne, fille de Philippe V, roi d'Espagne, et d'Élisabeth Farnèse ; née à Madrid le 11 juin 1726 (³) ; morte à Versailles le 22 juillet 1746 (⁴).

2° Par procuration à Dresde, le 10 janvier 1747 (⁵), et en personne à Versailles le 9 février 1747 (⁶), à *Marie-Josèphe de Saxe*, cinquième fille de Frédéric-Auguste III, roi de Pologne et électeur de Saxe, et de Marie-Josèphe d'Autriche (⁷) ; née à Dresde le 4 novembre 1731 (⁸) ; morte à Versailles le 13 mars 1767 (⁹).

ENFANT NÉ DU PREMIER MARIAGE.
ENFANT DE FRANCE.

1. **Marie-Thérèse de France**, née à Versailles le 19 juillet 1746 (¹⁰) ; ondoyée le 19 juillet 1746 (¹¹) et baptisée à Versailles le 26 avril 1748 (¹²) ; morte à Versailles le 27 avril

---

(¹) *Gazette*, 1745, p. 7.

(²) *Gazette*, 1745, p. 12 et 31 ; p. 107 et 111. — Luynes. — Registres de Notre-Dame de Versailles.

(³) *Gazette*, 1726, p. 317. — Moréri et *Almanach royal*.

(⁴) *Gazette*, 1746, p. 371. — Luynes et Barbier. — *Sépulture :* Abbaye royale de Saint-Denis ; le cœur, au Val-de-Grâce.

(⁵) *Gazette*, 1747, p. 42. — Witzthum, ouvrage cité, p. 143.

(⁶) *Gazette*, 1747, p. 71. — Luynes.

(⁷) La Dauphine de Saxe est la sœur cadette de la reine de Naples, femme de don Carlos, depuis Charles III, roi d'Espagne.

(⁸) *Gazette*, 1767, p. 176. — *État de la France*, 1749, t. II, p. 548.

(⁹) Registres de Notre-Dame de Versailles. — *Gazette*, 1767, p. 176. — *Sépulture :* Cathédrale de Sens ; le cœur, à Saint-Denis.

(¹⁰) *Gazette*, 1746, p. 359. — Luynes. — Registres de la paroisse de Notre-Dame de Versailles.

(¹¹) Registres de Notre-Dame de Versailles.

(¹²) On lit en effet dans la *Gazette* (1748), p. 223 : « Madame estant tombée malade le 26 du mois dernier, et les remèdes qu'on a employez pour sa guérison n'ayant eu aucun succès, l'abbé de Barail, aumônier du Roy en quartier, lui a suppléé les cérémonies du baptême, et elle a été nommée Marie-Thérèse. Le 27, à neuf heures du soir, cette princesse mourut, » etc. Après ce témoignage si formel, on ne lira pas sans étonnement l'acte de décès de Madame, qui dit absolument le contraire. « L'an 1748, le 28 du mois d'avril, Très-Haute et Très-Puissante princesse, fille de Très-Haut, Très-Puissant et Excellent prince Louis, Dauphin de France, et de défunte Très-Haute, Très-Puissante et Excellente princesse Marie-Thérèse d'Espagne, Dauphine de France, âgée d'environ vingt et un mois et

1748 (¹). — Appelée *Madame* et quelquefois la *Petite-Madame*.

ENFANTS NÉS DU SECOND MARIAGE.

2. **Louis-Joseph-Xavier de France**, duc de Bourgogne, né à Versailles le 13 septembre 1751 (²) ; baptisé en son cabinet, au château de Versailles le 29 novembre 1760, tenu par le Roi et la Reine (³) ; mort à Versailles le 22 mars 1761 (⁴).

3. **Xavier-Marie-Joseph de France**, duc d'Aquitaine, né à Versailles le 8 septembre 1753 (⁵) ; baptisé au château de Versailles le 21 février 1754, tenu par le maréchal de la Mothe-Houdancourt et la comtesse de Marsan (⁶), nommé Xavier-Marie-Joseph, d'après l'ordre du Dauphin ; mort à Versailles le 22 février 1754, âgé de cinq mois et quatorze jours (⁷).

4. LOUIS-AUGUSTE DE FRANCE, duc de Berry, puis Dauphin, et roi de France sous le nom de Louis XVI, qui suit.

5. LOUIS-STANISLAS-XAVIER DE FRANCE, comte de Provence, puis roi de France sous le nom de Louis XVIII, qui suit.

---

demi, *seulement ondoyée*, décédée d'hier, a été transportée aux Thuileries, à Paris, pour être ensuite portée et inhumée à Saint-Denis en France. » Signé : Jomard, curé. (Registres de Notre-Dame de Versailles.)

(¹) *Gazette*, 1748, p. 225. — Luynes. — Registres de la paroisse de Notre-Dame de Versailles. — *Sépulture :* Abbaye royale de Saint-Denis ; le cœur, au Val-de-Grâce.

(²) *Gazette*, 1751, p. 452. — Luynes, Barbier et d'Argenson. — Registres de Notre-Dame de Versailles.

(³) *Gazette*, 1760, p. 589. — Registres de Notre-Dame de Versailles.

(⁴) *Gazette*, 1761, p. 156. — Barbier. — *Sépulture :* Abbaye royale de Saint-Denis ; le cœur, au Val-de-Grâce.

(⁵) *Gazette*, 1753, p. 437. — Luynes. — Registres de Notre-Dame de Versailles.

(⁶) *Gazette*, 1754, p. 95. — Luynes, XIII, 166.

(⁷) La *Gazette* (1754, p. 94), le duc de Luynes et Barbier sont d'accord pour attester que ce jeune prince mourut le 22 février, à midi, âgé de cinq mois et quatorze jours, ce qui corrobore la date du 22 février. Le registre des décès de Notre-Dame de Versailles dit cependant, à la date du 23 février, que le duc d'Aquitaine mourut « avant-hier, » c'est-à-dire le 21. — *Sépulture :* Abbaye royale de Saint-Denis ; le cœur, au Val-de-Grâce.

6. CHARLES-PHILIPPE DE FRANCE, comte d'Artois, puis roi de France sous le nom de Charles X, qui suit (¹).

7. **Marie-Zéphirine de France**, née à Versailles le 26 août 1750 (²); baptisée quelques instants avant sa mort, le 2 septembre 1755, tenue par le prince Maximilien-Meriadec-Ferdinand de Rohan et la comtesse de Marsan, gouvernante des enfants de France (³); morte à Versailles le 2 septembre 1755 (⁴). — Appelée *Madame* et quelquefois la *Petite-Madame*.

8. **Marie-Adélaïde-Clotilde-Xavière de France**, née à Versailles le 23 septembre 1759 (⁵); baptisée en la chapelle du château de Versailles le 19 octobre 1761, tenue par le duc de Berry et Madame Louise (⁶); morte à Naples le 7 mars 1802 (⁷); mariée, par contrat signé à Versailles le 16 août 1775 (⁸), par procuration à Versailles le 21 août 1775, et en personne à Chambéry le 6 septembre 1775 (⁹), à *Charles-Emmanuel-Ferdinand-Marie*, prince de Piémont, depuis roi de Sardaigne, sous le nom de Charles-Emmanuel-Ferdinand IV. — Appelée *Madame* jusqu'à l'avénement de Louis XVI en 1774, puis *Madame Clotilde* (¹⁰); appelée depuis son mariage la *princesse de Piémont* et la

---

(¹) Le duc de la Vauguyon, gouverneur des fils du Dauphin, appelait ses élèves les quatre F : le *fin* (le duc de Bourgogne); le *faible* (le duc de Berry); le *faux* (le comte de Provence); le *franc* (le comte d'Artois).

(²) *Gazette*, 1750, p. 417. — Luynes et Barbier. — Registres de Notre-Dame de Versailles.

(³) La *Gazette* (1755, p. 429) dit à tort que la Petite Madame fut baptisée le 1ᵉʳ septembre; l'acte de baptême dit qu'elle fut baptisée le 2 septembre. (Registres de Notre-Dame de Versailles.)

(⁴) La *Gazette* (p. 429) dit à tort que Madame mourut le 1ᵉʳ septembre, à minuit; elle est morte le 2, à minuit et demi. (Voy. Luynes, XIV, 252, et Barbier.) — Les registres paroissiaux de Notre-Dame de Versailles ne mentionnent pas le décès de Madame. — *Sépulture :* Abbaye royale de Saint-Denis; le cœur, au Val-de-Grâce.

(⁵) *Gazette*, 1759, p. 487. — Registres de Notre-Dame de Versailles.

(⁶) *Gazette*, 1761, p. 527. — Registres de Notre-Dame de Versailles.

(⁷) *Éloge historique de Mar.-Clot.-Adél.-Xav. de France, reine de Sardaigne.* Paris, 1814, in-8°. — Le *Calendrier de la Cour* dit qu'elle mourut à Caserte.

(⁸) *Gazette*, 1775, p. 591.

(⁹) *Gazette*, 1775, p. 605 et 613.

(¹⁰) Madame Clotilde était surnommée à la Cour le *Gros Madame*.

reine de Sardaigne. — Déclarée Vénérable par le pape
Pie VII, le 10 avril 1808.

9. **Élisabeth-Philippe-Marie-Hélène de France**, née à
Versailles le 3 mai 1764 [1]; baptisée en la chapelle du
château de Versailles le jour de sa naissance, tenue, au
nom de l'infant d'Espagne, Don Philippe, duc de Parme, et
de la reine douairière d'Espagne, Élisabeth Farnèse, par le
duc de Berry et Madame Adélaïde, nommés l'un et l'autre
par le roi de France pour représenter le parrain et la marraine absents [2]; morte à Paris, sur l'échafaud révolutionnaire, le 10 mai 1794 [3]. — Appelée *Madame Élisabeth.*

IX. **LOUIS XVI**, roi de France et de Navarre le 10 mai 1774 [4];
sacré à Reims le 11 juin 1775 [5]. — Appelé d'abord le *duc
de Berry*, puis le *Dauphin* après la mort de son père, en 1765.

Né à Versailles le 23 août 1754 [6].

Baptisé en la chapelle du château de Versailles le 18 octobre
1761, tenu, au nom d'Auguste III, roi de Pologne, électeur
de Saxe, par le duc d'Orléans (nommé par le Roi à cet
effet), et par Madame Adélaïde [7].

Mort à Paris, sur l'échafaud révolutionnaire, le 21 janvier
1793 [8].

Marié, par procuration à Vienne le 19 avril 1770, et en personne dans la chapelle du château de Versailles le 16 mai
1770 [9], à *Marie-Antoinette-Josèphe-Jeanne de Lor-*

---

(1) *Gazette*, 1764, p. 294. — Registres de Notre-Dame de Versailles.
(2) *Gazette*, 1764, p. 294-295. — Registres de Notre-Dame de Versailles.
(3) *Sépulture :* Au cimetière de Mousseaux.
(4) Le 5 octobre 1791, l'Assemblée constituante décida que le Roi s'appellerait
dorénavant le roi des Français. — Après le 10 août 1792, il fut appelé Louis Capet
par le parti révolutionnaire.
(5) *Gazette*, 1775, p. 439.
(6) *Gazette*, 1754, p. 404. — Luynes et Barbier. — Registres de Notre-Dame de
Versailles.
(7) *Gazette*, 1761, p. 527. — Registres de Notre-Dame de Versailles.
(8) *Sépulture :* Louis XVI et Marie-Antoinette furent enterrés au cimetière de
la Madeleine, rue d'Anjou-Saint-Honoré; mais, le 21 janvier 1815, les restes de
leurs corps, presque consumés par la chaux, furent transférés à Saint-Denis.
(9) *Gazette*, 1770, p. 297, 320 et 328. — Registres de Notre-Dame de Versailles·

raine (¹), archiduchesse d'Autriche, fille de François Ier, empereur d'Allemagne, et de Marie-Thérèse ; née à Vienne le 2 novembre 1755 (²) ; morte à Paris, sur l'échafaud révolutionnaire, le 16 octobre 1793 (³).

ENFANTS NÉS DE CE MARIAGE.

ENFANTS DE FRANCE.

1. **Louis-Joseph-Xavier-François de France**, Dauphin ; né à Versailles le 22 octobre 1781 (⁴) ; baptisé en la chapelle du château de Versailles le jour de sa naissance, tenu, au nom de l'Empereur (Joseph II) et de la princesse de Piémont (Madame Clotilde), par Monsieur et par Madame Élisabeth (⁵) ; mort en son château de Meudon le 4 juin 1789 (⁶).

2. **Louis-Charles de France**, appelé d'abord le *duc de Normandie*, le Dauphin en 1789 après la mort de son frère, et Louis XVII après la mort de son père. — Né à Versailles le 27 mars 1785 (⁷) ; baptisé en la chapelle du château de Versailles le jour de sa naissance, tenu par Monsieur et, au nom de la reine de Naples, par Madame Élisabeth (⁸) ; mort à Paris, prisonnier au Temple, le 8 juin 1795 (⁹).

3. **Marie-Thérèse-Charlotte de France**, née à Versailles

(¹) La Reine signe toujours sur les registres de Versailles : Marie-Antoinette-Josèphe-Jeanne.

(²) *Gazette*, 1755, p. 553. — Marie-Antoinette fut baptisée le 3 novembre 1755 ; elle fut tenue sur les fonts, au nom du roi et de la reine de Portugal, par le prince de Trautsen, archevêque de Vienne. (*Gazette*, 1755, p. 553.)

(³) *Sépulture :* Voy. note 8, p. 113.

(⁴) *Gazette*, 1781, p. 395 et 399. — Registres de Notre-Dame de Versailles.

(⁵) *Gazette*, p. 399. — Registres de Notre-Dame de Versailles.

(⁶) *Gazette*, 1789, p. 239 et 253. — *Sépulture :* Abbaye royale de Saint-Denis ; le cœur, au Val-de-Grâce. — Ce prince est le dernier Bourbon enterré à Saint-Denis avant la Révolution. Les tombeaux furent violés du 12 au 25 octobre 1793 ; les corps et les ossements furent jetés en deux fosses ; ils en furent retirés en 1816 pour être replacés à Saint-Denis, ceux des Bourbons en un cercueil, ceux des membres des autres familles royales en quatre cercueils.

(⁷) *Gazette*, 1785, p. 105 et 111. — Registres de Notre-Dame de Versailles.

(⁸) *Gazette*, 1785, p. 111. — Registres de Notre-Dame de Versailles.

(⁹) *Sépulture :* Au cimetière de la paroisse de Sainte-Marguerite, au faubourg Saint-Antoine, où, malgré les recherches, on n'a pu retrouver le corps.

le 19 décembre 1778 ([1]) ; baptisée en la chapelle du château de Versailles le jour de sa naissance, tenue, au nom du roi d'Espagne et de l'Impératrice-reine, par Monsieur et Madame ([2]) ; morte à Frohsdorf le 19 octobre 1851 ([3]) ; mariée à Mitau le 10 juin 1799 ([4]), à *Louis-Antoine d'Artois*, duc d'Angoulême, fils du comte d'Artois. — Titrée, en naissant, *Madame, fille du Roi*; désignée aussi sous les noms de *Madame Royale* et de *Madame Première*; appelée encore *Madame, Duchesse d'Angoulême*, après son mariage ([5]), jusqu'à la mort de Louis XVIII ; à cette époque elle prend le titre de *Dauphine*. — Après la révolution de 1830, elle porte le nom de *comtesse de Marnes*.

4. **Sophie-Hélène-Béatrix de France**, née à Versailles le 9 juillet 1786 ([6]) ; baptisée en la chapelle du château de Versailles le jour de sa naissance, tenue, au nom de l'archiduc d'Autriche Ferdinand, gouverneur de la Lombardie, frère de la Reine, par Monsieur et par Madame Élisabeth ([7]); morte au château de Versailles le 19 juin 1787 ([8]). — Appelée *Madame Sophie*.

X. **LOUIS XVIII**, roi de France et de Navarre le 8 juin 1795-6 avril 1814. — Appelé d'abord le *comte de Provence*, puis *Monsieur* en 1774, à l'avénement de son frère Louis XVI, et le *comte de Lille* pendant l'émigration ([9]).

Né à Versailles le 17 novembre 1755 ([10]).

Baptisé en la chapelle du château de Versailles le 18 octo-

([1]) *Gazette*, 1778, p. 912 et 953. — Registres de Notre-Dame de Versailles.
([2]) *Gazette*, 1778, p. 913.
([3]) *Sépulture :* Église des Franciscains, à Goritz.
([4]) *Mercure britannique* du 10 juillet 1799.
([5]) Sans que le duc d'Angoulême ait porté cependant le titre de *Monsieur*.
([6]) *Gazette*, 1786, p. 229 et 234. — Registres de Notre-Dame de Versailles.
([7]) *Gazette*, 1786, p. 234. — Registres de Notre-Dame de Versailles.
([8]) Registres de Notre-Dame de Versailles. — *Gazette*, 1787, p. 245. — *Sépulture :* Abbaye royale de Saint-Denis.
([9]) Pendant son voyage en Savoie, en 1775, il porta le nom de comte d'Alençon (*Gazette*, 1775, p. 634).
([10]) *Gazette*, 1755, p. 561. — Luynes et Barbier. — Registres de Notre-Dame de Versailles.

bre 1761, tenu, au nom de Stanislas, roi de Pologne, duc de Lorraine et de Bar, par le prince de Conty, nommé par le Roi à cet effet, et par Madame Victoire ([1]).

Mort sans enfants, à Paris, au palais des Tuileries, le 16 septembre 1824 ([2]).

Marié, par contrat signé à Turin le 16 avril 1771, par procuration à Turin le 21 avril 1771, et en personne à Versailles le 14 mai 1771 ([3]), à *Marie-Josèphe-Louise de Savoie*, seconde fille de Victor-Amédée III, roi de Sardaigne, et de Marie-Antoinette-Ferdinande d'Espagne; née à Turin le 2 septembre 1753 ; morte à Hartwell, en Angleterre, le 13 novembre 1810 ([4]). — Appelée d'abord la *comtesse de Provence* jusqu'à l'avénement de Louis XVI, en 1774; puis, en 1774, *Madame*, et, pendant l'émigration, la *comtesse de Lille*.

XI. **CHARLES X**, roi de France et de Navarre le 16 septembre 1824. — Sacré à Reims le 29 mai 1825. — Appelé d'abord le *comte d'Artois;* prend le titre de *Monsieur* en 1795, lorsque son frère, Monsieur, prend le nom de Louis XVIII. — Abdique le 2 août 1830, en faveur de son petit-fils, le duc de Bordeaux, et prend le nom de *comte de Ponthieu*.

Né à Versailles le 9 octobre 1757 ([5]).

Baptisé en la chapelle du château de Versailles le 19 octobre 1761, tenu, au nom de Charles III, roi d'Espagne, par le duc de Berry, nommé à cet effet par S. M. Catholique, et par Madame Sophie ([6]).

Mort à Goritz le 6 novembre 1836 ([7]).

Marié, par contrat signé à Moncalier le 23 octobre 1773, par procuration dans la chapelle du château de Moncalier le

---

([1]) *Gazette*, 1761, p. 527. — Registres de Notre-Dame de Versailles.
([2]) *Moniteur universel*, 1824, p. 1259.—*Sépulture :* Abbaye royale de Saint-Denis.
([3]) *Gazette*, 1771, p. 329 et 321. — Registres de Notre-Dame de Versailles.
([4]) *Sépulture :* Cathédrale de Cagliari.
([5]) *Gazette*, 1757, p. 507. — Luynes et Barbier. — Registres de Notre-Dame de Versailles.
([6]) *Gazette*, 1761, p. 527. — Registres de Notre-Dame de Versailles.
([7]) *Sépulture :* Église des Franciscains, à Goritz.

24 octobre 1773, et en personne dans la chapelle du château de Versailles le 16 novembre 1773 (¹), à *Marie-Thérèse de Savoie*, sœur de la comtesse de Provence, troisième fille de Victor-Amédée III, roi de Sardaigne, et de Marie-Antoinette-Ferdinande d'Espagne ; née à Turin le 31 janvier 1756 (²) ; morte à Gratz (³) le 2 juin 1805. — Appelée la *comtesse d'Artois*, et *Madame*, en 1795, après la mort de Louis XVII.

ENFANTS NÉS DE CE MARIAGE.
ENFANTS DE FRANCE.

1. **Louis-Antoine d'Artois**, duc d'Angoulême, d'abord petit-fils de France, puis fils de France ; Dauphin à la mort de Louis XVIII ; renonce à ses droits à la couronne en faveur du duc de Bordeaux ; appelé le *comte de Marnes* après 1830. — Né à Versailles le 6 août 1775 (⁴) ; baptisé en la chapelle du château de Versailles le 28 août 1785, tenu par le Roi et la Reine (⁵) ; mort sans enfants, à Goritz, le 3 juin 1844 (⁶) ; marié à Mitau, le 10 juin 1799, à *Marie-Thérèse-Charlotte de France*, fille de Louis XVI (voy. p. 114).

2. CHARLES-FERDINAND D'ARTOIS, duc de Berry, qui suit.

3. **N... d'Artois**, appelée *Mademoiselle*, née à Versailles le 5 août 1776 (⁷) ; morte à Versailles le 5 décembre 1783 (⁸).

4. **N... d'Artois**, appelée *Mademoiselle d'Angoulême*, née à Versailles le 6 janvier 1783 (⁹) ; morte à Choisy-le-Roi le 22 juin 1783 (¹⁰).

(¹) *Gazette*, 1773, p. 843 et 862. — Registres de Notre-Dame de Versailles.
(²) *Almanach royal de 1774.*
(³) *Calendrier de la Cour pour* 1815 et le *Château d'Eu*, par Vatout. — La *Biographie universelle* dit à Édimbourg, et la *Biographie Didot*, à Klagenfurth.
(⁴) *Gazette*, 1775, p. 562. — Registres de Notre-Dame de Versailles.
(⁵) Registres de Notre-Dame de Versailles. — La *Gazette* (1785, p. 297) dit à tort le 31 août.
(⁶) *Sépulture :* Église des Franciscains, à Goritz.
(⁷) *Gazette*, 1776, p. 560.
(⁸) *Gazette*, 1783, p. 434. — Registres de Notre-Dame de Versailles. — *Sépulture :* Abbaye royale de Saint-Denis.
(⁹) *Gazette*, 1783, p. 9.
(¹⁰) *Gazette*, 1783, p. 238. — *Sépulture :* Abbaye royale de Saint-Denis.

XII. CHARLES-FERDINAND, duc de Berry, d'abord petit-fils de France, puis fils de France.

Né à Versailles le 24 janvier 1778 (¹).

Baptisé en la chapelle du château de Versailles le 28 août 1785, tenu, au nom du roi d'Espagne, Charles III, et de la reine d'Espagne (Marie-Antoinette-Ferdinande d'Espagne), par Monsieur et Madame (²).

Mort à Paris, dans la salle de l'administration de l'Opéra, le 14 février 1820, à six heures et demie du matin, victime d'un attentat commis sur sa personne, la veille, à onze heures moins dix minutes du soir, au moment où il sortait de l'Opéra (³).

Marié, par contrat du 15 avril 1816, par procuration à Naples le 24 avril 1816, et en personne à Notre-Dame de Paris, le 17 juin 1816 (⁴), à *Caroline-Ferdinande-Louise de Bourbon*, fille de François Iᵉʳ, roi des Deux-Siciles; née à Naples le 5 novembre 1798; veuve le 14 février 1820 (⁵); morte au château de Brunnsee, en Styrie, le 17 avril 1870 (⁶).

— Appelée d'abord la *duchesse de Berry*, puis *Madame* à l'avénement de Charles X (⁷).

ENFANTS NÉS DE CE MARIAGE.

ENFANTS DE FRANCE.

1. N... d'Artois, né avant terme à Paris, à l'Élysée-Bourbon, le 13 septembre 1818; mort deux heures après sa naissance (⁸).

(¹) *Gazette*, 1778, p. 64. — Registres de Notre-Dame de Versailles.

(²) Registres de Notre-Dame de Versailles. — La *Gazette* (1785, p. 297) dit à tort le 31 août.

(³) *Moniteur universel* 1820, p. 184 et 187.—*Sépulture:* Abbaye royale de Saint-Denis; son cœur, à Rosny; ses entrailles, à Lille.

(⁴) *Moniteur universel*, 1816, p. 574 et 691. — C'est le 24 et non le 16 avril qu'a eu lieu le mariage par procuration.

(⁵) Remariée au *comte Hector de Lucchesi Palli*, des princes de Campo-Franco, né en 1808, créé duc della Grazia en 1856, mort en Styrie le 1ᵉʳ avril 1864.

(⁶) *Sépulture:* Au cimetière de Mureck, paroisse du château de Brunnsee.

(⁷) Pendant son expédition en Vendée, en 1851-52, Madame se servit des pseudonymes de *comtesse de Sagana* et de *Petit-Pierre*.

(⁸) *Moniteur universel*, 1818, p. 1091 et 1093. — *Sépulture:* Abbaye royale de Saint-Denis; ses entrailles, à Lille.

2. **HENRI-CHARLES-FERDINAND-MARIE-DIEUDONNÉ D'AR-TOIS**, duc de Bordeaux, qui suit.

3. **Louise-Isabelle d'Artois**, petite-fille de France, née à Paris, à l'Élysée-Bourbon, le 13 juillet 1817 ; ondoyée et nommée le 14 juillet 1817 ; morte le 14 juillet à l'Élysée-Bourbon (1).

4. **Louise-Marie-Thérèse d'Artois**, appelée *Mademoiselle*, et après 1830 *Mademoiselle de Rosny* et la *comtesse de Rosny*; née à Paris, à l'Élysée-Bourbon, le 21 septembre 1819 (2) ; baptisée à Paris, en la chapelle du château des Tuileries, le 16 décembre 1819, tenue par le Roi et Madame, duchesse d'Angoulême (3) ; morte à Venise le 1er février 1864 (4) ; mariée en la chapelle de Frohsdorf, le 10 novembre 1845, à *Ferdinand-Charles de Bourbon*, duc de Parme sous le nom de Charles III, fils de Charles II, duc de Parme ; veuve et régente de Parme le 27 mars 1854. Obligée de quitter Parme le 9 juin 1859 par une insurrection.

Enfants naturels (5).

a. CHARLOTTE-MARIE-AUGUSTINE, comtesse d'Issoudun, née à Londres d'Amy Brown, le 13 juillet 1808 ; créée comtesse d'Issoudun le 10 juin 1820 ; mariée, le 8 octobre 1823, à *Ferdinand-Victor-Amédée de Faucigny*, prince de Lucinge ; encore vivante.

b. LOUISE-MARIE-CHARLOTTE, comtesse de Vierzon, née à Londres d'Amy Brown, le 19 décembre 1809 ; créée comtesse de Vierzon le 10 juin 1820 ; mariée, par contrat du 16 juin 1827, à *Charles-Athanase Charette*, baron de la Contrie, chef d'escadron aux chasseurs de la garde royale, pair de France ; mort le 16 mars 1848. La baronne de la Contrie est morte également en 1848.

XIII. **HENRI-CHARLES-FERDINAND-MARIE-DIEUDONNÉ**, appelé d'abord le *duc de Bordeaux*, puis, après l'abdication

---

(1) *Moniteur universel*, 1817, p. 769, 773 et 785. — *Sépulture :* Abbaye royale de Saint-Denis.

(2) *Moniteur universel*, 1819, p 1241.

(3) *Moniteur universel*, 17 décembre 1819. — Registres de la Madeleine.

(4) *Sépulture :* Église des Franciscains, à Goritz.

(5) Garnier, *Tableaux généalogiques des souverains de la France*, etc. Paris, 1863, — et renseignements communiqués par M. le comte de Chastellux

de Charles X et la renonciation du duc d'Angoulême, *Henri V* et le *comte de Chambord*. Porte le nom de *comte de Mercœur* en 1871, pendant son voyage à Chambord.

Né posthume le 29 septembre 1820, à Paris, au palais des Tuileries ([1]).

Baptisé à Notre-Dame de Paris le 1er mai 1821, tenu, au nom du roi des Deux-Siciles et de la duchesse de Calabre, princesse héréditaire des Deux-Siciles, par Monsieur et par Madame, duchesse d'Angoulême ([2]).

Marié, par procuration à Modène le 7 novembre 1846, et en personne à Bruck (Styrie) le 16 novembre 1846, à *Marie-Thérèse-Béatrice-Gaëtane d'Este*, fille de François IV, archiduc d'Autriche-Este, duc de Modène, et de Marie-Béatrice-Victoire-Joséphine de Savoie, née à Modène le 14 juillet 1817.

([1]) *Moniteur universel*, 1820, p. 1525.
([2]) *Moniteur universel*, 1821, p. 607 et 614-615.

CHAPITRE II

BRANCHE D'ORLÉANS

ISSUE DE HENRI IV

GASTON-JEAN-BAPTISTE de France, duc d'Orléans, de Chartres, de Valois et d'Alençon, comte de Blois, de Montlhéry et de Limours, baron d'Amboise, seigneur de Montargis, fils de France, troisième fils de Henri IV. Il porta d'abord (¹) le titre de *duc d'Anjou* (²), et en 1626, au moment de son mariage (³), celui de *duc d'Orléans*. — Il fut appelé *Monsieur*, depuis la mort de son frère le duc d'Orléans (1611), jusqu'à la mort de Louis XIII (⁴), et depuis lors, *Son Altesse Royale et Monseigneur le duc d'Orléans*. — Ce prince est connu dans l'histoire sous le nom de *Gaston*.

Né le 25 avril 1608 à Fontainebleau (⁵).

(¹) Par décision du Roi du 24 mai 1608. (*Lettres de Malherbe à Peiresc*, p. 66, édit. Lud. Lalanne.)

(²) Malherbe l'appelle *Monsieur le Duc*, dans sa lettre du 4 août 1611.

(³) Voy. *Remarques de Bassompierre*, etc., p. 176 et 205.

(⁴) Depuis la mort de Louis XIII, quelques-uns, par habitude et politesse, continuent cependant à l'appeler *Monsieur*; mais c'est l'exception. D'autres disent: *Monsieur, oncle du Roi*.

(⁵) *Lettres de Henri IV*, VII, 550-552. — Héroard, I, 333. — *Mercure françois*, 1608, p. 251. — Bassompierre dit à tort que Gaston est né le 16 avril.

Baptisé au Louvre le 5 juin 1614, nommé par le cardinal de Joyeuse et la reine Marguerite (¹).

Mort le 2 février 1660 à Blois (²).

Marié : 1° par traité du 14 janvier 1608, le 6 août 1626, en la cathédrale de Nantes (³), à *Marie de Bourbon*, duchesse de Montpensier, etc., fille unique et héritière de Henri de Bourbon, duc de Montpensier, etc., et de Henriette-Catherine, duchesse de Joyeuse ; née au château de Gaillon le 15 octobre 1605 ; morte au Louvre le 4 juin 1627 (⁴). — Elle a le titre de *duchesse d'Orléans* et est appelée *Madame*.

2° Le 31 janvier 1632 (⁵), à Nancy, à *Marguerite de Lorraine-Vaudemont*, fille de François de Lorraine, comte de Vaudemont, et de Catherine de Salmes ; née en 1615 (⁶) ; morte à Paris, au palais d'Orléans (aujourd'hui le palais du Luxembourg), le 3 avril 1672 (⁷) âgée de cinquante-neuf ans (⁸). — Appelée d'abord la *duchesse d'Orléans* et *Madame*. Après la mort de Louis XIII et celle de Gaston, on

---

(¹) *Mémoires de feu M. le duc d'Orléans.* — Le P. Anselme dit le 15 juin.

(²) *Gazette*, 1660, p. 152 et 156 — *Sépulture :* Abbaye royale de Saint-Denis ; son cœur, en l'église des Jésuites de Blois.

(³) *Mercure françois*, 1626, p. 578 et suiv. — Héroard, I, 508. — Les fiançailles sont du 5 août 1626 (Héroard, II, 305), jour de la signature du contrat passé à Nantes (le P. Anselme).

(⁴) Héroard, II, 510. — *Mercure françois*, 1627, p. 507. — *Sépulture :* Abbaye royale de Saint-Denis ; son cœur et ses entrailles, en l'église des Capucines de Paris.

(⁵) Le second mariage de Gaston, accompli furtivement en Lorraine et sans la permission du Roi, ne fut pas reconnu par Louis XIII ; le *Mercure françois* (1634, p. 849 et suiv.) donne les lettres écrites par le Roi le 2 janvier 1634 au Parlement, au premier président et à l'avocat général, pour faire déclarer nul ledit mariage, qui, en effet, fut déclaré nul par arrêt du Parlement le 5 septembre 1634. Toutefois, pendant la maladie dont Louis XIII mourut, Gaston eut permission de venir à la Cour, se réconcilia avec le Roi et obtint enfin le consentement à son mariage. Le Roi lui permit en même temps de faire venir Madame, à la condition que l'archevêque de Paris célébrerait de nouveau le mariage ; en conséquence, ils furent « remariés » le 27 mai 1645 à Meudon, le soir, sans cérémonie. (*Mémoires de Mademoiselle de Montpensier*, I, 87, édit. Charpentier, et *Journal d'Olivier Lefèvre d'Ormesson*.)

(⁶) *L'Estat de la France*, 1708, t. II, p. 151.

(⁷) *Gazette*, 1672, p. 557. — Olivier Lefèvre d'Ormesson (II, 650) dit à tort le 2 avril. — *Sépulture :* Abbaye royale de Saint-Denis.

(⁸) La *Gazette* dit : âgée d'environ cinquante-sept ans.

lui donne encore quelquefois le titre de *Madame*, par habitude et politesse (¹), mais son titre officiel est *Madame la duchesse d'Orléans*. Après le mariage du frère de Louis XIV, Philippe, duc d'Orléans (31 mars 1661), elle est appelée la *duchesse douairière d'Orléans*, et quelquefois *Madame, duchesse douairière d'Orléans*.

ENFANT NÉ DU PREMIER MARIAGE.

1. **Anne-Marie-Louise d'Orléans**, duchesse de Montpensier, de Saint-Fargeau et de Châtellerault, princesse de Dombes et de la Roche-sur-Yon, dauphine d'Auvergne, marquise de Mézières-en-Brenne, comtesse de Mortain, de Bar-sur-Seine et d'Eu, vicomtesse d'Auge et de Domfront, baronne de Beaujolais, etc., petite-fille de France; née au Louvre le 29 mai 1627 (²); baptisée au Louvre, en la chambre de la Reine, le 17 juillet 1636, tenue par la Reine et le cardinal-duc de Richelieu (³); morte à Paris, au palais d'Orléans, le 5 avril 1693 (⁴); déclare, le 15 décembre 1670, son projet de mariage avec Antoine-Nompar de Caumont-Lauzun, comte de Péguillen ou Puyguilhem, alors appelé le comte de Lauzun (⁵), et qui s'appela un seul jour, le 18 décembre 1670, le duc de Montpensier; mais le Roi s'opposa à ce mariage, qui n'eut pas lieu (⁶). — Elle fut appelée *Mademoiselle* jusqu'en 1662, époque à laquelle ce titre passe à Marie-Louise d'Orléans, fille de Philippe Iᵉʳ, duc d'Orléans, frère de Louis XIV; depuis lors, elle s'ap-

---

(¹) Voy. la *Gazette* et madame de Sévigné, *passim*. En parlant de la mort de cette princesse, madame de Sévigné dit : la *vieille Madame*, par opposition à la Palatine, seconde femme du duc d'Orléans, frère de Louis XIV.

(²) *Mercure françois*, 1627, p. 506.

(³) *Mercure françois*, 1636, p. 286, et *Gazette*, p. 436. — Les deux journaux ne lui donnent à tort que deux noms : Anne-Marie; elle signe toujours : Anne-Marie-Louise d'Orléans.

(⁴) *Gazette*, 1693, p. 178. — *Sépulture :* Abbaye royale de Saint-Denis; son cœur, au Val-de-Grâce; ses entrailles, aux Célestins de Paris.

(⁵) Il ne fut créé duc de Lauzun qu'en 1692. Lauzun, né en 1633, mourut en 1723. Son mariage secret avec Mademoiselle paraît être une fable.

(⁶) Voy. *Journal d'Olivier Lefèvre d'Ormesson*, II, 605. — *Lettres de madame de Sévigné* des 15, 19 et 31 décembre 1670. — *Mémoires de Mademoiselle de Montpensier.*

pelle officiellement *Mademoiselle d'Orléans* (¹). Mais on continue à la Cour à l'appeler Mademoiselle, et pour la distinguer de Marie-Louise d'Orléans, d'Anne-Marie d'Orléans et d'Élisabeth-Charlotte d'Orléans, qui portent successivement le titre de Mademoiselle, on appelle Mademoiselle d'Orléans la *Grande Mademoiselle* (²) et les autres la *Petite Mademoiselle*. — Dans les dernières années de sa vie, elle est appelée *Mademoiselle de Montpensier* (³). — Elle portait aussi le titre d'*Altesse Royale*.

ENFANTS NÉS DU SECOND MARIAGE.

2. **N... d'Orléans** (⁴), duc de Valois, né le 17 août 1650, au palais d'Orléans, à Paris (⁵); mort à Paris, au palais d'Orléans, le 10 août 1652 (⁶).

5. **Marguerite-Louise d'Orléans**, Mademoiselle d'Orléans, née à Paris, au palais d'Orléans, le 28 juillet 1645 (⁷); baptisée à Paris, en la chapelle du palais d'Orléans, le 28 juin 1651, tenue par le prince de Condé et Mademoiselle (⁸); morte à Paris le 17 septembre 1721 (⁹); mariée, par procuration à Paris, en la chapelle du Louvre, le 19 avril 1661, et en personne à Florence, le 22 juin 1661 (¹⁰), à *Côme de Médicis*, prince de Toscane, devenu grand-duc de Toscane le 25 mai 1670, sous le nom de Côme III; mort en 1723. — Appelée, depuis son mariage: d'abord la *prin-*

(¹) La *Gazette* et les registres de Notre-Dame de Versailles lui donnent toujours ce titre.

(²) Madame de Sévigné, *loc. cit.* — Dangeau, 30 janvier 1687.

(³) *Gazette*, Dangeau, marquis de Sourches. — Dangeau l'appelle, le 5 novembre 1688, *Mademoiselle d'Orléans-Montpensier*.

(⁴) Appelé par Moréri : *Jean-Gaston*.

(⁵) *Gazette*, p. 1067.

(⁶) *Gazette*, p. 779. — *Mém. de Mademoiselle de Montpensier*, II, 145 (édit. Charpentier). — *Sépulture :* Abbaye royale de Saint-Denis; ses entrailles, aux Célestins de Paris.

(⁷) *Journal d'Olivier Lefèvre d'Ormesson*, I, 299.

(⁸) *Gazette*, 1651, p. 672; le P. Anselme.

(⁹) *Gazette*, 1721, p. 472, et Moréri. — Buvat (*Journal de la Régence*, II, 293) dit à tort qu'elle mourut le 13. — *Sépulture :* Cloître des chanoinesses de Saint-Augustin, à Picpus.

(¹⁰) *Gazette*, 1661, p. 675.

cesse de Toscane, et depuis 1670 *Madame la Grande-Du-
chesse* (¹).

4. **Élisabeth d'Orléans**, Mademoiselle d'Alençon, née à
Paris, au palais d'Orléans, le 26 décembre 1646 (²); baptisée à Paris, en la chapelle du palais d'Orléans, le 7 avril
1648, tenue par Monsieur, frère du Roi, et la duchesse de
Lorraine (³); morte à Versailles le 17 mars 1696 (⁴); mariée, en la chapelle du vieux château de Saint-Germain, le
15 mai 1667 (⁵), à *Louis-Joseph de Lorraine*, duc de Guise,
mort à Paris, en son hôtel, le 30 juillet 1671 (⁶).

5. **Françoise-Madeleine d'Orléans**, Mademoiselle de Valois, née à Saint-Germain le 13 octobre 1648 (⁷); baptisée
à Paris, en la chapelle du palais d'Orléans, le 28 juin 1651,
tenue, au nom du prince de Conty, par le duc d'Anville et
par la duchesse douairière de Guise (⁸); morte à Turin le
14 janvier 1664 (⁹); mariée, par procuration en la chapelle
du Louvre, le 4 mars 1663 (¹⁰), et en personne à Annecy, le
3 avril 1663 (¹¹), à *Charles-Emmanuel II*, duc de Savoie.
— Appelée dès lors la *duchesse de Savoie*.

6. **Marie-Anne** (¹²) **d'Orléans**, Mademoiselle de Chartres,
née à Paris, au palais d'Orléans, le 9 novembre 1652 (¹³);
morte à Blois le 17 août 1656 (¹⁴).

(¹) Elle revint en France en 1675 et vécut dès lors séparée de son mari. (*Mém.
de Mademoiselle de Montpensier*, IV, 348 et suiv. — *Lettres de la Palatine*,
I, 257.)

(²) *Journal d'Olivier Lefèvre d'Ormesson*, I, 571. — *Gazette*, p. 1228.

(³) *Gazette*, 1648, p. 471.

(⁴) *Gazette*, 1696, p. 143. — Dangeau. — *Sépulture :* Aux Carmélites du faubourg Saint-Jacques.

(⁵) *Gazette*, 1667, p. 488.

(⁶) Le P. Anselme se trompe en disant le 31 juillet. La *Gazette* dit que le duc
de Guise est mort le 30 juillet (p. 737); le 31 est la date du convoi. (*Gazette*, p. 756.)

(⁷) *Gazette*, 1648, p. 1420. — Mademoiselle de Montpensier.

(⁸) *Gazette*, 1651, p. 672.

(⁹) *Gazette*, 1664, p. 96 et 116. — *Sépulture :* Église cathédrale de Turin.

(¹⁰) *Gazette*, 1663, p. 219.

(¹¹) *Gazette*, 1663, p. 343.

(¹²) Moréri dit : Anne-Marie.

(¹³) *Gazette*, 1652, p. 1078.

(¹⁴) *Gazette*, 1656, p. 872. — Mademoiselle de Montpensier. — *Sépulture :* Abbaye
royale de Saint-Denis; son cœur, aux Célestins de Paris; ses entrailles, aux Jacobins de Blois.

Enfants naturels non légitimés.

a. Louis, bâtard d'Orléans, appelé d'abord le *chevalier de Charny* (¹),
puis le *comte de Charny*, général au service de l'Espagne et gouverneur d'Oran ; né à Tours en 1638 (²), de Louise Roger de la Marbe-
lière ; mort en 1692, en Espagne (³), laissant un fils naturel, Louis, comte
de Charny, qui suit.

Louis, comte de Charny, puis duc de Castellamare en 1736 (⁴) ; grand
d'Espagne de première classe en 1740 ; gouverneur de Jacca, puis de
Ceuta en 1725 ; lieutenant-général des armées du roi d'Espagne, puis
capitaine-général en 1734 (⁵) ; lieutenant-général du royaume de Naples en 1734, puis capitaine-général des armes du royaume de Naples
en 1736 ; conseiller du conseil privé de Don Carlos, roi de Naples ;
commandeur de l'ordre de Calatrava en 1728, et chevalier de l'ordre
de Saint-Janvier en 1738 ; né vers 1680 ; mort à Naples le 14 mai
1740, âgé d'environ soixante ans (⁶) ; marié : 1° à N..., comtesse de
Charny, morte à Livourne le 28 août 1734 (⁷) ; — 2° le 2 février 1739,
à Naples, à la fille du prince Della Scalea Spinelli (⁸).

b. Marie, bâtarde d'Orléans, née à Paris le 1ᵉʳ janvier 1631 ; baptisée à
Saint-Sulpice, à Paris, le 5, où elle est déclarée fille de J.-B. Gaston
de Bourbon et de Marie Porcher (⁹).

(¹) *Mém. de Mademoiselle de Montpensier*, II, 276. — Madame de Motteville
l'appelle encore le chevalier de Charny en 1659 (IV, 169). — Mademoiselle de
Montpensier appelle son frère le comte de Charny en 1659 (III, 380, édit. Charpentier).— Voy. *Lettres de madame de Villars*, lettre du 12 février 1680, et *Voyage
d'Espagne*, de madame d'Aulnoy, t. II, p. 156.

(²) Moréri dit en 1657.

(³) Dangeau, 22 août 1692, et addition de Saint-Simon (IV, 156). — Dangeau
(p. 157) dit que la mère du comte de Charny était encore en 1692 dans les Filles
Sainte-Marie de Tours, où elle menait une vie très-exemplaire depuis longtemps.

(⁴) *Gazette*, 1736, p. 319 et 532. — La *Gazette* l'appelle toujours le duc de
Charny.

(⁵) *Gazette*, 1734, p. 395.

(⁶) *Gazette*, 1740, p. 299. — Luynes, III, 192.

(⁷) *Gazette*, 1734, p. 494.

(⁸) *Gazette*, 1739, p. 115.

(⁹) Registres de la paroisse de Saint-Sulpice. (Communiqué par M. Parent de
Rosan.)

CHAPITRE III

BRANCHE D'ORLÉANS

ISSUE DE LOUIS XIII

I. **PHILIPPE** de France, fils de France, duc d'Orléans, de Valois, de Chartres, de Nemours, de Montpensier, etc., second fils de Louis XIII. — Il fut appelé d'abord le *duc d'Anjou* jusqu'à la mort de Gaston, en 1660, et depuis cette mort le *duc d'Orléans.* Il porta le titre de *Monsieur* (¹) depuis l'avénement de Louis XIV. Il avait aussi le titre d'Altesse Royale.

Né le 21 septembre 1640 au vieux château de Saint-Germain-en-Laye (²).

Baptisé à Paris, en la chapelle du Palais-Cardinal, le 11 mai 1648, tenu par Gaston, duc d'Orléans, et la reine d'Angleterre (³).

Mort le 9 juin 1701, au château de Saint-Cloud (⁴).

Marié : 1° par contrat du 30 mars 1661 (⁵), au Palais-Car-

(¹) Dans les premières années du règne de Louis XIV, jusque vers 1650, ce prince est appelé, par opposition à Gaston, le *petit Monsieur, Monsieur frère du Roi,* le *véritable Monsieur.* (*Mém. de madame de Motteville; Journal d'Olivier Lefèvre d'Ormesson,* 7 nov. 1644, nov. 1647, etc.)

(²) *Gazette,* 1640, p. 673. — *Mercure françois,* 1640, p. 561. — La *Gazette* de 1701, p. 276, dit à tort le 22.

(³) *Gazette,* 1648, p. 610. — Le P. Anselme.

(⁴) *Gazette,* 1701, p. 276. — Dangeau. — *Sépulture :* Abbaye royale de Saint-Denis ; le cœur, au Val-de-Grâce.

(⁵) *Gazette,* 1661, p. 508.

dinal, dans la chapelle de l'appartement de la reine d'Angleterre, le 31 mars 1661 (¹), à *Henriette-Anne d'Angleterre*, fille de Charles Ier, roi d'Angleterre, et de Henriette-Marie de France, fille de Henri IV; née à Exeter le 16 juin 1644; morte au château de Saint-Cloud le 30 juin 1670 (²). — Appelée la *duchesse d'Orléans* et *Madame.*

2° Par contrat du 6 novembre 1671 (³), par procuration à Metz le 16 novembre 1671, et en personne à Châlons, en la chapelle de l'Évêché, le 21 novembre 1671 (⁴), à *Élisabeth-Charlotte de Bavière*, fille de Charles-Louis, électeur-palatin, et de Charlotte de Hesse; née à Heidelberg le 27 mai 1652 (⁵); morte au château de Saint-Cloud le 8 décembre 1722 (⁶).—Appelée la *duchesse d'Orléans* et *Madame;* après la mort de son mari, elle continue à porter le titre de Madame; mais quelques-uns l'appellent *Madame douairière* ou *Madame douairière de Monsieur.* — Surnommée la *Palatine* (⁷).

ENFANTS NÉS DU PREMIER MARIAGE.

1. Philippe-Charles d'Orléans, duc de Valois (⁸), né à

(¹) Jal (*Dictionnaire critique*, art. Orléans) reproduit (p. 926) l'acte de mariage d'après les registres de la paroisse de Saint-Roch.

(²) *Gazette*, 1670, p. 650 et 677. — Voy. sur la mort de Madame, *Mém. de Mademoiselle de Montpensier* (édit. Charpentier), IV, 148; *Journal d'Olivier Lefèvre d'Ormesson* (30 juin 1670) et les pièces citées par M. Chéruel à l'appendice des *Mémoires de Mademoiselle de Montpensier*, p. 551, qui démentent les récits de Saint-Simon. — *Sépulture:* Abbaye royale de Saint-Denis; le cœur, au Val-de-Grâce; les entrailles, aux Célestins de Paris.

(³) *Gazette*, 1671, p. 1099.

(⁴) *Gazette*, 1671, p. 1141 et 1143.

(⁵) *Gazette*, 1722, p. 731. — La Palatine dit cependant : Je suis née à Heidelberg au mois de septembre 1652. (*Lettres*, I, 271.)

(⁶) *Gazette*, 1722, p. 731. — Mathieu Marais. — *Sépulture :* Abbaye royale de Saint-Denis.

(⁷) La Palatine avait en France une tante, abbesse de Maubuisson; elle était sœur de Charles-Louis, électeur-palatin, et fille de Frédéric V, électeur-palatin, et d'Élisabeth Stuard, fille de Jacques Ier, roi d'Angleterre. Cette tante s'appelait Louise-Hollandine, princesse palatine; elle était née en Hollande en 1622 et mourut à Maubuisson le 11 février 1709. Elle était venue en France en 1658, et y avait embrassé la religion catholique et la vie religieuse.

(⁸) Il fut appelé le duc de Valois, pour ressusciter en lui cette illustre branche qui a donné tant de grands rois à la France. (Madame de Motteville, IV, 356.)

Fontainebleau le 16 juillet 1664 ([1]) ; baptisé à Paris, en son appartement du Palais-Royal, le 6 décembre 1666, tenu, au nom du roi d'Angleterre et de Marie-Thérèse, reine de France, par le duc d'Enghien et Mademoiselle d'Orléans, duchesse de Montpensier ([2]) ; mort à Paris, au Palais-Royal, le 8 décembre 1666 ([3]).

2. **Marie-Louise d'Orléans**, Mademoiselle ([4]), née à Paris, au Palais-Royal, le 27 mars 1662 ([5]) ; baptisée à Paris, en la chapelle du Palais-Royal, le 21 mai 1662, tenue par le roi de France et la reine d'Angleterre ([6]) ; morte à Madrid le 12 février 1689, sans postérité ([7]) ; mariée (par contrat du 30 août 1679), par procureur en la chapelle du château de Fontainebleau, le 31 août 1679 ([8]), et en personne à Quintana-Palha ([9]), le 19 novembre 1679 ([10]), à *Charles II*, roi d'Espagne.

3. **N... d'Orléans**, mort-née avant terme, le 9 juillet 1665, à Versailles ([11]).

4. **Anne-Marie d'Orléans**, Mademoiselle de Valois, appelée *Mademoiselle*, en 1679, après le mariage de sa sœur Marie-Louise ; née au château de Saint-Cloud le 27 août 1669 ([12]) ; baptisée à Paris, en la chapelle de la galerie du Palais-

---

([1]) *Gazette*, 1664, p. 712.

([2]) *Gazette*, 1666, p. 1263. — Le P. Anselme.

([3]) *Gazette*, 1666, p. 1263. — *Sépulture :* Abbaye royale de Saint-Denis; le cœur, au Val-de-Grâce.

([4]) *Gazette*, 1662, p. 507. Le 21 mai, jour du baptême de cette princesse, elle porte le titre de Mademoiselle. Olivier Lefèvre d'Ormesson (juin 1665, t. II, p. 567) l'appelle la Petite Mademoiselle. — C'est à tort qu'on lui donne le nom de Mademoiselle d'Orléans; ce nom est alors celui de Mademoiselle de Montpensier.

([5]) *Gazette*, 1662, p. 507.

([6]) *Gazette*, 1662, p. 507.

([7]) Dangeau, II, 534. — *Gazette*, 1689, p. 114. — *Sépulture :* A l'Escurial.

([8]) *Gazette*, 1679, p. 435.

([9]) Village situé à trois lieues de Burgos.

([10]) *Gazette*, 1679, p. 638, et *Mémoires particuliers touchant le mariage du Roy d'Espagne.* Cologne, 1705, in-12, p. 161.

([11]) « La Cour fut à Saint-Germain à l'ordinaire; on alloit souvent à Versailles. Madame s'y blessa; elle accoucha d'une fille qui étoit morte il y avoit déjà dix ou douze jours; elle étoit toute pourrie. » (*Mém. de Mademoiselle de Montpensier*, IV, 17.) — Voy. aussi *Gazette*, p. 676, et madame de Motteville, IV, 589. — *Sépulture :* Abbaye royale de Saint-Denis; le cœur, au Val-de-Grâce.

([12]) *Gazette*, 1669, p. 860.

Royal, le 8 avril 1670, tenue par le Dauphin et Mademoiselle d'Orléans, duchesse de Montpensier (¹) ; morte à Turin le 26 août 1728, à sept heures et demie du matin (²) ; mariée, par procuration à Versailles le 10 avril 1684 (³), et en personne à Chambéry, entre le 7 et le 12 mai suivant (⁴), à *Victor-Amédée II*, duc de Savoie, puis roi de Sardaigne, en 1720, sous le nom de Victor-Amédée Iᵉʳ. — Appelée dès lors à la cour de France *Madame Royale* (⁵).

ENFANTS NÉS DU SECOND MARIAGE.

5. **Alexandre-Louis d'Orléans**, duc de Valois, né au château de Saint-Cloud le 2 juin 1673 (⁶) ; baptisé à Paris, en la chapelle de la grande galerie de l'appartement de Monsieur, au Palais-Royal, le 10 avril 1674, tenu par le Roi et la Reine (⁷) ; mort à Paris, au Palais-Royal, le 16 mars 1676 (⁸).

6. PHILIPPE II, duc d'Orléans, qui suit.

7. **Élisabeth-Charlotte d'Orléans**, Mademoiselle de Chartres, appelée *Mademoiselle* après le mariage de Mademoiselle de Valois en 1684 (⁹) ; née au château de Saint-Cloud le 13 septembre 1676 (¹⁰) ; baptisée en la chapelle du château de Saint-Cloud le 5 octobre 1676, tenue par le duc d'Enghien et Madame de Guise (¹¹) ; morte à Commercy le

---

(¹) *Gazette*, 1670, p. 560. — Le P. Anselme. — La *Gazette* ne lui donne que le nom d'Anne.

(²) *Gazette*, 1728, p. 432 et 441. — Quelques-uns disent à tort le 27. — *Sépulture :* D'abord à la basilique de Turin, et plus tard à la Superga.

(³) *Gazette*, 1684, p. 179.

(⁴) *Gazette*, p. 295.

(⁵) On l'appelle quelquefois *Madame la Duchesse royale, Madame la Duchesse royale de Savoie* et *Madame de Savoie*. (Dangeau, *Gazette*, la Palatine.) — Cette duchesse de Savoie est la mère de la duchesse de Bourgogne.

(⁶) *Gazette*, 1673, p. 551.

(⁷) *Gazette*, 1674, p. 323. — Le P. Anselme.

(⁸) La *Gazette*, 1676, p. 220, et Moréri, disent dans la nuit du 15 au 16. — *Sépulture :* Abbaye royale de Saint-Denis ; le cœur, au Val-de-Grâce.

(⁹) On l'appelle quelquefois la *Petite Mademoiselle* (marquis de Sourches, 15 mai 1685 ; Dangeau, 30 janvier 1687).

(¹⁰) *Gazette*, 1676, p. 684.

(¹¹) *Gazette*, 1676, p. 728.

23 décembre 1744 (¹); mariée par procuration à Fontainebleau le 13 octobre 1698, et en personne dans la chapelle
du château de Bar le 25 octobre 1698 (²), à *Léopold-Joseph-
Charles* (³), duc de Lorraine et de Bar, mort le 27 mars
1729. — Appelée, après la mort de son mari, la *Duchesse
douairière de Lorraine* (⁴).

II. **PHILIPPE II** d'Orléans, petit-fils de France (⁵), duc d'Orléans, de Valois, de Chartres, de Nemours, de Montpensier, etc.; appelé le *duc de Chartres* (⁶) jusqu'à la mort de
son père, en 1701, puis le *duc d'Orléans*. Régent en France,
à la mort de Louis XIV, pendant la minorité de Louis XV, depuis le 2 septembre 1715 jusqu'au 16 février 1723; ensuite
premier ministre. — Il a le titre d'*Altesse Royale*.

Né au château de Saint-Cloud le 2 août 1674 (⁷).

Baptisé en la chapelle du château de Saint-Cloud le 5 octobre 1676, tenu par le prince de Condé et la grande-du-
chesse de Toscane (⁸).

(¹) *Gazette*, 1745, p. 12. — G. Peignot dit à tort le 13 novembre. — *Sépulture* ·
A Nancy.

(²) *Gazette*, 1698, p. 503 et 540. — Dangeau.

(³) Au lieu de Charles, Moréri dit : Dominique-Hiacynthe. — La *Gazette*, 1745,
p. 12, dit : Léopold-Joseph-Charles.

(⁴) C'est la mère de François-Étienne, né le 12 septembre 1708, duc de Lor-
raine, puis grand-duc de Toscane, et enfin empereur d'Allemagne sous le nom de
François I**, époux de Marie-Thérèse et chef de la maison impériale de Lorraine-
Autriche.

(⁵) « Je vois que vous croyez que mon fils est un prince du sang, mais il ne
l'est pas; son rang est celui de petit-fils de France, ce qui est plus élevé et lui
donne les plus grands priviléges. Les petits-fils de France s'assoient devant les
reines et montent dans leurs carrosses, ce que les princes du sang ne peuvent
faire; ils sont servis par quartier, comme les enfants de France; ils ont un premier écuyer, un premier aumônier, un premier maître d'hôtel; ils ont des gardes
du corps et des Suisses de la garde. Tout cela établit une grande différence. »
(*Lettres de la Palatine*, 1, 97.)

(⁶) « Mon fils aîné s'est appelé le duc de Valois; mais comme ce nom est mal-
heureux, Monsieur n'a pas voulu que mon second fils le portât; c'est pourquoi il
a reçu le nom de duc de Chartres, qu'il a porté jusqu'à la mort de son père ; alors
il a pris le nom de duc d'Orléans, et son fils est devenu duc de Chartres. » (*Lettres de la Palatine*, I, 322.)

(⁷) *Gazette*, 1674, p. 746.

(⁸) *Gazette*, 1676, p. 728. — Le P. Anselme.

Mort subitement à Versailles le 2 décembre 1723 (¹).

Marié à Versailles le 18 février 1692 (²), à *Françoise-Marie de Bourbon*, Mademoiselle de Blois, fille légitimée de Louis XIV, née au château de Maintenon le 9 février 1677 ; morte à Paris le 1ᵉʳ février 1749 (³). — Appelée successivement : *Mademoiselle de Blois*, la *duchesse de Chartres* jusqu'au 9 juin 1701, la *duchesse d'Orléans* jusqu'au 2 décembre 1723, et la *duchesse d'Orléans douairière*. Elle a le titre d'*Altesse Royale* (⁴).

ENFANTS NÉS DE CE MARIAGE.

1. LOUIS, duc d'Orléans, qui suit.

(¹) Registres de Notre-Dame de Versailles. — *Gazette*, 1725, p. 596 et 607. — *Sépulture :* Abbaye royale de Saint-Denis ; le cœur, au Val-de-Grâce (il est aujourd'hui à la chapelle de Saint-Louis, à Dreux) ; les entrailles, à Saint-Cloud.

(²) Dangeau. — *Mercure galant*, février 1692, p. 517-550. — Registres de Notre-Dame de Versailles.

(³) Voy. p. 96. — *Sépulture :* Église de la Madeleine de Tresnel ; le cœur, au Val-de-Grâce.

(⁴) On lit dans les *Mémoires de Saint-Simon* de curieux détails sur le mariage du duc de Chartres et sur la colère de Madame, qui donna, dit-il, un soufflet à son fils. Il nous paraît utile de publier ici le passage des *Mémoires inédits du marquis de Sourches* relatif à ce mariage. « Janvier 1692. Le 11, le Roi déclara le mariage du duc de Chartres avec Mademoiselle de Blois, et cette affaire, que le Roi souhaitoit depuis longtemps, fut conclue lorsqu'on y pensoit le moins, le Roi l'ayant proposée au duc de Chartres en présence de Monsieur et de Madame, et ce jeune prince n'ayant pas, selon les apparences, eu la force de le refuser en face, car on croyoit que Monsieur ne souhaitoit pas ce mariage, mais que par politique il ne vouloit pas s'opposer directement à la volonté du Roi ; pour Madame, elle avoit déclaré nettement plusieurs fois qu'elle ne vouloit pas ce mariage ; elle l'avoit même empêché très-longtemps, mais voyant qu'elle attiroit l'indignation du Roi, elle avoit pris le parti, aussi bien que Monsieur, de dire que si le duc de Chartres y consentoit, elle y consentiroit aussi, étant convenus avec lui qu'il n'y consentiroit pas, car ils aimoient mieux tous trois faire un autre mariage qui avoit été proposé, c'est-à-dire avec la princesse douairière de Conty. Après de si belles résolutions, ils se croyoient assurés de ne point faire un mariage qu'ils appréhendoient ; mais la princesse de Conty ne voulut jamais consentir à épouser le duc de Chartres, ce qu'elle auroit pu faire facilement, et le Roi, profitant de cette difficulté, proposa la chose pour Mademoiselle de Blois, comme on vient de le dire, et la fit réussir. On ne peut pas s'imaginer quel fut le désespoir de Madame ; il étoit si grand, qu'elle ne songea pas même à le cacher, et il y eut des gens qui dirent qu'il avoit été jusqu'à la pousser à maltraiter son fils. » Le manuscrit porte en note, sur la marge et d'une autre écriture : « On disoit qu'elle lui avoit donné un soufflet. » — Ces on-dit diffèrent notablement des affirmations positives de Saint-Simon. (*Mém. mss. du marquis de Sourches*, copie conservée aux archives du château de Dampierre.)

2. **N... d'Orléans**, Mademoiselle de Valois ([1]), née à Marly
le 17 décembre 1693 ([2]) ; morte à Paris, au Palais-Royal,
le 17 octobre 1694 ([3]).

3. **Marie-Louise-Élisabeth d'Orléans**, appelée d'abord
Mademoiselle de Chartres ([4]), puis *Mademoiselle* en 1698,
après le mariage d'Élisabeth-Charlotte d'Orléans avec le duc
de Lorraine ([5]) ; née à Versailles le 20 août 1695 ([6]) ; baptisée le 29 juillet 1696 en la chapelle du château de Saint-
Cloud, tenue par le roi de France et la reine d'Angleterre ([7]) ; morte au château de la Muette, dans le bois de
Boulogne, le 21 juillet 1719 ([8]) ; mariée à Versailles, le 6
juillet 1710 ([9]), à *Charles de France*, duc de Berry, fils du
Grand Dauphin ; veuve le 4 mai 1714 ([10]).

4. **Louise-Adélaïde d'Orléans**, appelée d'abord *Mademoiselle de Chartres*, puis, après la naissance de sa sœur,

---

([1]) Pour les noms des filles du Régent, voy. les *Lettres de la Palatine*, 1, 202,
édit. Charpentier.

([2]) *Gazette*, 1693, p. 450. — Dangeau.

([3]) *Gazette*, 1694, p. 516. — Dangeau. — *Sépulture :* Au Val-de-Grâce.

([4]) On trouve, de 1693 à 1718, trois filles du Régent qui ont porté successivement le nom de *Mademoiselle de Chartres*. La première, Marie-Louise-Élisabeth,
née en 1695, porte ce nom jusqu'au mariage d'Élisabeth-Charlotte d'Orléans, appelée Mademoiselle (13 octobre 1698), époque à laquelle on donne à Marie-Louise-
Élisabeth le titre de Mademoiselle, devenu vacant. — La seconde, Louise-Adélaïde, née le 13 août 1698, prend le nom de Mademoiselle de Chartres, qui devient
vacant deux mois après sa naissance, et le porte jusqu'en 1716, époque à laquelle
elle reçoit le nom de Mademoiselle d'Orléans — Le nom de Mademoiselle de
Chartres passe alors à la troisième, Louise-Diane, née en 1716.

([5]) Quand le mariage de Mademoiselle sera fait, là fille aînée de M. de Chartres
s'appellera *Mademoiselle*, et celle qui vient de naître, *Mademoiselle de Chartres*.
(Dangeau, 16 août 1698.)

([6]) *Gazette*, 1695, p. 407. — Dangeau. — Registres de la paroisse de Saint-
Cloud (déposés au greffe du tribunal civil de Versailles).

([7]) *Gazette*, 1696, p. 371. — Registres de la paroisse de Saint-Cloud.

([8]) « Vendredi 21. Madame la duchesse de Berry mourut, un peu après minuit. »
(Dangeau, XVIII, 81.) — La *Gazette* (1719, p. 560) et Moréri disent qu'elle mourut
dans la nuit du 20 au 21. — La Palatine (II, 135) dit qu'elle mourut à quatre
heures du matin. — *Sépulture :* Abbaye royale de Saint-Denis ; le cœur, au Val-
de-Grâce.

([9]) *Gazette*, 1710, p. 356. — Dangeau. — Registres de Notre-Dame de Versailles.

([10]) La duchesse de Berry épousa en secret le comte de Rions (Armand-Auguste-
Antoine-Sicaire d'Aydie), cadet de la maison d'Aydie et neveu du duc de Lauzun,
mort à Paris le 26 mars 1741, dans la quarante-huitième année de son âge. (Voy.
Saint-Simon, XVII, 182 ; Luynes, III, 350 ; Buvat, I, 376 et 385 ; la Palatine, II,
153 et 175 ; *Mém.* de *Maurepas*, I, 125 ; *Gazette*, 1741, p. 156.)

Louise-Diane d'Orléans, en 1716, *Mademoiselle d'Orléans* ou *Mademoiselle* tout court (¹) ; religieuse à l'abbaye royale de Chelles, sous le nom de *sœur Sainte-Bathilde*, le 30 mars 1717-23 août 1718 (²) ; abbesse de Chelles, sous le nom de *Madame d'Orléans*, le 14 septembre 1719 (³) ; elle fit sa démission le 5 octobre 1734 (⁴). — Née à Versailles le 13 août 1698 (⁵) ; baptisée en la chapelle du château de Saint-Cloud le 26 août 1698, tenue par le Dauphin et la duchesse de Bourgogne (⁶) ; morte dans la nuit du 19 au 20 février 1743 (⁷), dans la retraite, à Paris, au couvent des Bénédictines de la Madeleine de Tresnel, dans l'église duquel elle fut inhumée (⁸).

5. **Charlotte-Aglaé d'Orléans**, appelée d'abord *Mademoiselle de Valois*, puis *Mademoiselle* en 1718, après que sa sœur eut fait profession à Chelles ; née à Paris le 22 octobre 1700 (⁹) ; baptisée en la chapelle du château de Versailles le 3 juillet 1710, tenue par le duc de Berry et Marie-Louise-Élisabeth d'Orléans, appelée Mademoiselle (¹⁰) ; morte à Paris, au palais du Luxembourg, le 19 janvier 1761 (¹¹) ; mariée, par procuration à Paris, en la chapelle des Tuileries, le 12 février 1720, et en personne à Modène le 21 juin 1720 (¹²), à *François-Marie d'Este*, prince héréditaire, puis

---

(¹) Dangeau, XVI, 407.

(²) *Gazette*, 1717, p. 179 ; 1718, p. 407. — *Lettres* de la Palatine, I, 447.—*État de la France*, 1757, t. II, p. 388.

(³) *Gazette*, 1719, p. 468 ; la Palatine, II, 154 ; Dangeau, XVIII, 125. — Moréri se trompe en disant le 24 septembre.

(⁴) Moréri.

(⁵) *Gazette*, 1698, p. 396. — Dangeau. — Registres de la paroisse de Saint-Cloud.

(⁶) Registres de la paroisse de Saint-Cloud. — la *Gazette* (1698, p. 420) dit à tort le 27 août, et l'appelle à tort Marie-Adélaïde. — Le P. Anselme dit aussi à tort le 27.

(⁷) *Gazette*, 1743, p. 96. — Luynes, IV, 415.

(⁸) *Gazette*, 1743, p. 124.

(⁹) *Gazette*, 1700, p. 548. — Dangeau. — Le registre des baptêmes de Notre-Dame de Versailles dit qu'elle est née à Versailles.

(¹⁰) Registres de Notre-Dame de Versailles. — La *Gazette* (1710, p. 524) dit à tort que Mademoiselle de Valois fut baptisée à Paris, et Dangeau nous apprend que c'est Madame la duchesse d'Orléans qui voulut qu'on lui donnât le nom d'Aglaé.

(¹¹) *Gazette*, 1761, p. 47. — *Sépulture* : Au Val-de-Grâce.

(¹²) Dangeau. — *Gazette*, 1720, p. 34, 524 et 545. — *État de la France*, 1757, t. II, p. 388.

duc de Modène le 26 octobre 1737 ; né le 2 juillet 1698,
mort en 1780 (¹). — Appelée, après son retour en France,
Madame de Modène ou *Madame la duchesse de Modène*.

6. **Louise-Élisabeth d'Orléans**, appelée d'abord *Mademoiselle de Montpensier*, puis *Mademoiselle* en 1720, après le
mariage de la précédente (²) ; née à Versailles le 11 décembre 1709 (³) ; baptisée à Paris, en la chapelle du Palais-
Royal le 22 octobre 1721, tenue par Madame et le duc de
Chartres (⁴) ; morte à Paris, au palais du Luxembourg, le
16 juin 1742 (⁵) ; mariée à Lerma, le 20 janvier 1722 (⁶),
à *Don Louis-Philippe de Bourbon*, fils de Philippe V, roi
d'Espagne, alors prince des Asturies, et depuis roi d'Espagne, sous le nom de Louis Iᵉʳ, le 15 janvier 1724; veuve
le 31 août 1724. — Revenue en France le 23 mai 1725 (⁷),
et appelée la *Reine seconde douairière d'Espagne*, tant
que vécut Marie-Anne de Neubourg, veuve de Charles II, roi
d'Espagne, appelée la Reine première douairière d'Espagne ; née le 28 octobre 1667 ; mariée, par procuration à
Neubourg le 28 août 1689, et en personne à Valladolid le
4 mai 1690 ; morte à Guadalaxara le 16 juillet 1740 (⁸). —
Après la mort de la Reine première douairière d'Espagne,
Louise-Élisabeth d'Orléans est appelée la *Reine douairière
d'Espagne*.

7. **Philippe-Élisabeth d'Orléans**, *Mademoiselle de Beaujolais*, née à Versailles le 18 décembre 1714 (⁹) ; baptisée

---

(¹) Pendant l'occupation du duché de Modène par l'armée française, en 1734, le
prince héréditaire de Modène se retira à Paris et y prit le nom de *marquis de
San-Felice*. (Barbier, II, 529.)

(²) Buvat, *Journal de la Régence*, II, 29.

(³) *Gazette*, 1709, p. 613. — Dangeau.

(⁴) *Gazette*, 1721, p. 532. — Le P. Anselme.

(⁵) *Gazette*, 1742, p. 286. — Luynes. — *Sépulture :* A Saint-Sulpice.

(⁶) *Gazette*, 1722, p. 78. — Le contrat fut signé à Paris, aux Tuileries, le 16
novembre 1721 (*Gazette*, 1721, p. 578). — Le mariage ne fut consommé que le 18
août 1723, à l'Escurial. (*État de la France*, 1757, t. II, p. 589.)

(⁷) Elle quitta le Buen-Retiro, sa résidence, pour retourner en France, le 15
mars 1725. (*Gazette*, 1725, p. 159 et 280.)

(⁸) *Gazette*, 1740, p. 585.

(⁹) Dangeau. — Registres de Notre-Dame de Versailles.

à Paris, en la chapelle du Palais-Royal, le 20 novembre 1722, tenue, au nom du roi et de la reine d'Espagne, par le duc et la duchesse d'Orléans (¹); morte à Bagnolet le 21 mai 1734 (²); accordée, le 26 novembre 1722 (³), à l'infant d'Espagne *Don Carlos*; partie de Paris le 1ᵉʳ décembre 1722 et arrivée à Madrid le 16 février 1723; renvoyée en France sans avoir été mariée, elle quitte Madrid le 20 mars 1725 et rentre en France avec sa sœur, la Reine seconde douairière d'Espagne, le 23 mai 1725 (⁴).

8. **Louise-Diane d'Orléans**, *Mademoiselle de Chartres*, née à Paris le 26 juin 1716 (⁵); baptisée en la chapelle du château de Versailles le 19 janvier 1732, tenue par le Roi et la princesse de Conty troisième douairière (⁶); morte à Issy le 26 septembre 1736 (⁷); mariée à Versailles, le 22 janvier 1732 (⁸), à *Louis-François de Bourbon*, prince de Conty. — Appelée la *princesse de Conty*, et par quelques-uns la *princesse de Conty la jeune* (⁹).

Enfants naturels (¹⁰).

a. Une fille née vers 1688 de la petite Léonore, fille du concierge du garde-meuble du Palais-Royal, mariée à M. de Charencey, fils d'un conseiller à Riom (¹¹).

(¹) *Gazette*, 1722, p. 648. — Le P. Anselme.

(²) *Gazette*, 1734, p. 265. — Barbier, II, 461. — *Sépulture :* Au Val-de-Grâce.

(³) *Gazette*, 1722, p. 719, et Moréri. Quelques-uns disent à tort le 25. Les articles du mariage furent arrêtés le 25 entre le cardinal Dubois, le garde des sceaux et l'ambassadeur d'Espagne; mais ils ne furent signés par le Roi et les princes de la maison royale que le lendemain 26, à Versailles (*Gazette*, 1722, p. 719). — Depuis ce traité, on appela quelquefois Mademoiselle de Beaujolais la *princesse Caroline*, parce qu'elle était destinée à l'infant Don Carlos. (Barbier, II, 241, édition Charpentier.)

(⁴) *Gazette*, 1725, p. 174 et 280. — Moréri.

(⁵) Registres de Notre-Dame de Versailles et Dangeau. — Quelques-uns disent par erreur le 27 août.

(⁶) *Gazette*, 1752, p. 46. — Registres de Notre-Dame de Versailles.

(⁷) *Gazette*, 1736, p. 468. — *Sépulture :* Église de Saint-André des Arcs; le cœur, au Val-de-Grâce.

(⁸) *Gazette*, 1752, p. 47. — Registres de Notre-Dame de Versailles.

(⁹) Luynes, I, 65.

(¹⁰) Voy. sur les enfants naturels du Régent les *Lettres de la Palatine*, I, 259, 260.

(¹¹) *Mém. de Maurepas*, I, 106.

b. CHARLES DE SAINT-ALBIN, bâtard d'Orléans, appelé l'*abbé de Saint-Albin* et l'*abbé d'Orléans ;* né le 5 avril 1698, de la Florence, danseuse
de l'Opéra (¹) ; légitimé en juillet 1706 (²); abbé de Saint-Ouen, évêque
de Laon en 1722, puis archevêque de Cambrai en 1723; mort à Paris le
9 mai 1764 (³).

c. JEAN-PHILIPPE (⁴), bâtard d'Orléans, dit le *chevalier d'Orléans,* grand
prieur de France le 28 septembre 1719, général des galères, abbé d'Hau-
villers, grand d'Espagne de première classe (⁵) ; né à Paris en 1702, de
mademoiselle de Séry, comtesse d'Argenton (⁶) ; légitimé en juillet
1706 (⁷) ; mort à Paris le 16 juin 1748 (⁸).

(¹) Il fut baptisé à Saint-Eustache comme fils du sieur Coche, premier valet de
chambre du duc d'Orléans, et de madame Coche. (Mathieu Marais, III, 36 ; Barbier,
I, 302; *Mém. de Maurepas,* I, 108.)

(²) Enregistré au Parlement le 26 juillet. — Communiqué par M. Parent de Rosan. — La Palatine (II, 179 et 251) dit cependant, le 2 novembre 1719, qu'il n'est
pas reconnu.

(³) Hardy (Journal manuscrit conservé à la Bibliothèque nationale) dit : « Mercredi, 9 mai 1764, vers les onze heures du soir, mourut Ch. de Saint-Albin, à
soixante-six ans, inhumé le vendredi sous le chœur de Saint-Sulpice. » (Communiqué par M. Parent de Rosan.) — La *Gazette,* 1764, p. 312, dit aussi que l'archevêque de Cambrai mourut à Paris le 9 mai. — Cependant le registre de Saint-
Sulpice donne le 10 mai pour date de la mort dudit archevêque. (Communiqué par
M. le comte de Chastellux.)

(⁴) Selon d'autres : François-Jean-Paul.

(⁵) *Gazette,* 1723, p. 138.

(⁶) Morte le 4 mars 1748, à soixante-quatre ans. (Registres de Sainte-Marie du
Temple, à Paris.) — Communiqué par M. Parent de Rosan.

(⁷) Enregistré au Parlement le 27 septembre 1706. — Voy. sur le chevalier
d'Orléans l'*État de la France,* 1757, t. II, p. 389.

(⁸) *Gazette* (1748, p. 508); Journal manuscrit des archives du château de Dampierre ; Registres de Sainte-Marie du Temple, à Paris. — Le chevalier d'Orléans
était le père d'*Amable-Angélique de Villars,* née le 18 mars 1723, de Amable-Ga-
brielle de Noailles, mariée à Honoré-Armand, duc de Villars, fils du maréchal.
Mademoiselle de Villars épousa, le 4 février 1744 (Luynes, V, 320) Gui-Félix Pi-
gnatelli, comte d'Egmont, après la mort duquel, sans postérité, le 3 juillet 1753
(Luynes, XIII, 4), elle prit le voile le 18 mars 1754 (Luynes, XIII, 203), au couvent
du Calvaire, à Paris. Madame Dubausset raconte dans ses *Mémoires* (p. 199, édit.
Baudouin) l'histoire suivante qu'elle tenait de madame de Pompadour : « Le dernier comte d'Egmont avoit épousé la fille du duc de Villars, mais la duchesse
n'avoit jamais habité avec son mari, et la comtesse d'Egmont est fille du chevalier d'Orléans. A la mort de son mari, belle, jeune, aimable et héritière d'une im-
mense fortune, elle étoit l'objet des vœux de tout ce qu'il y avoit de plus distingué
à la Cour. Le directeur de la mère de la comtesse d'Egmont entra un jour chez elle et
lui demanda un entretien particulier; alors il lui révéla qu'elle étoit le fruit d'un
adultère, dont sa mère faisoit depuis vingt-cinq ans pénitence. « Elle ne pouvoit, dit
« le directeur, s'opposer à votre premier mariage dont elle a gémi ; Dieu n'a pas
« permis que vous ayez eu des enfants ; mais si vous vous remariez, vous courez,
« madame, le hasard de faire passer dans une famille étrangère des biens immenses
« qui ne vous appartiennent pas et qui sont le produit du crime. » Madame d'Egmont écouta ce détail avec terreur. Sa mère entra au même instant, fondant en
larmes, et demanda à genoux à sa fille de s'opposer à sa damnation éternelle.

d. Philippe-Angélique de Froissy, née vers 1702 (¹), de la Desmares (²),
célèbre tragédienne (³) ; morte le 15 octobre 1785 (⁴) ; mariée, le 12 septembre 1718 (⁵), à *Henri-François, comte de Ségur*, lieutenant-général des armées du Roi, mort le 19 juin 1751, dans la soixante-troisième
année de son âge (⁶).

III. **LOUIS** d'Orléans, duc d'Orléans, de Valois, de Chartres, de Nemours, de Montpensier, etc., premier prince du sang et premier pair de France ; appelé d'abord le *duc de Chartres*, et, après la mort de son père, le *duc d'Orléans* (⁷).

Madame d'Egmont tâchoit de rassurer sa mère et elle-même, et lui dit : « Que
« faire? » Le directeur lui répondit : « Vous consacrer entièrement à Dieu et
« effacer ainsi le péché de votre mère. » La comtesse, qui étoit tout effrayée, pro-
mit ce qu'on exigeoit, et forma le projet d'entrer aux Carmélites. J'en fus ins-
truite, ajoute madame de Pompadour, et je parlai au Roi de la barbarie que la
duchesse et le directeur exerçoient sur cette malheureuse femme ; mais on ne
savoit comment l'empêcher. Le Roi, plein de bonté, engagea la Reine à lui offrir
une place de dame du palais, fit parler fort adroitement à la duchesse par ses
amis, pour qu'elle détournât sa fille d'entrer aux Carmélites. Tout fut inutile, et
la malheureuse victime fut sacrifiée. »

(¹) *Lettres de la Palatine*, I, 259. Suivant la Palatine, cette fille avait quatorze ans en 1716.

(²) Quelques-uns disent que mademoiselle de Froissy était fille de la Florence ;
c'est une erreur. « C'est à la Desmares qu'il faut restituer mademoiselle de
Froissy, dit madame du Prat ; je le tiens de l'abbé du Prat, des Barbançon, des
Ségur eux-mêmes, de tout ce qui fait autorité pour moi... Lorsque les Ségur
étoient dans leurs épanchements, ils ne faisoient aucun mystère de la généalogie
de mademoiselle de Froissy et la déclaroient fort gaiement nièce de la Champmêlé...
Dans l'orgueil de son origine et dans l'honneur plus vrai de son nom, la comtesse
de Ségur prit et montra du dédain pour sa mère. A peine, d'ailleurs, la connois-
soit-elle et l'avoit-elle embrassée. Elle ne la saluoit pas, elle la coudoyoit sans
façon et sans gêne. Celle-ci n'en retint pas son indignation, et, un jour qu'elle
avoit été froissée et vexée plus que de coutume, c'étoit à l'Opéra, je crois, elle
punit la comtesse d'un coup d'éventail sur les doigts, en ajoutant ces mots :
« Voulez-vous m'accorder une audience? » Puis, l'entraînant dans une loge, elle
lui dit à l'oreille, mais de façon à être entendue par M. de Nantouillet, dont le
fils me l'a répété : « Souvenez-vous, madame de Ségur, que vous êtes ma fille,
mais que vous n'êtes peut-être pas celle de Monsieur le Régent. » (*Notes sur les
tableaux vendus... de mon pauvre vieux château de la Goupillère*, p. 104.)

(³) Coche fut également son père putatif. (Mathieu Marais, III, 56.) — Elle ne
fut ni avouée, ni reconnue (*Lettres de la Palatine*, II, 178 et 342), bien que
madame du Prat dise dans ses Mémoires (*Notes sur les tableaux vendus... de mon
pauvre vieux château de la Goupillère*, p. 104), qu'elle fut reconnue en 1722,
le même jour que l'abbé de Saint-Albin. C'est une erreur.

(⁴) *Sépulture :* A Saint-Eustache.

(⁵) Moréri. — Le *Dictionnaire de la noblesse* dit le 17. — Dangeau annonce ce
mariage le 11 septembre 1718.

(⁶) *Gazette*, 1751, p. 312.

(⁷) Par décision dn Roi du 23 décembre 1723. (*Gazette*, p. 644.)

Né au château de Versailles le 4 août 1703 (¹).

Baptisé en la chapelle du château de Versailles le 3 juillet 1710, tenu par le duc de Bourgogne et Madame, duchesse douairière d'Orléans (²).

Mort le 4 février 1752 (³), à Paris, en l'abbaye de Sainte-Geneviève, où il s'était retiré depuis 1730 (⁴).

Marié, par contrat du 14 juin 1724, par procureur à Rastadt le 18 juin 1724, et en personne à Sarry (⁵) le 13 juillet 1724 (⁶), à *Auguste-Marie-Jeanne, princesse de Bade*, fille de Louis-Guillaume, margrave de Bade-Baden, généralissime des troupes de l'Empire, et de Françoise-Sybille-Auguste de Saxe-Lawembourg ; née le 10 novembre 1704 ; morte le 8 août 1726 à Paris, au Palais-Royal (⁷).

ENFANTS NÉS DE CE MARIAGE.

1. LOUIS-PHILIPPE Iᵉʳ, duc d'Orléans, qui suit.

2. **Louise-Marie** (⁸) **d'Orléans**, Mademoiselle d'Orléans, née à Paris le 5 août 1726 (⁹) ; morte à Saint-Cloud le 14 mai 1728 (¹⁰).

IV. **LOUIS-PHILIPPE** Iᵉʳ d'Orléans, duc d'Orléans, de Valois, de Chartres, de Nemours et de Montpensier, comte de Vermandois et de Soissons, premier prince du sang ; appelé d'abord le *duc de Chartres*, puis le *duc d'Orléans*.

Né à Versailles le 12 mai 1725 (¹¹).

(¹) *Gazette*, 1703, p. 386. — Dangeau. — Registres de Notre-Dame de Versailles.

(²) Registres de Notre-Dame de Versailles. — La *Gazette* (1710, p. 324) dit à tort que le duc de Chartres fut baptisé à Paris.

(³) *Gazette*, 1752, p. 71.

(⁴) *Sépulture :* Au Val-de-Grâce.

(⁵) Maison de campagne de l'évêque de Châlons.

(⁶) *Gazette*, 1724, p. 544 et 380. — *État de la France*, 1737, t. II, p. 391.

(⁷) *Gazette*, 1726, p. 384. — *Sépulture :* Le corps et le cœur au Val-de-Grâce.

(⁸) La *Gazette*, l'*État de la France*, 1737, t. II, p. 384, et Moréri, disent : *Louise-Madeleine*.

(⁹) *Gazette*, 1726, p. 384.

(¹⁰) *Gazette*, 1728, p. 252. — *Sépulture :* Au Val-de-Grâce.

(¹¹) *Gazette*, 1725, p. 240. — Registres de Notre-Dame de Versailles.

Baptisé en la chapelle du château de Versailles le 2 juin
1732, tenu par le Roi et la Reine (¹).

Mort au château de Sainte-Assise en Brie le 18 novembre
1785 (²).

Marié à Versailles, en la chapelle du château, le 17 décembre 1743 (³), à *Louise-Henriette de Bourbon*, Mademoiselle
de Conty, fille de Louis-Armand II, prince de Conty; née à
Paris le 20 juin 1726 ; morte à Paris, au Palais-Royal, le 9
février 1759 (⁴). — Appelée d'abord la *duchesse de Chartres*, puis la *duchesse d'Orléans* (⁵).

ENFANTS NÉS DE CE MARIAGE.

1. LOUIS-PHILIPPE-JOSEPH, duc d'Orléans, qui suit.

2. **N... de Chartres**, appelée *Mademoiselle*, née à Saint-
Cloud le 13 juillet 1745 (⁶) ; morte à Saint-Cloud le 14 décembre 1745 (⁷).

3. **Louise-Marie-Thérèse-Bathilde d'Orléans**, appelée
Mademoiselle, née au château de Saint-Cloud le 9 juillet
1750 (⁸) ; baptisée en la chapelle du Roi, à Versailles, le 7
juin 1767, tenue par le Roi et la Reine (⁹) ; morte subite-

(¹) Registres de Notre-Dame de Versailles.

(²) *Gazette*, 1785, p. 590. — *Sépulture :* Au Val-de-Grâce ; le cœur et les entrailles, en l'église de Saint-Port (paroisse de Sainte-Assise).

(³) *Gazette*, 1743, p. 615. — Registres de Notre-Dame de Versailles.

(⁴) *Gazette*, 1759, p. 72. — *Sépulture :* Le corps et le cœur, au Val-de-Grâce ;
les entrailles, à Saint-Eustache.

(⁵) Louis-Philippe Iᵉʳ, duc d'Orléans, épousa en secret, dans la chapelle de
l'hôtel de Montesson, le 23 avril 1773, *Charlotte-Jeanne Béraud de la Haye-de-
Riou*, née le 5 octobre 1738 (quelques-uns disent le 4), veuve de Jean-Baptiste,
marquis de Montesson, mort à Paris le 50 juillet 1769, âgé de quatre-vingt-treize
ans (*Gazette*, 1769, p. 526) ; morte à Paris le 5 février 1806 (la *Biogr. univ.* et
G. Peignot la font naître en 1737 et mourir le 6 février 1806). — L'acte de la célébration de ce mariage se trouve sur le registre de la paroisse de Saint-Eustache ;
il fut, immédiatement après la cérémonie, dissimulé par la superposition d'une
feuille de papier, décollée depuis. (Voy. Jal, *Dict. crit. de biographie et d'hist.*,
p. 927.) — *Sépulture :* Madame de Montesson fut enterrée en l'église de Saint-
Port (paroisse de Sainte-Assise).

(⁶) *Gazette*, 1745, p. 580. — Registres de la paroisse de Saint-Cloud.

(⁷) *Gazette*, 1745, p. 647. — Journal manuscrit des archives du château de
Dampierre. — *Sépulture :* Au Val-de-Grâce.

(⁸) *Gazette*, 1750, p. 548. — Luynes. — Registres de la paroisse de Saint-Cloud.

(⁹) Registres de Notre-Dame de Versailles.

ment à Paris le 10 janvier 1822 (¹) ; mariée en la chapelle du château de Versailles le 24 avril 1770 (²), à *Louis-Henri-Joseph de Bourbon*, duc de Bourbon. — Appelée la *duchesse de Bourbon*.

Enfants naturels.

Nés de mademoiselle Le Marquis, nommée à tort mademoiselle Marquise, danseuse, appelée plus tard madame de Villemonble, morte à Paris en 1806 (³).

a. L'abbé Louis-Étienne de Saint-Farre ou de Saint-Phar, né en 1750 ; légitimé par Louis XVIII ; mort le 24 juillet 1825 (⁴).

b. L'abbé Louis-Philippe de Saint-Albin, frère jumeau du précédent ; légitimé par Louis XVIII ; mort à Paris le 13 juin 1829 (⁵).

c. Mademoiselle de Villemonble, mariée au comte de Brossard, maréchal de camp (⁶).

V. **LOUIS-PHILIPPE-JOSEPH** d'Orléans, duc d'Orléans, de Chartres, de Valois, de Nemours, de Montpensier, etc., premier prince du sang ; appelé successivement : le *duc de Montpensier*, depuis sa naissance jusqu'à la mort de son grand-père en 1752 ; le *duc de Chartres*, jusqu'à la mort de son père en 1785 ; le *duc d'Orléans*, jusqu'à l'abolition des titres de noblesse ; *Monsieur d'Orléans* ou le *Prince Louis-Philippe-Joseph*, au moment de l'abolition des titres de noblesse ; enfin *Philippe-Égalité*, nom que lui conféra la Commune révolutionnaire de Paris le 15 septembre 1792.

Né au château de Saint-Cloud le 13 avril 1747 (⁷).

(¹) *Moniteur*, 1822, p. 45. — La duchesse de Bourbon, frappée d'apoplexie dans l'église de Sainte-Geneviève, fut transportée à l'École de droit, où elle mourut, chez M. Grapp, professeur à ladite école. — *Sépulture :* Chapelle de Saint-Louis, à Dreux.

(²) *Gazette*, 1770, p. 269. — Registres de Notre-Dame de Versailles.

(³) *Revue contemporaine* du 28 février 1870 ; *Correspondance inédite de Collé* (Didot, 1864, in-8°, Introd., p. 12) ; Collé, *Journal historique*, édit. Didot, II, 200. — Les deux abbés de Saint-Farre et de Saint-Albin furent autorisés à prendre le titre de comte et les armes de la maison d'Orléans. (*Journal de Collé*, édit. Didot, III, 111, note de M. H. Bonhomme.)

(⁴) *Annuaire historique de Lesur.* — *Sépulture :* Au Père-Lachaise.

(⁵) *Sépulture :* Au Père-Lachaise

(⁶) Voy. sur les enfants de Mademoiselle Marquise : Combrousse, *Monuments de la maison de France*, 1856, in-folio, p. 37.

(⁷) *Gazette*, 1747, p. 180. — Luynes. — Registres de Notre-Dame de Versailles.

Baptisé en la chapelle du château de Versailles le 18 novembre 1759, tenu par le Roi et la Reine (¹).

Mort à Paris, sur l'échafaud révolutionnaire, le 6 novembre 1793 (²).

Marié, dans la chapelle du château de Versailles, le 5 avril 1769 (³), à *Louise-Marie-Adélaïde de Bourbon*, Mademoiselle de Penthièvre, fille du duc de Penthièvre ; née à Paris le 13 mars 1753 (⁴) ; morte le 23 juin 1821, en son château d'Ivry-sur-Seine (⁵). — Appelée successivement : la *duchesse de Chartres*, la *duchesse d'Orléans* et la *duchesse d'Orléans douairière* (⁶).

ENFANTS NÉS DE CE MARIAGE.

1. LOUIS-PHILIPPE II, duc d'Orléans, qui suit.

2. **Antoine-Philippe d'Orléans**, duc de Montpensier, né à Paris, au Palais-Royal, le 3 juillet 1775 (⁷) ; baptisé en la chapelle du château de Versailles le 12 mai 1788, tenu par le Roi et la Reine (⁸) ; mort à Salthill, en Angleterre, le 18 mai 1807 (⁹).

3. **Louis-Charles d'Orléans** (¹⁰), comte de Beaujolais, né à Paris le 7 octobre 1779 (¹¹); mort à Malte le 30 mai 1808 (¹²).

4. **N... d'Orléans**, mort-née le 10 octobre 1771 (¹³).

(¹) Registres de Notre-Dame de Versailles.

(²) *Sépulture :* Au cimetière de la Madeleine.

(³) *Gazette*, 1769, p. 253. — Registres de Notre-Dame de Versailles.

(⁴) *Gazette*, 1753, p. 140. — Luynes.

(⁵) *Moniteur universel*, 1821, p. 919 et 925. — *Sépulture :* Chapelle de Saint-Louis, à Dreux. Le tombeau de cette princesse renferme les restes des ossements des membres de la famille de Penthièvre inhumés à Dreux en 1783 et dont les tombeaux furent violés en 1793.

(⁶) Elle prit le nom de *comtesse de Joinville* pour voyager en Italie en 1776 (*Gazette*, p. 568), et en Hollande en 1778 (*Gazette*, p. 593).

(⁷) *Gazette*, 1775, p. 487. — Registres de Notre-Dame de Versailles.

(⁸) *Gazette*, 1788, p. 169. — Registres de Notre-Dame de Versailles.

(⁹) *Sépulture :* A Westminster.

(¹⁰) Quelques-uns l'appellent à tort Alphonse-Leodegar. — On trouve déjà ces prénoms dans l'*Almanach de Gotha pour* 1797.

(¹¹) *Gazette*, 1779, p. 411.

(¹²) *Sépulture :* En l'église de Saint-Jean, à Malte, où ses funérailles furent célébrées le 10 avril 1818. (*Moniteur universel*, 1818, p. 670.)

(¹³) *Gazette*, 1771, p. 674.

5. **N... d'Orléans**, appelée Mademoiselle d'Orléans, née à Paris, au Palais-Royal, le 23 août 1777 [1]; morte à Paris, au Palais-Royal, le 6 février 1782 [2].

6. **Eugène [3]-Adélaïde-Louise d'Orléans**, Mademoiselle de Chartres, sœur jumelle de la précédente; née à Paris, au Palais-Royal, le 23 août 1777 [4]; baptisée en la chapelle du château de Versailles le 19 avril 1789, tenue par le Roi et la Reine [5]; morte à Paris, au palais des Tuileries, le 31 décembre 1847 [6]. — Appelée successivement : *Mademoiselle de Chartres*, en naissant; *Mademoiselle d'Orléans*, depuis la mort de sa sœur, en 1786, jusqu'en 1830; *Madame Adélaïde*, pendant le règne de son frère. — Elle porta le titre de *Mademoiselle* tout court de 1783 (date de la mort de N... d'Artois, fille du comte d'Artois) jusqu'en 1791.

VI. **LOUIS-PHILIPPE II**, d'Orléans, duc d'Orléans, premier prince du sang; roi des Français sous le nom de LOUIS-PHILIPPE Ier, du 7-9 août 1830 au 24 février 1848, jour de son abdication en faveur de son petit-fils, le comte de Paris. — Appelé successivement : le *duc de Valois*, en naissant; le *duc de Chartres*, en 1785, après la mort de son grand-père ; le *duc d'Orléans*, de 1793, date de la mort de son père, à 1830 [7]; *Louis-Philippe Ier*, roi des Français, de 1830 à 1848; le *comte de Neuilly*, pendant son exil en Angleterre, de 1848 à 1850 [8].

---

[1] *Gazette*, 1777, p. 624.

[2] *Gazette*, 1782, p. 76. — *Sépulture :* Au Val-de-Grâce, « lieu de la sépulture de la maison d'Orléans, » ajoute la *Gazette*.

[3] L'acte de baptême dit Eugène et non pas Eugénie; la princesse signe, le jour de son baptême : Eugène-Adélaïde-Louise d'Orléans. (Registres de Notre-Dame de Versailles, 17 avril 1789.)

[4] *Gazette*, 1777, p. 624. — Registres de Notre-Dame de Versailles.

[5] Registres de Notre-Dame de Versailles. — La *Gazette* (1789, p. 153) dit à tort le 17 avril.

[6] *Moniteur universel*, 1848, p. 1. — *Sépulture :* Chapelle de Saint-Louis, à Dreux.

[7] Charles X conféra au duc d'Orléans le titre d'Altesse Royale, ainsi qu'à sa femme, à sa sœur et à ses enfants.

[8] Il porta aussi les noms de : *Égalité fils* et de *Général Égalité*, en 1792 et

Né à Paris, au Palais-Royal, le 6 octobre 1773 ([1]).

Baptisé en la chapelle du château de Versailles le 12 mai 1788, tenu par le Roi et la Reine ([2]).

Mort, le 26 août 1850, au château de Claremont, en Angleterre ([3]).

Marié à Palerme, dans la chambre du roi des Deux-Siciles ([4]), le 25 novembre 1809, à *Marie-Amélie-Thérèse de Bourbon*, princesse des Deux-Siciles, fille de Ferdinand IV, roi des Deux-Siciles; née à Caserte le 26 avril 1782 ([5]); morte au château de Claremont, en Angleterre, le 24 mars 1866 ([6]). — Appelée successivement : la *duchesse d'Orléans*, la *reine des Français* et la *comtesse de Neuilly.*

ENFANTS NÉS DE CE MARIAGE.

1. FERDINAND-PHILIPPE-LOUIS-CHARLES-HENRI, duc d'Orléans, prince royal, qui suit.

2. **Louis-Charles-Philippe-Raphaël d'Orléans**, duc de Nemours.

Né à Paris, au Palais-Royal, le 25 octobre 1814 ([7]).

Baptisé à Paris, en la chapelle du château des Tuileries, le 26 octobre 1814, tenu par le Roi et Madame, duchesse d'Angoulême ([8]).

Marié au palais de Saint-Cloud, le 27 avril 1840 ([9]), à *Victoire-Auguste-Antoinette*, duchesse de Saxe, princesse de Saxe-Cobourg-Gotha, fille de Ferdinand, duc de Saxe-Co-

---

1795; — *Chabaud-Latour*, en 1793, à Reichenau, en Suisse; — *Corby*, en 1794, après avoir quitté Reichenau; — *M. Lebrun* et *William Smith*, en 1848, pendant sa fuite de Paris en Angleterre.

([1]) *Gazette*, 1773, p. 750. — Registres de Notre-Dame de Versailles.
([2]) *Gazette*, 1788, p. 169. — Registres de Notre-Dame de Versailles.
([3]) *Sépulture :* A Weybridge.
([4]) La résidence du duc et de la duchesse de Chartres, à Palerme, était Santa-Teresa, vieille maison qui fut réparée et prit le nom de Palazzo d'Orléans.
([5]) *Gazette*, 1782, p. 195.
([6]) *Sépulture :* A Weybridge.
([7]) *Moniteur universel*, 1814, p. 1207.
([8]) *Moniteur universel*, 1814, p. 1207.
([9]) *Moniteur universel*, 1840, p. 826.

bourg-Gotha, et de Marie-Antoinette-Gabrielle de Kohary (¹) ;
née à Vienne le 14 février 1822; morte à Claremont le 10
novembre 1857 (²).

ENFANTS NÉS DE CE MARIAGE.

1. Louis-Philippe-Marie-Ferdinand-Gaston d'Orléans, comte
d'Eu, maréchal de l'armée brésilienne; né au palais de
Neuilly le 28 avril 1842 (³) ; baptisé en la chapelle du palais
de Neuilly le 29 avril 1842, tenu par le roi Louis-Philippe
et la reine Marie-Amélie (⁴); marié à Rio de Janeiro, le 15
octobre 1864, à *Isabelle-Chrétienne* (⁵)-*Léopoldine-Augus-
tine-Michelle-Gabrielle-Raphaëlle-Gonzague*, princesse du
Brésil et héritière de la couronne; fille de Pierre II, empereur du Brésil, et de Dona Thérèse-Christine-Marie de
Bourbon (Naples) ; née à Rio de Janeiro le 29 juillet 1846.

2. Ferdinand-Philippe-Marie d'Orléans, duc d'Alençon; né au
palais de Neuilly le 12 juillet 1844 (⁶); baptisé en la chapelle du palais de Neuilly le 14 juillet 1844, tenu par le roi-
époux (de Portugal) Ferdinand et par la duchesse Ferdinand
de Saxe-Cobourg (Kohary) (⁷); marié à Posenhofen (Bavière),
le 28 septembre 1868, à *Sophie-Charlotte-Augustine*, fille
du duc Maximilien-Joseph de Bavière, et de Louise-Wilhelmine de Bavière; née à Munich le 22 février 1847. — De
ce mariage sont nés :

1° Philippe-Emmanuel-Maximilien-Marie-Eudes d'Orléans, né à Méran (Tyrol) le 22 janvier 1872 ; baptisé le 30 janvier, à Mais
(près Méran), tenu par Maximilien, duc en Bavière, père de
l'impératrice d'Autriche, et par l'impératrice d'Autriche.

2° Louise-Victoire-Marie-Amélie-Sophie d'Orléans, née le 9 juillet 1869 à Bushy-Park, paroisse de Hampton ; baptisée le même
jour à Bushy-Park, tenue par le duc de Nemours et la duchesse
Maximilien de Bavière, née Louise de Bavière (fille de Maximilien Iᵉʳ, roi de Bavière).

(¹) La maison hongroise de Kohary s'est éteinte en 1826 avec le prince François-Joseph, mort le 26 juin, ne laissant qu'une fille, Marie-Antoinette-Gabrielle,
dont il est ici question.

(²) *Sépulture : A* Weybridge.

(³) *Moniteur universel*, 29 avril 1842. — *L'Annuaire de la noblesse* dit à tort
le 29 avril.

(⁴) Registres des baptêmes de la paroisse de Neuilly.

(⁵) Ou Christine.

(⁶) *Moniteur universel*, 1844, p. 2181.

(⁷) *Moniteur universel*, 1844, p. 2181, et renseignements particuliers.

3. Marguerite-Adélaïde-Marie d'Orléans, née à Paris, au palais des Tuileries le 16 février 1846 [1] ; baptisée au château des Tuileries le 17 février 1846, tenue par le prince de Joinville et Madame Adélaïde [2] ; mariée, à Paris, à la mairie du 7ᵉ arrondissement, le 13 janvier 1872, et en l'église paroissiale de Chantilly le 15 janvier, au prince *Ladislas Czartoriski*.

4. Blanche-Marie-Amélie-Caroline-Louise-Victoire d'Orléans, née à Claremont le 28 octobre 1857 ; baptisée à Claremont le même jour, tenue par le duc et la duchesse d'Aumale.

3. François-Ferdinand-Philippe-Louis-Marie d'Orléans, prince de Joinville.

Né au palais de Neuilly le 14 août 1818 [3].

Baptisé en la chapelle du château de Neuilly le 8 novembre 1818, tenu par le duc de Chartres et la duchesse de Berry, représentant le duc et la duchesse de Calabre [4].

Marié à Rio de Janeiro, le 1ᵉʳ mai 1845 [5], à *Françoise-Caroline-Jeanne-Charlotte-Léopoldine-Romaine-Xavière-de-Paula-Michelle-Gabrielle-Raphaëlle-Gonzaga*, princesse du Brésil, fille de Pierre Iᵉʳ, empereur du Brésil, et de Caroline-Josèphe-Léopoldine, archiduchesse d'Autriche ; née à Rio de Janeiro le 2 août 1824 [6].

ENFANTS NÉS DE CE MARIAGE.

1. Pierre-Philippe-Jean-Marie d'Orléans, duc de Penthièvre, lieutenant de vaisseau ; né au palais de Saint-Cloud le 4 novembre 1845 [7] ; baptisé en la chapelle du palais de Saint-Cloud le 5 novembre 1845, tenu, au nom de l'empereur et de l'impératrice du Brésil, par le duc et la duchesse de Nemours [8].

---

[1] *Moniteur universel*, 1846, p. 401.
[2] Registres des baptêmes de Saint-Germain l'Auxerrois.
[3] *Moniteur universel*, 1818, p. 975.
[4] Registres des baptêmes de la paroisse de Neuilly.
[5] *Moniteur universel*, 1845, p. 1971.
[6] Le prince de Joinville, sous le nom du *Colonel Lutheroth*, a voulu servir à l'armée de la Loire en 1870. (*Orléans*, par le général Martin des Pallières, p. 151.)
[7] *Moniteur universel*, 1845, p. 2641.
[8] Registres des baptêmes de la paroisse de Saint-Cloud.

2. Françoise-Marie-Amélie d'Orléans, née au palais de Neuilly
le 14 août 1844, à minuit quinze minutes (¹) ; baptisée le 14
août 1844 à Neuilly, tenue par le roi Louis-Philippe et la reine
Marie-Amélie ; mariée, à Kingston-sur-Tamise, le 11 juin
1863, à *Robert-Philippe-Louis-Eugène-Ferdinand d'Orléans*, duc de Chartres, fils de Ferdinand-Philippe-Louis-
Charles-Henri d'Orléans, duc d'Orléans.

3. N... d'Orléans, mort-né le 30 octobre 1849, à Claremont (²).

**4. Charles-Ferdinand-Louis-Philippe-Emmanuel d'Or-
léans**, duc de Penthièvre, né à Paris le 1er janvier 1820 (³) ;
baptisé à Paris, en l'appartement de la duchesse de Berry,
le 30 mai 1820, tenu par Monsieur et par la duchesse d'Angoulême (⁴) ; mort à Neuilly le 25 juillet 1828 (⁵).

5. Henri-Eugène-Philippe-Louis d'Orléans, duc d'Au-
male, membre de l'Académie française (⁶).
Né à Paris, au Palais-Royal, le 16 janvier 1822 (⁷).
Baptisé le..., tenu par le duc de Bourbon et Madame Adé-
laïde.
Marié à Naples, le 25 novembre 1844 (⁸), à *Marie-Caroline-
Auguste de Bourbon*, fille de Léopold de Bourbon, prince
de Salerne ; née à Vienne le 26 avril 1822 (⁹) ; morte à
Twickenham le 6 décembre 1869 (¹⁰).

ENFANTS NÉS DE CE MARIAGE.

1. Louis-Philippe-Marie-Léopold d'Orléans, prince de Condé,
né au palais de Saint-Cloud le 15 novembre 1845 (¹¹) ; bap-

(¹) *Moniteur universel*, 1844, p. 2491.
(²) *Sépulture :* Chapelle de Saint-Louis, à Dreux.
(³) *Moniteur universel*, 1820, p. 6.
(⁴) Le *Moniteur universel* (1820, p. 755) se trompe de la manière la plus
étrange en disant que le baptême qu'il annonce officiellement est celui de Mademoiselle de Montpensier, morte depuis deux ans.
(⁵) *Moniteur universel*, 1828, 27 juillet. — *Sépulture :* Chapelle de Saint-
Louis, à Dreux.
(⁶) Élu le 30 décembre 1871.
(⁷) *Moniteur universel*, 1822, p. 67 et 71.
(⁸) *Moniteur universel*, 1844, p. 2965 et 5025.
(⁹) *Almanach royal* et *Almanach de Gotha*. — *L'Annuaire de la noblesse* dit
le 16 avril.
(¹⁰) *Sépulture :* A Weybridge.
(¹¹) *Moniteur universel*, 1845, p. 2695.

tisé en la chapelle du palais de Saint-Cloud le 16 novembre 1845, tenu par le roi Louis-Philippe et la reine Marie-Amélie [1]; mort à Sydney, en Australie, le 24 mai 1866 [2].

2. HENRI-LÉOPOLD-PHILIPPE-MARIE D'ORLÉANS, duc de Guise, né au palais de Saint-Cloud le 11 septembre 1847; baptisé en la chapelle du palais de Saint-Cloud le 13 septembre 1847, tenu par le duc et la duchesse de Nemours, représentant le prince et la princesse de Salerne [3]; mort au palais de Saint-Cloud le 10 octobre 1847 [4].

3. FRANÇOIS-PAUL D'ORLÉANS, duc de Guise, né à Palerme le 11 janvier 1852; mort à Twickenham le 15 avril 1852 [5].

4. FRANÇOIS-LOUIS-PHILIPPE-MARIE D'ORLÉANS, duc de Guise, né à Twickenham le 5 janvier 1854; baptisé le..., tenu par le duc et la duchesse de Nemours.

6. **Antoine-Marie-Philippe-Louis d'Orléans**, duc de Montpensier, infant d'Espagne depuis le 10 octobre 1859.

Né au château de Neuilly le 31 juillet 1824 [6].

Baptisé en la chapelle du château des Tuileries le 9 septembre 1824, tenu par le duc et la duchesse d'Angoulême [7].

Marié à Madrid, le 10 octobre 1846 [8], à *Dona Marie-Louise-Ferdinande de Bourbon*, infante d'Espagne, fille cadette de Ferdinand VII, roi d'Espagne; née à Madrid le 30 janvier 1832. — Les enfants nés de ce mariage sont indiqués dans la troisième partie, chapitre I.

7. **Louise-Marie-Thérèse-Charlotte-Isabelle d'Orléans**, appelée *Mademoiselle* jusqu'en 1819, *Mademoiselle de Chartres* jusqu'en 1830, et, depuis l'avénement de son père, la *princesse Louise*.

---

[1] *Moniteur universel*, 1845, p. 2694, et Registres des baptêmes de la paroisse de Saint-Cloud.

[2] *Sépulture :* A Weybridge.

[3] Registres des baptêmes de la paroisse de Saint-Cloud.

[4] *Moniteur universel*, 1847, p. 2561, 2677 et 2685. — *Sépulture :* Chapelle de Saint-Louis, à Dreux.

[5] *Sépulture :* A Weybridge.

[6] *Moniteur universel*, 1824, p. 1073.

[7] *Moniteur universel*, 1824, p. 1233.

[8] *Moniteur universel*, 1846, p. 2603.

Née à Palerme le 3 avril 1812 ; baptisée à Palerme le....., tenue par Louis XVIII et la duchesse d'Angoulême.

Morte à Ostende le 11 octobre 1850 [1].

Mariée au château de Compiègne, le 9 août 1832 [2], à *Léopold Ier*, roi des Belges.

8. **Marie-Christine-Caroline-Adélaïde-Françoise-Léopoldine d'Orléans**, appelée *Mademoiselle de Valois* jusqu'en 1830, et, depuis l'avénement de son père, la *princesse Marie*.

Née à Palerme le 12 avril 1813 [3] ; baptisée à Palerme le..., tenue par Charles-Félix (depuis roi de Sardaigne) et Marie-Christine-Thérèse (depuis reine de Sardaigne).

Morte à Pise le 2 janvier 1839 [4].

Mariée au palais de Trianon, le 17 octobre 1837, à *Frédéric-Guillaume-Alexandre*, duc de Wurtemberg [5].

9. **Françoise-Louise-Caroline d'Orléans**, appelée Mademoiselle de Montpensier.

Née à Twickenham, en Angleterre, le 28 mars 1816. — Elle eut pour parrain le prince héréditaire des Deux-Siciles.

Morte au château de Neuilly le 21 mai 1818 [6].

10. **Marie-Clémentine-Caroline-Léopoldine-Clotilde d'Orléans**, appelée *Mademoiselle de Beaujolais* jusqu'en 1830, et, depuis l'avénement de son père, la *princesse Clémentine*.

Née au château de Neuilly le 3 juin 1817, à une heure quarante minutes du matin [7].

Baptisée à Neuilly le 16 août 1817, tenue par Léopold, prince de Salerne, son oncle maternel, et Marie-Clémentine d'Autriche, princesse de Salerne, sa tante maternelle,

---

[1] *Sépulture :* Église de Laeken.
[2] *Moniteur universel*, 1832, p. 1573.
[3] *Moniteur universel*, 19 octobre 1837.
[4] *Moniteur universel*, 1839, p. 39. — *Sépulture :* Chapelle de Saint-Louis, à Dreux.
[5] *Moniteur universel*, 19 octobre 1837.
[6] *Moniteur universel*, 1818, p. 629. — *Sépulture :* Chapelle de Saint-Louis, à Dreux.
[7] *Moniteur universel*, 1817, p. 614.

représentés par Fabrice Ruffo, prince de Castelcicala, ambassadeur du roi des Deux-Siciles, et Justine Pinto, princesse de Castelcicala [1].

Mariée au palais de Saint-Cloud, le 21 avril 1843 [2], à *Auguste-Louis-Victor*, prince de Saxe-Cobourg-Gotha, lieutenant général dans l'armée autrichienne [3].

VII. **FERDINAND-PHILIPPE-LOUIS-CHARLES-HENRI** [4] d'Orléans, *duc de Chartres* jusqu'en 1830, puis *duc d'Orléans;* il prend le titre de *Prince royal*, à l'avénement de son père.

Né à Palerme le 3 septembre 1810.

Baptisé à Palerme le..., tenu par le roi et la reine de Naples.

Mort, le 13 juillet 1842, en une maison sise à Sablonville, où il avait été transporté à la suite d'une chute de voiture faite sur la route de Paris au château de Neuilly, à l'angle du chemin de la Révolte et de la route du château de Neuilly [5].

Marié au château de Fontainebleau, le 30 mai 1837 [6], à *Hélène-Louise-Élisabeth*, princesse de Mecklenbourg-Schwerin, fille du prince héréditaire Frédéric-Louis de Mecklenbourg-Shwerin, et d'Auguste-Frédérique de Hesse-Hombourg; née à Ludwigslust le 24 janvier 1814; morte à Richmond [7], en Angleterre, le 18 mai 1858 [8]. — Appelée la *duchesse d'Orléans.*

---

[1] Registres des baptêmes de la paroisse de Neuilly.

[2] *Moniteur universel*, 1843, p. 857.

[3] La famille du prince Auguste habite Vienne; son fils est officier dans l'armée autrichienne et sa fille a épousé l'archiduc Joseph.

[4] C'est ainsi que nomment le duc d'Orléans les registres de l'état civil de la maison royale aux époques de son mariage, de la naissance du comte de Paris et de la mort du duc d'Orléans (voy. le *Moniteur* à ces dates). Quelques-uns ajoutent à tort un sixième prénom; pour les uns, c'est *Rose*; pour les autres, c'est *Joseph*; quelquefois, c'est *Rosalie*, notamment au baptême de son frère, le prince de Joinville.

[5] *Moniteur universel*, 1842, p. 1633. — *Sépulture:* Chapelle de Saint-Louis, à Dreux.

[6] *Moniteur universel*, 1837, p. 1377.

[7] Exactement à Cranbourne-House, l'une des villas de Richmond.

[8] *Sépulture :* A Weybridge.

1. LOUIS-PHILIPPE-ALBERT D'ORLÉANS, comte de Paris, qui suit.

2. **Robert-Philippe-Louis-Eugène-Ferdinand d'Orléans**, duc de Chartres (¹), chef d'escadron au 3ᵉ régiment de chasseurs d'Afrique.

Né à Paris, au palais des Tuileries, le 9 novembre 1840 (²).

Baptisé à Paris, en la chapelle du palais des Tuileries, le 14 novembre 1840, tenu par le duc de Nemours et Madame Adélaïde (³).

Marié à Kingston-sur-Tamise, le 11 juin 1863 (⁴), à *Françoise-Marie-Amélie d'Orléans*, fille du prince de Joinville ; née au palais de Neuilly le 14 août 1844, dont il a eu :

1. ROBERT-LOUIS-PHILIPPE-FERDINAND-FRANÇOIS-MARIE D'ORLÉANS, né à Morgan-House, Ham-Common, le 10 janvier 1866 ; baptisé à Claremont le 8 avril 1866, tenu par le comte de Paris et la princesse de Joinville.

2. HENRI-PHILIPPE-MARIE D'ORLÉANS, né à Morgan-House, Ham-Common, le 15 octobre 1867 ⁵ ; baptisé à Morgan-House, paroisse de Ham, le 16 octobre, tenu par le duc et la duchesse d'Aumale.

3. MARIE-AMÉLIE-FRANÇOISE-HÉLÈNE D'ORLÉANS, née à Morgan-House, Ham-Common, le 13 janvier 1865 ; baptisée à Claremont le 11 juin 1865, tenue par le prince de Joinville et la reine Marie-Amélie.

4. MARGUERITE-LOUISE-MARIE-FRANÇOISE D'ORLÉANS, née à Morgan-House, Ham-Common, le 25 janvier 1869 ; baptisée à Morgan-House le 26 janvier 1869, tenue par le duc de Nemours et sa fille, la princesse Marguerite.

(¹) Le duc de Chartres a porté le nom de *Robert Le Fort* à l'armée de la Loire, où il servait en 1870 avec le grade de chef d'escadron des guides de la Seine-Inférieure, et où il a mérité la croix de la Légion d'honneur.

(²) *Moniteur universel*, 1840, p. 2217.

(³) *Moniteur universel*, 1840, p. 2243.

(⁴) Les dates du mariage et de la naissance des enfants du duc de Chartres ont été relevées sur les registres de la mairie du VIIIᵉ arrondissement, à Paris (18 novembre 1871).

(⁵) *Gotha* dit à tort le 16 octobre.

VIII. **LOUIS-PHILIPPE-ALBERT** d'Orléans, comte de Paris, *prince royal* en 1842, après la mort de son père.

Né à Paris, au palais des Tuileries le 24 août 1838 ([1]).

Baptisé à Notre-Dame de Paris le 2 mai 1841, tenu par le roi et la reine des Français ([2]).

Marié à Kingston-sur-Tamise, le 30 mai 1864 ([3]), à *Marie-Isabelle-Françoise-d'Assise-Antonie-Louise-Ferdinande*, etc., *de Bourbon*, infante d'Espagne, fille du duc de Montpensier; née à Séville le 21 septembre 1848.

ENFANTS NÉS DE CE MARIAGE.

1. **Louis-Philippe-Robert d'Orléans**, duc d'Orléans, né à York-House, près Twickenham, le 6 février 1869 ([4]); baptisé à Claremont le même jour, tenu par le duc de Nemours et la duchesse de Montpensier.

2. **Marie-Amélie-Louise-Hélène d'Orléans**, née à York-House, près Twickenham, le 28 septembre 1865; baptisée à Claremont en septembre 1865, tenue par le duc de Montpensier et la reine Marie-Amélie.

3. **Hélène-Françoise-Henriette d'Orléans**, née à York-House, près Twickenham, le 13 juin 1871; baptisée le lendemain, tenue par le duc d'Aumale et la duchesse de Chartres.

([1]) *Moniteur universel*, 1838, p. 2107.

([2]) *Moniteur universel*, 1841, p. 1175.

([3]) Les dates du mariage et de la naissance des enfants du comte de Paris ont été relevées sur les registres de la mairie du VIIIe arrondissement, à Paris (18 novembre 1871).

([4]) Quelques-uns disent à tort le 5.

CHAPITRE IV

LES PRINCES DE CONDÉ

1. **LOUIS I**er de Bourbon, prince de Condé, marquis de Conty, comte de Soissons, d'Anisy et de Vallery, pair de France, septième fils de Charles de Bourbon, duc de Vendôme; appelé d'abord *Monsieur de Vendôme*, puis le *prince de Condé* et *Monsieur le Prince*.

Né le 7 mai 1530 à Vendôme.

Blessé, fait prisonnier et assassiné à la bataille de Jarnac, le 13 mars 1569 (¹).

Marié : 1° le 22 juin (²) 1551, à *Éléonore de Roye*, fille et héritière de Charles, sire de Roye et comte de Roucy, et de Magdeleine de Mailly, dame de Conty; née le 24 février 1555; morte le 23 juillet 1564, au château de Condé en Brie (³) ; — 2° le 8 novembre 1565, à *Françoise d'Orléans-Longueville* (⁴), fille de François d'Orléans, marquis de

---

(¹) *Sépulture :* Quoique protestant, il fut enterré en l'église de Saint-Georges de Vendôme ; plus tard, son cercueil fut transporté dans l'église de Vallery.

(²) Moréri dit mai.

(³) *Sépulture :* En l'église de Muret, en Picardie, dans le tombeau de ses prédécesseurs.

(⁴) Brantôme l'appelle Éléonore de Longueville (*Dames galantes*).

Rothelin, et de Jacqueline d'Orléans; morte le 11 juin (¹) 1601, âgée d'environ cinquante-sept ans, à Paris, en l'hôtel de Soissons (²). — Appelée la *princesse de Condé, Madame la Princesse* et la *princesse douairière de Condé*.

ENFANTS NÉS DU PREMIER MARIAGE.

1. HENRI Ier, prince de Condé, qui suit.

2. **Charles de Bourbon**, né à Nogent-le-Rotrou le 5 novembre 1557; mort jeune.

3. **François de Bourbon**, prince de Conty (³), né à la Ferté-sous-Jouarre le 19 août 1558; mort sans postérité, le 3 août 1614, à l'hôtel abbatial de l'abbaye de Saint-Germain des Prés, à Paris (⁴). — Marié : 1° le 17 décembre 1581 (⁵), à *Jeanne de Coëme* ou *de Cuesme*, dame de Bonnétable et de Lucé, fille de Louis de Coëme, seigneur de Lucé, et d'Anne de Pisseleu; veuve de Louis, comte de Montafié ou Montafier en Piémont; morte le 26 décembre (⁶) 1601 à Saint-Arnoul en Beauce; — 2° le 24 juillet 1605, au château de Meudon, à *Louise-Marguerite de Lorraine*, appelée *Mademoiselle de Lorraine* et *Mademoiselle de Guise*, fille de Henri Ier, duc de Guise, surnommé le Balafré, et de Catherine de Clèves; née en 1577 (⁷); morte

---

(¹) P. de Lestoile (*Journal inédit du règne de Henri IV*, p. 229) dit que la princesse de Condé mourut « la nuict de la Pentecoste, dixième de ce mois, âgée d'environ cinquante-sept ans. »

(²) *Sépulture :* Chartreuse de Gaillon ; son cœur, à Saint-Germain des Prés.

(³) Lestoile l'appelle, au 1er janvier 1580, le *marquis de Conty* (*Journal de Henri III*, p. 119); il lui donne le même nom au moment de son mariage (p. 141); il est encore marquis de Conty aux États de Blois de 1588 (p. 265, édit. Michaud et Poujoulat).

(⁴) *Lettres de Malherbe à Peiresc*, édit. Lud. Lalanne, p. 449. — Le *Mercure françois* (1614, p. 497) dit à tort qu'il est mort le 13 août. — *Sépulture :* Abbaye de Saint-Germain des Prés.

(⁵) « Le dimanche 17 de décembre 1581, le marquis de Conty... fust marié avec la comtesse de Montafier, au Louvre, à Paris. » (Lestoile, *Journal de Henri III*, p. 141.) — Moréri et le P. Anselme disent en janvier 1582.

(⁶) Suivant P. de Lestoile, la princesse de Conty serait morte le 27 décembre, le jour même du mariage de sa fille, mademoiselle de Lucé, avec le comte de Soissons. (*Journal inédit du règne de Henri IV*, p. 263.)

(⁷) D'après l'auteur de l'Avertissement des *Amours du grand Alcandre* (Paris, Didot aîné, 1786, 2 vol. in-12), cette princesse serait née en 1574. — D'autres la font naître en 1582.

exilée au château d'Eu le 30 avril 1631 (¹), de laquelle il
a eu : Marie de Bourbon, née au Louvre le 8 mars 1610;
morte en l'abbaye de Saint-Germain des Prés (²) le 20 mars
1610 (³).

François de Bourbon a eu un fils naturel : Nicolas, dit de Gramont, bâtard de Conty, prieur de Gramont, abbé de la Couture, au Mans, et de
Bassac en Saintonge; mort à Paris le 25 mars 1648 (⁴).

4. **Charles III de Bourbon**, cardinal de Bourbon, coadju-
teur de son oncle à l'archevêché de Rouen le 1ᵉʳ août 1582,
puis archevêque de Rouen (⁵) ; créé cardinal le 12 décembre
1583. — Né à Gandelu en Brie le 30 mars 1562; mort le
30 juillet 1594, dans le palais abbatial de Saint-Germain des
Prés, à Paris (⁶). — Appelé successivement : le *cardinal de
Bourbon-Condé*, le *cardinal de Vendôme*, et, après la
mort de son oncle, le *cardinal de Bourbon* (⁷).

5. **Louis de Bourbon**, frère jumeau du précédent, né à
Gandelu en Brie le 30 mars 1562; mort le 19 octobre 1565
à Muret (⁸).

6. **Marguerite de Bourbon**, née au château de Roucy le 8
novembre 1556; morte jeune.

7. **Magdeleine de Bourbon**, morte jeune, le 7 octobre
1563, à Muret.

8. **Catherine de Bourbon**, née en 1564 au château de
Roucy ; morte jeune.

(¹) Bassompierre, *Mém.*, IV, 152. — *Sépulture :* Aux Jésuites d'Eu.
(²) *Lettres de Malherbe*, p. 145.
(³) *Supplément au Journal de Lestoile.* — *Sépulture :* Église de l'abbaye de
Saint-Germain des Prés.
(⁴) *Sépulture :* Abbaye de Saint-Germain des Prés.
(⁵) Il succéda à son oncle, Charles II de Bourbon (Charles X de la Ligue), à l'archevêché de Rouen et aux abbayes de Saint-Denis, de Saint-Germain des Prés,
d'Orcamp, Bourgueil, Saint-Ouen, Sainte-Catherine de Rouen, etc.
(⁶) *Sépulture :* Chartreuse de Gaillon ; ses entrailles, à Saint-Germain des Prés.
(⁷) *Journal de Lestoile* (édit. Michaud et Poujoulat, p. 59), dans une note de
l'ancienne édition. — Quelques-uns l'appellent, après la mort de son oncle, le
cardinal de Bourbon le jeune.
(⁸) *Sépulture :* Chartreuse de Gaillon.

ENFANTS NÉS DU SECOND MARIAGE.

9. CHARLES DE BOURBON, chef de la maison de *Bourbon-Soissons*, dont il sera parlé ci-après (voy. le chapitre III).

10. **Louis de Bourbon**, mort au berceau.

11. **Benjamin de Bourbon**, mort au berceau.

Enfant naturel.

N..., né à Lyon en juillet 1564.

II. **HENRI Ier** de Bourbon, prince de Condé, duc d'Enghien, comte d'Anisy et de Vallery, seigneur de la Ferté-sous-Jouarre. — Appelé *Monsieur le Prince.*

Né le 29 décembre 1552 à la Ferté-sous-Jouarre.

Mort le 5 mars 1588 à Saint-Jean-d'Angely [1], des suites de la blessure qu'il avait reçue à la bataille de Coutras en 1587, ou empoisonné par sa femme [2].

Marié ; 1° à Blandy, près Melun, en juillet 1572, à *Marie de Clèves*, marquise d'Isles et comtesse de Beaufort, fille de François Ier de Clèves, duc de Nevers, et de Marguerite de Bourbon-Vendôme ; morte à Paris, en sa première couche et à la fleur de son âge, le 30 octobre 1574 [3] ; — 2° à

---

[1] *Sépulture :* Église de Vallery. — Le caveau placé sous le maître-autel de cette église, rebâtie en 1614 par Henri II, prince de Condé, servit de sépulture aux membres de la famille des Bourbons-Condé jusqu'en 1740. Le 30 mars 1794, il fut violé, et les cercueils furent brisés ; les corps furent jetés pêle-mêle dans une fosse du cimetière de la paroisse. Le 16 septembre 1822, on exhuma les ossements des princes, qui furent placés dans un cercueil de plomb, lequel fut déposé dans l'ancien caveau de l'église de Vallery.

[2] Voy. *Lettres de Henri IV*, au 13 mars 1588 et jours suivants, et *Journal de Lestoile*, 5 mars 1588, dans les anciennes éditions (car le passage relatif à la mort du prince de Condé est très-différent dans l'édition Michaud et Poujoulat, p. 246). — La princesse de Condé, à la mort de son mari, était grosse, suivant Lestoile, du fait de son page, appelé Belcastel, et principal auteur de la mort du prince, empoisonné par lui à l'instigation de la princesse ; il échappa au châtiment de son crime ; un de ses complices, Brillant, fut écartelé. Quant à la princesse, elle fut arrêtée par ordre du roi de Navarre, et son jugement reculé jusqu'après ses couches ; en 1595, elle fut déclarée innocente par arrêt du parlement de Paris, malgré les protestations du prince de Conty, du cardinal de Vendôme et du comte de Soissons.

[3] Lestoile, p. 45. — *Sépulture :* Église des Récollets, à Nevers.

Saint-Jean-d'Angely, le 16 mars 1586, à *Charlotte-Catherine de la Trémoille*, fille de Louis III, seigneur de la Trémoille, duc de Thouars, et de Jeanne de Montmorency; morte le 28 août 1629 à Paris, dans l'hôtel de Condé (¹). — Appelée *Madame la Princesse* et *Madame la Princesse douairière de Condé* (²).

ENFANT NÉ DU PREMIER MARIAGE.

1. **Catherine de Bourbon**, marquise d'Isles, née à Paris en octobre 1574; morte au Louvre le 30 décembre 1595 (³), sans alliance. — Appelée *Mademoiselle de Bourbon* (⁴).

ENFANTS NÉS DU SECOND MARIAGE.

2. HENRI II, prince de Condé, qui suit.

3. **Éléonore de Bourbon**, Mademoiselle de Bourbon (⁵), née le 30 avril 1587; morte le 20 janvier 1619 au château de Muret (⁶); mariée, au château de Vallery, en 1606 (⁷), à *Philippe-Guillaume de Nassau*, prince d'Orange; veuve le 21 février 1618 (⁸). — Appelée la *princesse d'Orange*.

Enfant naturel.

HÉLÈNE D'ENGHIEN, abbesse de la Périgne, au Mans; elle l'était encore en 1626 (⁹).

(¹) *Mercure françois*, 1629, p. 1080. — *Sépulture :* Église des religieuses de l'Ave Maria, à Paris; le cœur, à Vallery.

(²) *Lettres de Malherbe*, p. 93, 124 et 151. — Malherbe dit aussi (4 décembre 1614): *Madame la princesse la mère* (p. 478). — Héroard (21 août 1609, I, 402) et le *Mercure françois* (1616, p. 57) l'appellent : *Madame la princesse douairière de Condé.*

(³) Sully (*Mémoires*, III, 283, édit. Petitot) se trompe en la faisant mourir en 1599.

(⁴) *Lettre de Henri IV*, fin mars 1588 (p. 558). — Lestoile, 3 février 1595 et 19 janvier 1596. — *Sépulture :* Abbaye de Saint-Germain des Prés.

(⁵) *Mercure françois*, 1606, p. 111 *b*.

(⁶) *Sépulture :* Église de Vallery.

(⁷) Les fiançailles eurent lieu à Fontainebleau le 19 novembre (Héroard, I, 227); le mariage fut célébré, quelques jours après, au château de Vallery. (Voy. la lettre de Malherbe à Peiresc du 9 novembre 1606; — cette lettre est évidemment du 9 décembre; — voy. aussi la lettre du 15 octobre 1606.)

(⁸) *Mercure françois*, 1618, p. 46.

(⁹) Malherbe parle, le 6 septembre 1615 (*Lettres à Peiresc*, p. 330), d'une Mademoiselle d'Anguien qui est peut-être Hélène d'Enghien. M. Bazin croit, au con-

III. **HENRI II** de Bourbon, prince de Condé, duc d'Enghien, de Châteauroux, de Montmorency, d'Albret et de Bellegarde, premier prince du sang et pair de France. — Appelé *Monsieur le Prince* (¹).

Né posthume, le 1ᵉʳ septembre 1588, à Saint-Jean-d'Angely (²).

Mort le 26 décembre 1646 à Paris, en son hôtel (³).

Marié, le 3 mars 1609 (⁴), à *Charlotte-Marguerite de Montmorency*, mademoiselle de Montmorency, fille de Henri Iᵉʳ, duc de Montmorency, et de Louise de Budos; née en 1593; morte à Châtillon-sur-Loing le 2 décembre 1650 (⁵), âgée de cinquante-sept ans. — Appelée *Madame la princesse de Condé* (⁶) et *Madame la Princesse* (⁷); puis, après la mort de son mari : *Madame la princesse douairière de Condé, Madame la Princesse la mère, Madame la princesse de Condé veuve* (⁸).

ENFANTS NÉS DE CE MARIAGE.

1. **N... de Bourbon**, né avant terme à Vincennes; mort le 24 décembre 1617, peu après sa naissance (⁹).

---

traire, que la princesse dont il est question dans la lettre de Malherbe est une des trois sœurs du comte Louis de Soissons existant encore en 1613 (voy. plus loin, au chapitre III).

(¹) Dans sa jeunesse, en 1595 et 1596, Lestoile l'appelle le *Petit-Prince.*

(²) Voy. sur la naissance de Henri II les curieuses Remarques qui se trouvent dans l'ouvrage intitulé : *Histoire de Tancrède de Rohan, avec quelques autres pièces concernant l'histoire de France et l'histoire romaine.* Liége, 1767, in-12.

(³) *Journal d'Olivier Lefèvre d'Ormesson,* I, 571, et *Gazette,* p. 1257. — *Sépulture :* Église de Vallery; son cœur, en l'église de Saint-Louis des Jésuites de Paris; ses entrailles, en la chapelle des Minimes de la place Royale, à Paris.

(⁴) Lestoile dit cependant que le mariage fut fait et consommé à Chantilly le dimanche 17 mai (p. 510). — Les accordailles eurent lieu le 2 mars en la galerie du Louvre (Héroard, I, 585).

(⁵) *Gazette,* 1650, p. 1584. — *Sépulture :* Couvent des Carmélites du faubourg Saint-Jacques, à Paris.

(⁶) *Lettres de Malherbe à Peiresc,* 1609, p. 93.

(⁷) *Lettres de Malherbe à Peiresc,* 1610, p. 124, et *Lettres de Henri IV,* au 29 avril 1610.

(⁸) *Gazette,* 1647, p. 480.

(⁹) *Sépulture :* Église de Vallery.

2 et 3. **N...** et **N... de Bourbon**, jumeaux, mort-nés le 21
novembre 1618 ([1]) au château de Vincennes ([2]).

4. LOUIS II, prince de Condé, qui suit.

5. ARMAND, tige de la branche des princes de Conty, dont il
sera parlé ci-après (voy. le chapitre iv).

6. **Anne-Geneviève de Bourbon**, *Mademoiselle de Bourbon* ([3]); née au château de Vincennes le 27 août 1619;
morte à Paris, aux Carmélites, le 15 avril 1679 ([4]); accordée, le 26 février 1620, à François de Lorraine, prince de
Joinville ([5]); mariée à Paris, dans la chapelle de l'hôtel de
Condé, le 2 juin 1642 ([6]), à *Henri II d'Orléans*, duc de
Longueville, veuf de Louise de Bourbon-Soissons; né en
1595, mort à Rouen le 11 mai 1663 ([7]).

IV. **LOUIS II** de Bourbon ([8]), prince de Condé, duc de Bourbon ([9]), d'Enghien, de Châteauroux, de Montmorency, de
Bellegarde et de Fronsac; surnommé le *Grand Condé;* premier prince du sang. — Appelé d'abord le *duc d'Anguien* ou
d'Enghien ([10]), puis, après la mort de son père, le *prince de
Condé* et *Monsieur le Prince.*

([1]) Selon Le Grain (*Décade de Louis XIII*, 420), la naissance de ces deux enfants aurait eu lieu en septembre; selon Bassompierre (*Mém.*, II, 140), ils seraient
nés le 22 décembre 1617 et « n'eurent vie. »

([2]) *Sépulture :* Église de Vallery.

([3]) *Gazette.*

([4]) *Gazette*, 1679, p. 192. — *Sépulture :* Couvent des Carmélites du faubourg
Saint-Jacques, à Paris.

([5]) Héroard, II, 243.

([6]) *Gazette*, 1642, p. 558. — Elle avait été fiancée dans l'hôtel de Condé, le 1ᵉʳ
juin. (Jal, *Dict. critique de biographie et d'histoire*, art. LONGUEVILLE.)

([7]) *Gazette*, 1663, p. 465.

([8]) Les prénoms du Grand Condé sont : *Louis-François.* Le *Mercure françois*
(1626, p. 500-307), en racontant les cérémonies de son baptême, donne les pré=
noms du prince.

([9]) En échange du duché d'Albret. — Le duché d'Albret avait été engagé par le
Roi à Henri II, prince de Condé; en 1651, le Roi le donna au duc de Bouillon et
engagea, en 1661, le duché de Bourbon à Louis II, prince de Condé. (P. Anselme;
Preuves.)

([10]) Bussy-Rabutin l'appelle *Monsieur le Duc* tout court, dans sa lettre à madame
de Sévigné du 21 octobre 1646.

Né le 8 septembre 1621 ([1]) à Paris.

Baptisé en la cathédrale de Bourges le 6 mai 1626, tenu par le duc de Montmorency et la princesse douairière de Condé, représentant le Roi et la Reine-mère ([2]).

Mort le 11 décembre 1686 au château de Fontainebleau ([3]).

Marié [par contrat passé au Louvre le 7 février 1641 ([4])], dans la chapelle du Palais-Cardinal, à Paris, le 11 février 1641, à *Claire-Clémence de Maillé*, duchesse de Fronsac et de Caumont, marquise de Brézé, etc., fille d'Urbain de Maillé, marquis de Brézé, maréchal de France, et de Nicole du Plessis-Richelieu ([5]); appelée *mademoiselle de Brézé*; née vers 1620; morte le 16 avril 1694 ([6]), reléguée au château de Châteauroux. — Appelée la *duchesse d'Anguien* ou *d'Enghien*, puis la *princesse de Condé* et *Madame la Princesse*.

ENFANTS NÉS DE CE MARIAGE.

1. HENRI-JULES, prince de Condé, qui suit.

2. **Louis de Bourbon**, appelé le *duc de Bourbon*, né à Bordeaux le 20 septembre 1652; baptisé en la cathédrale de Bordeaux le 18 février 1655 ([7]); mort à Bordeaux le 11 avril 1653.

3. **N... de Bourbon**, appelée *Mademoiselle de Bourbon*, née à Bréda en 1657; morte le 28 septembre 1660, à Paris ([8]).

V. **HENRI-JULES** de Bourbon, prince de Condé, duc de Bour-

([1]) Le prince de Condé (Louis-Joseph) dit, dans les *Mémoires pour servir à l'histoire de la maison de Condé*, Paris, 1820, 2 vol. in-8°, t. I, p. 9, que le Grand Condé naquit le 7 septembre.

([2]) *Mercure françois*, 1626, p. 500 et suivantes.

([3]) *Gazette*, 1686, p. 724. — Dangeau. — *Sépulture :* Église de Vallery; son cœur, aux Jésuites de la maison professe de Saint-Louis de Paris.

([4]) *Gazette*, 1641, p. 68.

([5]) Claire-Clémence de Maillé était nièce du cardinal-duc de Richelieu.

([6]) *Gazette*, p. 204. — Dangeau.

([7]) Le P. Anselme.

([8]) *Gazette*, 1660, p. 910. — *Sépulture :* Couvent des Carmélites du faubourg Saint-Jacques.

bon, d'Enghien, de Châteauroux, de Montmorency et de Bellegarde, pair de France (¹). — Du vivant de son grand-père (1643-1646), il est appelé le *duc d'Albret*; du vivant de son père (1646-1686), il est appelé le *duc d'Anguien ou d'Enghien et Monsieur le Duc* (²); après la mort de son père, il prend le nom de *prince de Condé* par ordre du Roi du 16 décembre 1686 (³), et est dès lors appelé *Monsieur le prince de Condé et Monsieur le Prince.*

Né le 29 juillet 1643 à Paris (⁴).

Baptisé à Saint-Sulpice, à Paris, le 12 décembre 1643, tenu par le cardinal Mazarin et la princesse de Condé (⁵).

Mort à Paris le 1ᵉʳ avril 1709 (⁶).

Marié à Paris, en la chapelle du Louvre, le 11 décembre 1665 (⁷), à *Anne de Bavière* (⁸), fille d'Édouard de Bavière, prince palatin du Rhin, et d'Anne de Gonzague-Clèves, princesse palatine (⁹); née le 13 mars 1648 (¹⁰); morte à Paris, au Petit-Luxembourg, le 23 février 1723 (¹¹). — Appelée d'abord la *duchesse d'Anguien ou d'Enghien et Madame la Duchesse;* du 16 décembre 1686 au 1ᵉʳ avril 1709, *Madame la princesse de Condé et Madame la Princesse* (¹²); du 1ᵉʳ avril 1709 au 4 mars 1710, *Madame la duchesse*

(¹) Louis XIV ne donna à Henri-Jules de Bourbon, après la mort de son père, ni le rang, ni les prérogatives de premier prince du sang, parce que Monsieur s'y opposait, prétendant que M. le duc de Chartres, son fils, était le premier prince du sang, ce qui était véritable. (*Mém. du marquis de Sourches*, décembre 1686, t. II, p. 255.)

(²) C'est le premier des Condé qui ait porté le nom de *Monsieur le Duc;* son père était déjà appelé Monsieur le Duc tout court par Bussy-Rabutin, mais comme duc d'Enghien (voy. note 10, p. 159).

(³) Dangeau.

(⁴) *Gazette*, p. 652. — *Journal d'Olivier Lefèvre d'Ormesson*, I, 87.

(⁵) *Gazette*, 1614, p. 24. — Le P. Anselme. — *Dictionnaire critique* de Jal.

(⁶) *Gazette*, 1709, p. 167. — Dangeau. — *Sépulture:* Église de Vallery; le cœur, en l'église de la maison professe de Saint-Louis des Jésuites de Paris.

(⁷) *Gazette*, 1665, p. 1227.

(⁸) Ou Anne Palatine de Bavière.

(⁹) Morte le 15 juillet 1684 (*Gazette*, p. 443).

(¹⁰) *L'Estat de la France*, 1708, t. II, p. 152, dit : née le 11 décembre 1647.

(¹¹) *Gazette*, 1723, p. 108. — *Sépulture:* Couvent des Carmélites du faubourg Saint-Jacques; son cœur, à l'abbaye de Maubuisson.

(¹²) On la désigne aussi quelquefois sous le nom de *Madame la Princesse (Palatine)*. — Luynes, *Mémoires*, VI, 286.

douairière de Bourbon et *Madame la princesse douairière
de Condé;* enfin, du 4 mars 1710 au 23 février 1723,
époque de sa mort, *Madame la duchesse première douairière de Bourbon.*

ENFANTS NÉS DE CE MARIAGE.

1. **Henri de Bourbon**, duc de Bourbon, né à Paris le 5
novembre 1667 [1]; mort à Paris, en l'hôtel de Condé, le 5
juillet 1670 [2].

2. LOUIS III, prince de Condé, qui suit.

3. **Henri de Bourbon** [3], comte de Clermont, né à Saint-
Germain-en-Laye le 3 juillet 1672 [4]; baptisé à Paris, en
la grande chapelle de l'hôtel de Condé, le 28 novembre 1672,
tenu au nom du Grand Condé par Henri d'Orléans, ancien
duc de Ventadour, chanoine de Notre-Dame, et par la duchesse de Longueville [5]; mort à Paris le 6 juin 1675 [6].

4. **Louis-Henri de Bourbon**, comte de la Marche, et, après
la mort du précédent, comte de Clermont [7]; né à Paris le
9 novembre 1673 [8]; mort à Paris, en l'hôtel de Condé, le
21 février 1677 [9].

5. **Marie-Thérèse de Bourbon**, appelée *Mademoiselle de
Bourbon;* née à Paris le 1er février 1666; baptisée aux Carmélites de la rue du Bouloy, à Paris, le 22 janvier 1670,
tenue par Monsieur et la Reine [10]; morte à Paris, en l'hôtel

---

[1] *Gazette*, 1667, p. 1261. — Le P. Anselme et Moréri se trompent en donnant
la date de 1657. — Olivier Lefèvre d'Ormesson se trompe aussi en disant le 5 octobre (*Journal*, II, 525).

[2] *Gazette*, 1670, p. 675. — *Sépulture :* Église de Vallery.

[3] Le procès-verbal de l'exhumation des corps des princes et princesses de la
maison de Condé (in-4°) l'appelle à tort Louis de Bourbon (p. 8).

[4] *Gazette*, 1672, p. 672. — Jal, *Dictionnaire critique de biographie et d'histoire.*

[5] *Gazette*, 1672, p. 1256. — Le P. Anselme. — Jal, *Dictionnaire critique.*

[6] *Gazette*, 1675, p. 408. — *Sépulture :* Église de Vallery.

[7] La *Gazette*, en annonçant sa mort, l'appelle encore le comte de la Marche.

[8] *Gazette*, 1675, p. 1084.

[9] *Gazette*, 1677, p. 159. — *Sépulture :* Église de Vallery.

[10] *Gazette*, 1670, p. 96. — Le P. Anselme.

de Conty, le 22 février 1732 (¹); mariée en la chapelle du château de Versailles, le 29 juin 1688 (²), à *François-Louis de Bourbon*, prince de Conty. — Appelée successivement : *Mademoiselle de Bourbon*, la *princesse de Conty* et la *princesse de Conty seconde douairière*.

6. **Anne de Bourbon**, appelée *Mademoiselle d'Enghien*; née à Paris le 11 novembre 1670 (³); baptisée à Paris, en la chapelle de l'hôtel de Condé, le 16 novembre 1670, tenue par le roi de Pologne Jean-Casimir et Anne de Gonzague (⁴); morte à Paris le 27 mai 1675 (⁵).

7. **Anne-Louise** (⁶) **de Bourbon**, appelée en naissant *Mademoiselle d'Enghien* (⁷), et, à la fin de décembre 1690, *Mademoiselle de Condé* (⁸) ; née à Paris le 11 août 1675 (⁹); baptisée en la chapelle du château de Versailles le 25 juillet 1685, tenue par le Dauphin et la Dauphine (¹⁰); morte le 23 octobre 1700, sur les dix heures du soir, à Paris, sans avoir été mariée (¹¹).

8. **Louise-Bénédicte** (¹²) **de Bourbon**, appelée d'abord

(¹) *Gazette*, 1732, p. 108. — Journal manuscrit des archives du château de Dampierre. — *Sépulture :* Église de Saint-André des Arcs.

(²) *Gazette*, 1688, p. 556. — Dangeau. — Registres de Notre-Dame de Versailles.

(³) *Gazette*, 1670, p. 1167.

(⁴) *Gazette*, 1670, p. 1167. — Le P. Anselme. — Jal, *Dictionnaire critique*.

(⁵) *Gazette*, 1675, p. 592 et 408. — *Sépulture :* Couvent des Carmélites du faubourg Saint-Jacques.

(⁶) Le P. Anselme dit : *Anne-Marie-Victoire*. C'est une erreur évidente. Le registre des baptêmes de la paroisse de Notre-Dame de Versailles dit formellement que, le 25 juillet 1685, on a baptisé *Anne-Louise de Bourbon*, née à Paris le 11 août 1675, et la jeune princesse a signé elle-même : *A.-L. de Bourbon*.

(⁷) C'est le nom qu'elle porte le jour de son baptême, le 25 juillet 1685. (*Gazette*, p. 440, et Dangeau, I, 200.) — Voy. la note mise à la date de la naissance de la princesse qui suit (note 3, p. 164).

(⁸) « Mademoiselle d'Enghien prit le nom de Mademoiselle de Condé, par décision du Roi, après la naissance de sa nièce, Marie-Anne-Gabrielle-Éléonore de Bourbon-Condé, née le 22 décembre 1690. » (Dangeau, 30 décembre 1690.)

(⁹) Registres des baptêmes de Notre-Dame de Versailles, au 25 juillet 1685.

(¹⁰) *Gazette*, 1685, p. 440. — Registres de Notre-Dame de Versailles.

(¹¹) *Gazette*, 1700, p. 548. — Moréri. — Dangeau. — *Sépulture :* Couvent des Carmélites du faubourg Saint-Jacques.

(¹²) Le P. Anselme dit : *Anne-Louise-Bénédicte*. C'est une erreur; la princesse a toujours signé Louise-Bénédicte et n'a eu que les deux noms de Louise-Bénédicte à son baptême (voy. *Gazette*, 1685, p. 428) ; en annonçant sa mort, la *Gazette* l'appelle encore : Louise-Bénédicte.

Mademoiselle de Condé (¹), puis *Mademoiselle de Charolais* (²); née le 8 novembre 1676 (³); baptisée à Paris, en la chapelle de l'hôtel de Condé, le 19 juillet 1685, tenue par le Grand Condé et la princesse palatine Bénédicte-Henriette-Philippe, veuve de Jean-Frédéric, duc de Brunswick-Hanover (⁴); morte à Paris, dans son hôtel de la rue de Varennes, le 23 janvier 1753 (⁵); mariée à Versailles, le 19 mars 1692 (⁶), au *duc du Maine*, fils légitimé de Louis XIV.

9. **Marie-Anne de Bourbon**, appelée d'abord *Mademoiselle de Montmorency* (⁷), puis *Mademoiselle d'Enghien* (⁸); née le 24 février 1678; baptisée à Paris, en la chapelle de l'hôtel de Condé, le 8 février 1680, tenue par le prince de la Roche-sur-Yon et la princesse de Conty (⁹); morte à Paris le 11 avril 1718 (¹⁰); mariée, dans la chapelle du château

---

(¹) La *Gazette* de 1685 (p. 428) lui donne ce nom en parlant de son baptême (19 juillet). Quelques-uns, au contraire, disent qu'elle s'appelait Mademoiselle d'Enghien, ce qui ne paraît pas possible, car il y aurait eu à la fois deux Mademoiselle d'Enghien de 1676 à 1690. — L'*Estat de la France* (1708, t. II, p. 154) et le marquis de Sourches (I, 241) l'appellent aussi Mademoiselle de Condé.

(²) Elle figure sous ce nom au mariage de Mademoiselle de Blois avec le duc de Chartres, le 18 février 1692. (*Gazette*, p. 96.)

(³) Cette date, donnée par le P. Anselme, la *Gazette* (1753, p. 46), l'*Almanach royal* et l'*Estat de la France* (1708, t. II, p. 154), n'est pas d'accord avec l'âge de dix-sept ans et demi que cette princesse aurait eu le jour de son mariage, si l'on en croyait le registre des mariages de Notre-Dame de Versailles. Il est certain que le registre contient une erreur, car la duchesse du Maine est morte âgée de soixante-seize ans, deux mois et quinze jours, ce qui prouve qu'elle est née le 8 novembre 1676, tandis que si elle avait eu dix-sept ans et demi au moment de son mariage (mars 1692) elle aurait dû naître vers octobre 1675, ce qui est impossible, étant donnée la naissance de sa sœur Anne-Louise.

(⁴) *Gazette*, 1685, p. 428. — Le P. Anselme.

(⁵) *Gazette*, 1753, p. 56. — Luynes, XII, 588. — *Sépulture :* Église de Sceaux.

(⁶) *Gazette*, 1692, p. 123. — Dangeau. — Registres de Notre-Dame de Versailles.

(⁷) Elle fut baptisée sous ce nom le 8 février 1680. (*Gazette*, p. 96.)

(⁸) Il est évident que c'est à la fin de décembre 1690 que Anne-Louise, Louise-Bénédicte et Marie-Anne changent de nom. Nous le savons positivement pour la première; elle quitte le nom d'Enghien et prend le nom de Condé; la seconde quitte le nom de Condé et prend le nom de Charolais; la troisième prend le nom d'Enghien, devenu vacant par le changement de nom de la première, et, en effet, elle porte le nom d'Enghien en 1692, au mariage de sa sœur, Mademoiselle de Charolais. (*Gazette*, p. 123, et Dangeau, IV, 47.)

(⁹) *Gazette*, 1680, p. 96. — Le P. Anselme.

(¹⁰) *Gazette*, 1718, p. 180. — Dangeau. — *Sépulture :* Couvent des Carmélites du faubourg Saint-Jacques.

de Sceaux, le 15 mai 1710 (¹), à *Louis-Joseph de Bourbon*, duc de Vendôme.

10. **N... de Bourbon**, appelée *Mademoiselle de Clermont*, née à Paris le 17 juillet 1679 (²), morte à Paris le 17 septembre 1680 (³).

Enfant naturel.

JULIE DE BOURBON, née de Françoise de Montalais, veuve de Jean de Beuil, comte de Marans ; appelée d'abord *mademoiselle de Guenani* (⁴), puis, après sa légitimation, *mademoiselle de Châteaubriant;* née en 1668 ; légitimée en juin 1692 ; mariée à Paris, le 5 mars 1696 (⁵), à *Armand de Lesparre-de Madaillan*, marquis de Lassay (⁶) ; morte à Paris le 10 mars 1710 (⁷). — Madame la Duchesse (femme de Henri-Jules de Bourbon) avait donné à la marquise de Lassay le surnom de *Buson* (⁸).

VI. **LOUIS III** de Bourbon, prince de Condé, duc de Bourbon, d'Enghien, de Châteauroux, de Montmorency et de Bellegarde, prince du sang, pair de France; appelé d'abord *Monsieur le duc de Bourbon* ou *Monsieur de Bourbon*, et, à partir du 16 décembre 1686, *Monsieur le Duc* (⁹).

Né à Paris, en l'hôtel de Condé, le 11 octobre 1668.

Baptisé en la chapelle du vieux château de Saint-Germain le 16 janvier 1680 (¹⁰), tenu par le Roi et Madame (¹¹).

Mort subitement à Paris le 4 mars 1710 (¹²).

(¹) Registres de la paroisse de Sceaux; Dangeau et Moréri. — La *Gazette* (1710, p. 252) dit le 21 ; elle répète cette erreur en 1712 (p. 525-24) et en 1718 (p. 180). — Le P. Anselme dit aussi le 21.

(²) *Gazette*, 1679, p. 548.

(³) *Gazette*, 1680, p. 508. — *Sépulture :* Couvent des Carmélites du faubourg Saint-Jacques, suivant le P. Anselme ; mais son cercueil était dans l'église de Vallery, suivant le procès-verbal d'exhumation cité page 156, note 1.

(⁴) Anagramme du nom d'Anguien.

(⁵) Dangeau. — Moréri dit le 6 mars.

(⁶) Le marquis de Lassay mourut à Paris, le 21 février 1738, dans la quatre-vingt-sixième année de son âge. (*Gazette*, p. 108.)

(⁷) Dangeau. — *Sépulture :* Prieuré de Lassay, diocèse du Mans.

(⁸) *OEuvres de Chaulieu*, ép. VII, à Madame la Duchesse.

(⁹) Cette décision du Roi est rapportée par Dangeau.

(¹⁰) Le P. Anselme dit à tort en 1679.

(¹¹) *Gazette*, 1680, p. 55.

(¹²) *Gazette*, 1710, p. 120.— Dangeau.—La *Gazette* dit qu'il mourut dans la nuit du 5. — *Sépulture :* Église de Vallery ; son cœur, aux Jésuites, rue Saint-Antoine, à Paris.

Marié à Versailles, le 24 juillet 1685 ([1]), à *Louise-Françoise de Bourbon*, Mademoiselle de Nantes, fille légitimée de Louis XIV ; née à Tournay le 1er juin 1673 ([2]) ; morte à Paris, au Palais-Bourbon, le 16 juin 1743 ([3]). — Appelée, de 1685 au 4 mars 1710, *Madame la duchesse de Bourbon* et *Madame la Duchesse* ; du 4 mars 1710 au 23 février 1723 (date de la mort de la princesse de Condé, première douairière, veuve de Henri-Jules), *Madame la duchesse seconde douairière de Bourbon* ; du 23 février 1723 au 27 janvier 1740 (date de la mort de Louis-Henri, prince de Condé), *Madame la duchesse de Bourbon douairière* ; du 27 janvier 1740 au 14 juin 1741 (date de la mort de Charlotte de Hesse-Rheinfeld, seconde femme de Louis-Henri, prince de Condé), *Madame la duchesse première douairière de Bourbon* ; enfin, depuis le 14 juin 1741, *Madame la duchesse douairière de Bourbon.*

ENFANTS NÉS DE CE MARIAGE.

1. LOUIS-HENRI, prince de Condé, qui suit.

2. **Charles de Bourbon**, comte de Charolais, pair de France ; né à Versailles le 19 juin 1700 ([4]) ; mort à Paris, dans sa petite maison de la barrière Montmartre, le 22 juillet 1760 ([5]), laissant deux enfants naturels, nés de *Marguerite Caron de Rancurel*, dame de Lassone, légitimés en novembre 1769 :

a. MARIE-MARGUERITE DE BOURBON-CHAROLAIS, mademoiselle de Bourbon, née le 17 août 1752 ([6]) ; morte après 1830 ; mariée, en 1769 ([7]), à

([1]) *Gazette,* 1685, p. 440. — Registres de Notre-Dame de Versailles.

([2]) *Mém. de Mademoiselle de Montpensier,* IV, 593, édit. Charpentier.

([3]) *Gazette,* 1743, p. 504. — Luynes. — *Sépulture :* Aux Carmélites du faubourg Saint-Jacques.

([4]) Dangeau.

([5]) *Gazette,* 1760, p. 358. — Barbier. — *Sépulture :* A Enghien ; son cœur, aux Jésuites de la maison professe.

([6]) La date de la naissance de Marie-Marguerite de Bourbon m'a été communiquée par M. le comte de Chastellux, qui l'a relevée sur le registre de la paroisse de Saint-Roch, où elle a été baptisée le 18.

([7]) Le Roi et la famille royale signèrent le contrat de mariage le 16 décembre

Denis-Nicolas, *comte du Puget*, lieutenant-colonel des grenadiers royaux.

b. CHARLOTTE-MARGUERITE-ÉLISABETH DE BOURBON-CHAROLAIS, mademoiselle de Bourbon, née le 1ᵉʳ août 1754 ; morte après 1830 ; mariée, par contrat du 3 février 1772 (¹), à *François-Xavier-Joseph-Woldemar*, comte de Lowendahl, brigadier des armées du Roi (²).

Le comte de Charolais a eu aussi un fils de la Delisle, danseuse de l'Opéra ; il mourut à Versailles, en 1723, âgé de six ou huit mois (³).

3. **Louis de Bourbon**, comte de Clermont, abbé de Saint-Germain, du Bec, de Saint-Claude, de Marmoutiers, etc., généralissime des armées du Roi, membre de l'Académie française le 1ᵉʳ décembre 1754 ; né à Versailles le 15 juin 1709 (⁴) ; baptisé à Paris, en la chapelle du château des Tuileries, le 15 novembre 1717, tenu par le Roi et la duchesse de Berry (⁵) ; mort à Paris le 16 juin 1771 (⁶). — Le comte de Clermont épousa, dit-on, mademoiselle Leduc ou Le Duc, appelée à Berny la marquise de Tourvoie (⁷) ; il en eut deux enfants (⁸), dont l'un, *l'abbé Leduc*, obtint, en novembre 1785, la permission de porter le nom *d'abbé de Vendôme* (⁹).

4. **Marie-Anne-Gabrielle-Éléonore de Bourbon** (¹⁰), ap-

1769 (*Gazette*, p. 851), et la comtesse du Puget fut présentée au Roi et à la famille royale le 30 décembre. (*Gazette*, 1770, p. 7.)

(¹) Le Roi et la famille royale signèrent le contrat de mariage de *Mademoiselle de Bourbon* le 2 février (*Gazette*, 1772, p. 97), et la comtesse de Lowendahl fut présentée au Roi et à la famille royale le 9 février. (*Gazette*, p. 115.)

(²) Presque tous les renseignements relatifs aux deux filles naturelles du comte de Charolais m'ont été donnés par M. Parent de Rosan.

(³) Barbier, mai 1723 (*Journal*, 1, 275, édit. Charpentier).

(⁴) Dangeau.

(⁵) *Gazette*, 1717, p. 220. — Le P. Anselme.

(⁶) *Gazette*, 1771, p. 400. — *Sépulture :* A Enghien ; son cœur, à l'église de Saint-Louis, rue Saint-Antoine.

(⁷) Tourvoie était un petit castel situé au bout du parc de Berny, que mademoiselle Leduc avait acheté. (COLLÉ, *Journal historique*, 24 août 1751.)

(⁸) Sainte-Beuve, *Nouveaux Lundis*, XI, p. 172 et 160.

(⁹) *Correspondance secrète inédite*, etc., publiée par M. de Lescure, à la date du 5 novembre 1785, t. I, p. 606.

(¹⁰) Dangeau, qui fut le parrain de cette princesse pour le roi d'Angleterre, dit qu'on lui donna les noms de *Marie-Éléonore-Gabrielle* ; qu'elle fut confirmée un quart d'heure après, et qu'on ajouta les noms de *Louise-Françoise* (IX, p. 286).

pelée *Mademoiselle de Bourbon* en naissant, puis *Madame de Bourbon*; religieuse à Fontevrault en 1707 [1]; nommée abbesse de Maubuisson le 26 octobre 1719 [2] et refuse [3]; nommée abbesse de Saint-Antoine des Champs le 9 mai 1723 [4]. — Née à Versailles le 22 décembre 1690 [5]; baptisée à Fontevrault le 5 septembre 1703, tenue, au nom du roi d'Angleterre, par le marquis de Dangeau [6]; morte, le 28 août 1760 [7], à Villejuif, en la communauté de la Saussaye, où elle était reléguée [8].

5. **Louise-Élisabeth de Bourbon**, appelée d'abord *Mademoiselle de Charolais*, puis, en 1707 [9], *Mademoiselle de Bourbon*; née à Versailles le 22 novembre 1693 [10]; baptisée en la chapelle du château de Versailles le 24 novembre 1698, tenue par le Dauphin et Madame, duchesse d'Orléans [11]; morte à Paris le 27 mai 1775 [12]; mariée en

---

[1] Le jour varie suivant les auteurs. La *Gazette* de 1707 (p. 355), à la date du 16 juillet, dit : Ces jours passés, la Princesse fille aînée du duc de Bourbon fit profession en l'abbaye de Fontevrault. — La *Gazette* de 1760 (p. 431), et l'*Estat de la France*, 1757, t. II, p. 414, disent le 20 mai; d'autres disent le 26 mai.

[2] Dangeau.

[3] Dangeau, 15 décembre 1719.

[4] *Gazette*, 1723, p. 240.

[5] *Gazette*, 1690, p. 680. — Dangeau.

[6] Dangeau, IX, p. 286.

[7] *Gazette*, 1760, p. 431.

[8] Elle fut inhumée cependant à Saint-Antoine des Champs. (*Gazette*, 1760, p. 431.)

[9] Cette princesse, appelée Mademoiselle de Charolais en naissant (Dangeau), porte encore ce nom le jour de son baptême, 24 novembre 1698 (*Gazette*, 1698, p. 475), et encore le 6 mars 1707 (Dangeau). Il lui donne son nouveau nom, Mademoiselle de Bourbon, le 27 novembre 1707, et dès lors nous la trouvons toujours appelée ainsi dans la *Gazette* (1712, p. 215; 1715, p. 96, etc.) et dans les registres de Notre-Dame de Versailles. — *Louise-Anne de Bourbon*, sa sœur, porte encore son premier nom de Mademoiselle de Sens le 6 mars 1707 (Dangeau); mais je ne trouve son second nom que le 7 avril 1709 (Dangeau). — *Élisabeth-Alexandrine de Bourbon* est appelée en naissant Mademoiselle de Gex (Dangeau, X, 420), et son second nom, Mademoiselle de Sens, se trouve en 1712 dans l'*Almanach royal*.

Il nous paraît évident que le changement de nom de ces trois princesses s'est effectué après que Mademoiselle de Bourbon a eu pris l'habit à Fontevrault, en mai 1707; Louise-Élisabeth a pris alors le nom, devenu vacant, de Mademoiselle de Bourbon, nom de la fille aînée des princes de Condé; Louise-Anne a pris le nom de Mademoiselle de Charolais que quittait Louise-Élisabeth; et Élisabeth-Alexandrine a pris le nom de Mademoiselle de Sens que quittait Louise-Anne.

[10] *Gazette*, 1693, p. 614.— Dangeau. — Registres de Notre-Dame de Versailles.

[11] *Gazette*, 1698, p. 475.— Dangeau. —Registres de Notre-Dame de Versailles.

[12] *Gazette*, 1775, p. 396. — *Sépulture :* A Saint-Sulpice.

la chapelle du château de Versailles le 9 juillet 1715 (¹), à
Louis-Armand de Bourbon, prince de Conty.

6. **Louise-Anne de Bourbon**, appelée d'abord *Mademoiselle de Sens*, puis, en 1707, *Mademoiselle de Charolais*.
En 1734, le Roi lui donne le titre de *Mademoiselle* (²),
qu'elle conserve jusqu'en juillet 1745, époque de la naissance de la fille du duc de Chartres, à laquelle il passe de
droit; elle reprend alors le nom de *Mademoiselle de Charolais*, et le garde jusqu'en décembre 1745, époque de la
mort de Mademoiselle, fille du duc de Chartres; elle reprend alors le titre de *Mademoiselle* (³), et le porte jusqu'en 1750, époque à laquelle il passe à Louise-Marie-Thérèse-Bathilde d'Orléans, fille de Louis-Philippe Iᵉʳ, duc
d'Orléans, née le 9 juillet. Louise-Anne de Bourbon reprend
pour la troisième fois le nom de *Mademoiselle de Charolais*
et le porte jusqu'à sa mort. — Née à Versailles le 23 juin
1695 (⁴); baptisée en la chapelle du château de Versailles le
24 novembre 1698, tenue par le duc de Bourgogne et la
duchesse de Chartres (⁵); morte à Paris le 8 avril 1758 (⁶).

7. **Marie-Anne de Bourbon**, appelée *Mademoiselle de Clermont*, surintendante de la maison de la Reine; née à Paris
le 16 octobre 1697 (⁷); baptisée à Paris, en la chapelle de
l'hôtel de Condé, le 29 août 1700, tenue par le prince de
Condé, son aïeul, et la princesse douairière de Conty (⁸);

(¹) *Gazette*, 1715, p. 356. — Dangeau. — Registres de Notre-Dame de Versailles.

(²) « Le titre de Mademoiselle, tout court, n'appartient qu'à la fille aînée du
frère du Roi. On vient cependant de donner ce titre éminent à Mademoiselle de
Charolai-, sœur de Monsieur le Duc. Cet acte est daté de Fontainebleau, en l'année
1734. » (*Journal de Narbonne*, publié par M. Le Roi, 1866, in-8°, p. 343.)

(³) Luynes, VII, 141.

(⁴) Registres de Notre-Dame de Versailles et Moréri. — Dangeau et l'*Estat de la
France* (1708, t. II, p. 154) disent le 22. — La *Gazette* (p. 323) ne fixe pas le
jour.

(⁵) *Gazette*, 1698, p. 475. — Dangeau. — Registres de Notre-Dame de Versailles.

(⁶) *Gazette*, 1758, p. 185. — Luynes. — *Sépulture :* Couvent des Carmélites du
faubourg Saint-Jacques.

(⁷) *Gazette*, 1697, p. 504. — L'*Estat de la France*, 1749, t. II, p. 421, dit : le 6
octobre.

(⁸) Le P. Anselme.

morte à Paris, au Petit-Luxembourg, le 11 août 1741 (¹) ; mariée en secret (²) à Louis de Melun, duc de Joyeuse, prince d'Épinoy, veuf le 13 avril 1717 d'Armande de la Tour-d'Auvergne, tué par un cerf à la chasse, à Chantilly, le 31 juillet 1724, dans la trentième année de son âge (³).

8. **Henriette-Louise-Marie-Françoise-Gabrielle de Bourbon**, appelée *Mademoiselle de Vermandois ;* prend l'habit de religieuse à l'abbaye royale de Beaumont-lez-Tours le 14 janvier 1727 (⁴) ; nommée abbesse de cette même abbaye en novembre 1733 (⁵). — Née le 14 janvier 1703 (⁶) ; baptisée en l'abbaye de Beaumont-lez-Tours le 14 janvier 1727, tenue par l'archevêque de Tours et madame de Rochechouart-de-Mortemar, abbesse de Beaumont (⁷) ; morte le 19 septembre 1772, dans son abbaye (⁸).

9. **Élisabeth-Alexandrine de Bourbon**, appelée *Mademoiselle de Gex* en naissant, et en 1707 *Mademoiselle de Sens ;* née à Paris le 16 septembre 1705 (⁹) ; baptisée à Paris, à Saint-Sulpice, le 8 octobre 1708, tenue par le comte de Toulouse et Mademoiselle de Charolais (¹⁰) ; morte à Paris le 15 avril 1765 (¹¹).

(¹) *Gazette,* 1741, p. 396. — Luynes. — Argenson. — *Sépulture :* Aux Carmélites du faubourg Saint-Jacques.

(²) Lémontey, *Hist. de la Régence,* II, 157.

(³) *Gazette,* 1724, p. 401. — Voy. aussi la *Gazette* de 1717, p. 192. — Mathieu Marais dit qu'il mourut le 1ᵉʳ août.

(⁴) Le même jour, elle y fut baptisée, confirmée, et y fit sa première communion. (*Gazette,* 1727, p. 72.)

(⁵) *Gazette,* 1733, p. 551.

(⁶) Dangeau. — L'*Almanach royal,* l'*Estat de la France,* 1737, t. II, p. 414, et Moréri, disent le 15.

(⁷) *Gazette,* 1727, p. 72.

(⁸) *Gazette,* 1772, p. 709. — *Sépulture :* En son abbaye.

(⁹) Dangeau. — Le P. Anselme dit qu'elle est née le mercredi 15 septembre ; il se trompe, car le 15 septembre est un mardi, et c'est bien le mercredi qui est le 16.

(¹⁰) Le P. Anselme.

(¹¹) *Gazette,* 1765, p. 247. — Mademoiselle de Sens, suivant l'usage trop répandu au dix-huitième siècle, vécut maritalement avec le marquis de Langeron, son amant, pendant vingt ans. (*Journal historique* de Collé, 1ᵉʳ janvier 1751.) — *Sépulture :* Aux Carmélites du faubourg Saint-Jacques.

Enfant naturel.

Louise-Charlotte de Bourbon, mademoiselle de Dampierre (1), née et baptisée à Paris le 19 août 1700 (2); légitimée en juillet 1726; mariée, le 29 août 1726, à *Nicolas-Étienne de Chaugy*, comte de Roussillon, maréchal des camps et armées du Roi; morte à Paris le 5 octobre 1754 (3).

VII. LOUIS-HENRI de Bourbon, prince de Condé, etc., prince du sang, pair de France; appelé d'abord le *duc d'Enghien*, et, après la mort de son père, *Monsieur le Duc* et *Monsieur le duc de Bourbon;* premier ministre, de 1723 à 1726.

Né à Versailles le 18 août 1692 (4).

Baptisé en la chapelle du château de Versailles le 24 novembre 1698, tenu par le Roi et la duchesse de Bourgogne (5).

Mort en son château de Chantilly le 27 janvier 1740 (6).

Marié : 1° en la chapelle du château de Versailles, le 9 juillet 1713 (7), à *Marie-Anne de Bourbon*, mademoiselle de Conty, fille de François-Louis de Bourbon, prince de Conty; née à Paris le 18 avril 1689 (8); morte à Paris le 21 mars 1720 (9), sans enfants. — Appelée *Madame la Duchesse, Madame la duchesse de Bourbon* et quelquefois *Madame la Duchesse la jeune.*

2° Par procuration à Rothembourg sur la Fulde, le 27 juin 1728, et en personne à Sarri (10), le 23 juillet suivant (11), à

---

(1) Moréri.

(2) Registres de la paroisse de Saint-Sauveur et *Additions* du P. Anselme. — Moréri dit qu'elle fut baptisée à Saint-Séverin le 17. —Sa mère s'appelait madame de Blanchefort.

(3) *Gazette*, 1754, p. 492. — Luynes, XIII, 506. — Son inhumation eut lieu le 6, à Saint-Sulpice.

(4) *Gazette*, 1692, p. 452.—Dangeau. — Registres de Notre-Dame de Versailles.

(5) *Gazette*, 1698, p. 475. — Dangeau. — Registres de Notre-Dame de Versailles.

(6) *Gazette*, 1740, p. 60. — Luynes. — D'Argenson, édit. Rathery, II, 599. — *Sépulture :* A Enghien, dans le caveau qui est destiné à servir, dans la suite, de sépulture aux princes de Bourbon-Condé. (*Gazette*, 1740, p. 96.)

(7) *Gazette*, 1713, p. 556. — Dangeau. — Registres de Notre-Dame de Versailles.

(8) *Gazette*, 1689, p. 192. — Dangeau.

(9) *Gazette*, 1720, p. 156. — Dangeau.

(10) Maison de campagne de l'évêque de Châlons.

(11) *Gazette*, 1728, p. 572. — *Estat de la France*, 1737, t. II, p. 418.

Caroline ou *Charlotte de Hesse-Rheinfeld* (¹)-*Rothembourg*, fille d'Ernest-Léopold, landgrave de Hesse-Rheinfeld-Rothembourg, et d'Éléonore-Marie-Anne de Lœwenstein-Wertheim; née le 18 août 1714 (²); morte à Paris, en l'hôtel de Condé, le 14 juin 1741 (³). — Appelée *Madame la Duchesse*, *Madame la duchesse de Bourbon*, et, depuis la mort de son mari, la *duchesse de Bourbon seconde douairière*.

ENFANT NÉ DE CE MARIAGE.

LOUIS-JOSEPH, prince de Condé, qui suit.

Enfant naturel (⁴).

HENRIETTE DE BOURBON, mademoiselle de Verneuil, née en 1725 de madame de Nesle (⁵); légitimée en octobre 1759 (⁶); mariée, le 16 novembre 1740, à *Jean de Laguiche*, dit le *comte de Laguiche*, colonel–lieutenant du régiment de Condé-cavalerie, depuis lieutenant-général des armées du Roi, mort en 1770 (⁷).

VIII. **LOUIS-JOSEPH** de Bourbon, prince de Condé, appelé le *prince de Condé* depuis sa naissance jusqu'à sa mort. Né à Paris le 9 août 1736 (⁸).

(¹) Ou Rheinfels.

(²) *Gazette*, 1741, p. 287. — Luynes, III, 89. — *Additions* du P. Anselme. — *Almanach royal*.

(³) *Gazette*, 1741, p. 287. — Luynes. — *Sépulture:* Aux Carmélites du faubourg Saint-Jacques.

(⁴) Si l'on en croyait le marquis d'Argenson, Louis-Henri de Bourbon-Condé serait le père de Madame de Châteauroux, fille d'Armande-Félice de la Porte-Mazarin, mariée à Louis de Mailly-Nesle. « Madame de la Tournelle, dit d'Argenson (IV, 40), a 40,000 livres de rente, tant de la dot que lui a constituée Monsieur le Duc, qui s'est cru son père, que de son défunt mari. » — Marie-Anne de Mailly-Nesle naquit en octobre 1717 et mourut le 28 décembre 1744; elle épousa, le 19 juin 1754, Jean-Louis, marquis de la Tournelle, mort le 23 novembre 1740, et fut créée duchesse de Châteauroux en décembre 1743.

(⁵) *Journal du marquis d'Argenson* (édit. Rathery), II, 507.

(⁶) Enregistré au Parlement le 19 décembre. (Communiqué par M. Parent de Rosan.)

(⁷) Voy. sur Mademoiselle de Verneuil : Luynes, III, 85 et 276, et *Dictionnaire de la noblesse*, nouvelle édition. — M. de Laguiche était neveu à la mode de Bretagne de M. de Lassay. (L'orthographe de la famille est Laguiche et non pas La Guiche.)

(⁸) *Gazette*, 1736, p. 384. — Moréri. — Registres de Notre-Dame de Versailles.

Baptisé en la chapelle du château de Versailles le 29 no-vembre 1742, tenu par le Roi et la Reine ([1]).

Mort à Paris, au Palais-Bourbon, le 13 mai 1818 ([2]).

Marié : 1° en la chapelle du château de Versailles, le 3 mai 1753 ([3]), à *Charlotte-Godefride-Élisabeth, princesse de Rohan-Soubise* ([4]), fille de Charles de Rohan, prince de Soubise et d'Épinoy, pair de France, maréchal de France, et d'Anne-Marie-Louise de la Tour-d'Auvergne, princesse de Bouillon, appelée mademoiselle de Soubise ; née le 7 octobre 1737 ; morte à Paris, en l'hôtel de Condé, le 4 mars 1760 ([5]) ; — 2° le 24 octobre 1798 ([6]), à *Marie-Ca-therine de Brignole*, princesse douairière de Monaco ([7]), fille de Joseph-Marie de Brignole ; née vers 1734 ; morte en Angleterre, à Wimbledon, le 28 mars 1813, à soixante-dix-neuf ans et demi ([8]).

ENFANTS NÉS DU PREMIER MARIAGE.

1. LOUIS-HENRI-JOSEPH, prince de Condé qui suit.

2. **Marie de Bourbon**, appelée *Mademoiselle de Bourbon*,

([1]) *Gazette*, 1742, p. 582. — Registres de Notre-Dame de Versailles.

([2]) *Moniteur universel*, 1818, p. 595. — *Sépulture :* Abbaye royale de Saint-Denis.

([3]) *Gazette*, 1753, p. 215. — Luynes. — Registres de Notre-Dame de Versailles.

([4]) Mademoiselle de Soubise descendait de Henri IV et de Gabrielle d'Estrées par : *Henriette, duchesse d'Elbeuf*, leur fille ; — *François, comte de Lillebonne*, son quatrième fils, né en 1624, mort en 1694 ; — *Élisabeth*, sa fille, née en 1664, morte en 1748, mariée en 1691 à Louis de Melun, comte d'Épinoy ; — *Anne-Julie-Adélaïde*, sa fille, morte en 1724, mariée en 1714 à Jules-François-Louis de Rohan, prince de Soubise ; — *Charles de Rohan*, prince de Soubise et d'Épinoy.

([5]) Registres de Saint-Sulpice. — La *Gazette* (1760, p. 116) dit dans la nuit du 4 au 5 mars. — Barbier, le *Calendrier de la Cour* et le président Lévy (*Journal historique du règne de Louis XV*) disent que la princesse de Condé mourut le 5. — *Sépulture :* Aux Carmélites du faubourg Saint-Jacques.

([6]) Cette date m'a été communiquée par M. Parent de Rosan.

([7]) Mariée en 1757 à Honoré III, prince de Monaco ; séparée en 1762. — Voy. sur madame de Monaco et son procès en séparation contre son mari, *l'Espion anglais*, 1, 147.

([8]) Le *Calendrier de la Cour* pour 1818 dit Wimbleden ; nous croyons qu'il faut lire, au lieu de Wimbleden, Wimbledon, qui est le nom d'une localité près de Londres.

née à Paris le 16 février 1755 (¹); baptisée à Paris, à Saint-
Sulpice, le 18 juillet 1756, tenue par François du Gout-du
Bouzet, écuyer, capitaine de cavalerie, et par Marie-Fran-
çoise-Marguerite du Guesclin; morte à Paris le 22 juin
1759 (²).

5. **Louise-Adélaïde de Bourbon**, appelée *Mademoiselle de
Condé*; en 1770, elle prend le titre de *Mademoiselle*, quand
Louise-Marie-Thérèse-Bathilde d'Orléans se marie à Louis-
Henri-Joseph de Bourbon, prince de Condé, et conserve ce
titre jusqu'au 5 août 1776, époque de la naissance de N...
d'Artois, fille du comte d'Artois; elle reprend alors son
nom de *Mademoiselle de Condé*. — Née à Paris le 5 octobre 1757 (³); baptisée en la chapelle du château de Versailles le 3 avril 1770, tenue par le Dauphin et Madame
Adélaïde (⁴); morte à la maison religieuse du Temple, à
Paris, le 10 mars 1824 (⁵). — Élue abbesse de l'insigne
chapitre de l'église de Saint-Pierre de Remiremont, le 22
août 1786; religieuse aux Carmélites de Turin, sous le
nom de *Sœur Marie-Joseph;* religieuse aux Bénédictines
de l'Adoration perpétuelle, à Varsovie; enfin prieure des
Dames Bénédictines de l'Adoration perpétuelle du Saint-
Sacrement, établies au Temple de Paris.

Enfant naturel.

MADAME DE SAINT-ROMAIN, religieuse de Meaux; en 1806, au couvent de
Breslau, en Silésie (⁶).

IX. **LOUIS-HENRI-JOSEPH** de Bourbon, prince de Condé,
appelé, par décision du Roi, *Monsieur le duc de Bourbon;* il

---

(¹) *Gazette*, 1755, p. 96. — Luynes.
(²) *Gazette*, 1759, p. 518. — *Sépulture :* Aux Carmélites du faubourg Saint-
Jacques.
(³) Registres de la paroisse de Saint-Sulpice. — *Gazette*, 1757, p. 552. — *Calendrier de la Cour.* — *Almanach royal.* — Le duc de Luynes dit le 6 octobre, ainsi
que les registres des baptêmes de Notre-Dame de Versailles.
(⁴) *Gazette*, 1770, p. 223. — Registres de Notre-Dame de Versailles.
(⁵) *Moniteur universel*, 1824, p. 283 et 285. — *Sépulture :* Au Temple, à Paris.
(⁶) Testament du prince de Condé, reproduit dans : *L'Assassinat du dernier
des Condé*, etc., par l'abbé Pélier de Lacroix, 1852, in-8°, p. 148.

ne prend le nom de *prince de Condé* que dans le mois d'août
1830 [1].

Né à Paris le 13 avril 1756 [2].

Baptisé en la chapelle du château de Versailles le 24 septembre 1765, tenu par le Roi et la Reine [3].

Mort dans la nuit du 26 au 27 août 1830, au château de
Saint-Leu [4].

Marié en la chapelle du château de Versailles, le 24 avril
1770 [5], à *Louise-Marie-Thérèse-Bathilde d'Orléans*, appelée *Mademoiselle*, fille de Louis-Philippe 1er, duc d'Orléans; née à Saint-Cloud le 9 juillet 1750 [6]; morte subitement à Paris le 10 janvier 1822 [7]. — Appelée *Madame
la duchesse de Bourbon*.

ENFANT NÉ DE CE MARIAGE.

Louis-Antoine-Henri de Bourbon, duc d'Enghien, né à
Chantilly le 2 août 1772 [8]; baptisé en la chapelle du
château de Versailles le 17 mai 1785, tenu par le Roi et la
Reine [9]; fusillé à Vincennes le 21 mars 1804 [10]. —
M. Garnier dit que le duc d'Enghien avait épousé en secret,

---

[1] Pendant son séjour au camp de Saint-Roch, devant Gibraltar, en 1782, où il
servit comme volontaire, il porta le nom de *comte de Dammartin*. (*Gazette*,
1782, p. 523.)

[2] *Gazette*, 1756, p. 190. — Registres de Notre-Dame de Versailles.

[3] *Gazette*, 1765, p. 615. — Registres de Notre-Dame de Versailles.

[4] Le 27 août 1830, vers les neuf heures du matin, le corps du prince de Condé
fut trouvé accroché, au moyen de deux mouchoirs de poche, à l'agrafe supérieure
des volets d'une croisée de sa chambre à coucher, les deux pieds touchant par le
bout le tapis de ladite chambre. Le Prince s'était-il pendu, ou avait-il été assassiné, puis suspendu à la fenêtre pour faire croire à un suicide? — *Sépulture:* A
Saint-Denis, quoiqu'il eût écrit: « Je veux être enterré à Vincennes, auprès de
mon fils. »

[5] *Gazette*, 1770, p. 269. — Registres de Notre-Dame de Versailles.

[6] *Gazette*, 1750, p. 548. — Luynes.

[7] *Moniteur*, 1822, p. 45 et 46. — La duchesse de Bourbon, frappée d'apoplexie
dans l'église de Sainte-Geneviève, fut transportée à l'École de droit, où elle mourut chez M. Grapp, professeur à ladite école. — *Sépulture:* A Dreux.

[8] *Gazette*, 1772, p. 585. — Registres de Notre-Dame de Versailles.

[9] *Gazette*, 1785, p. 172. — Registres de Notre-Dame de Versailles.

[10] Le corps du duc d'Enghien fut exhumé des fossés du château de Vincennes le
20 mars 1816 (*Moniteur*, p. 335, 342 et 369) pour être inhumé dans la chapelle de
Vincennes.

en 1794, *Clémentine-Charlotte-Henriette de Rohan-Roche-fort*, née en 1786, morte en 1850. Il suffit de faire remarquer qu'en 1794, date de ce prétendu mariage, Clémentine-Charlotte n'avait que huit ans, pour mettre en évidence l'impossibilité de ce mariage, dont aucun historien de la maison de Bourbon n'a parlé. D'ailleurs, l'amie du duc d'Enghien était sa cousine *Charlotte-Louise-Dorothée de Rohan*, née le 25 octobre 1767, âgée de cinq ans de plus que le Prince (¹).

Enfants naturels du duc de Bourbon.

a. Adélaïde-Charlotte-Louise, née, le 10 novembre 1780, de mademoiselle Michelot, et tenue au baptême par le prince de Soubise (²); mariée à *Patrice-Gabriel de Bernard-de Montessus, comte de Rully*, pair de France, premier gentilhomme de la chambre du duc de Bourbon.

b. Louise-Charlotte-Aglaé, née le 10 septembre 1782.

(¹) Communiqué par M. Parent de Rosan.
(²) *Correspondance secrète inédite*, etc., publiée par M. de Lescure, I, 554-557.

CHAPITRE V

LES COMTES DE SOISSONS

ISSUS DES PRINCES DE CONDÉ

I. **CHARLES** de Bourbon, comte de Soissons et de Dreux, pair de France, appelé quelquefois *Monsieur le Comte*, quatrième fils de Louis Ier, prince de Condé.

Né le 3 novembre 1566 à Nogent-le-Rotrou.

Mort le 1er novembre 1612 en son château de Blandy en Brie [1].

Marié, par contrat du 12 novembre 1601 [2], le 27 décembre 1601, à *Anne, comtesse de Montafié* ou Montafier, en Piémont, dame de Bonnétable et de Lucé, fille de Louis, comte de Montafié, et de Jeanne de Coëme, dame de Bonnétable et de Lucé, remariée à François de Bourbon, prince de Conty ; morte à l'hôtel de Soissons, à Paris, le 17 juin 1644, à soixante-sept ans moins un mois et cinq jours [3].

— Appelée d'abord *Mademoiselle de Lucé* [4], puis *Madame la comtesse de Soissons* ou *Madame la Comtesse*.

---

[1] Héroard, II, 111. — *Mercure françois*, 1612, p. 582. — *Sépulture :* Chartreuse de Gaillon.

[2] *Lettre de Henri IV* du 15 novembre 1601.

[3] Olivier Lefèvre d'Ormesson (*Journal*, I, 191). — *Gazette*, 1644, p. 459. — *Sépulture :* Chartreuse de Gaillon.

[4] Tallemant des Réaux, I, 221. — *Journal inédit du règne de Henri IV*, par Lestoile, p. 265.

ENFANTS NÉS DE CE MARIAGE.

1. LOUIS, comte de Soissons, qui suit.

2. Louise de Bourbon, *Mademoiselle de Soissons* [1], née à Paris le 7 février 1603; morte le 9 septembre 1637, à Paris [2]; mariée le 30 avril 1617 à *Henri II d'Orléans*, duc de Longueville [3].

3. Marie de Bourbon, *Mademoiselle de Soissons*, née à Paris le 3 mai 1606; morte à Paris le 4 juin 1692 [4]; mariée le 6 janvier 1625 [5] à *Thomas-François de Savoie*, prince de Carignan, appelé le *prince Thomas*; mort en 1656. — Appelée la *princesse de Carignan* [6].

4. Charlotte-Anne de Bourbon, née à Paris le 15 juin 1608 [7]; morte à Paris, sur la fin de 1623 [8].

5. Élisabeth de Bourbon, née au mois d'octobre 1610, morte en 1611 [9].

Enfants naturels.

a. CHARLOTTE, bâtarde de Soissons, née d'Anne-Marie Bohier; religieuse à Fontevrault le 3 juillet 1603, puis abbesse de Maubuisson; morte le 28 décembre 1626, âgée de trente-trois ans [10].

---

[1] Héroard, II, 209. — *Mercure françois*, 1617, p. 215.

[2] *Sépulture:* Couvent des Carmélites de la rue Chapon.

[3] Le contrat fut passé à Paris le 5 mars 1617. (Héroard, II, 209.)

[4] *Gazette*, 1692, p. 276. — Le P. Anselme et Moréri disent le 3 juin 1692. — *Sépulture :* A Saint-Sulpice.

[5] Malherbe, lettre à Racan du 18 janvier 1625.

[6] Leur fils, *Eugène-Maurice de Savoie*, appelé le *prince Eugène*, prit le titre de comte de Soissons; il naquit le 5 mai 1635 et mourut le 7 juin 1673; il épousa, le 20 février 1657, dans la chapelle de la Reine, au Louvre (*Gazette*, p. 191-192), *Olympe Mancini*, nièce du cardinal Mazarin, née en 1640, morte le 9 octobre 1708. — C'est la *comtesse de Soissons*, qui fut compromise dans les affaires d'empoisonnement de 1679 et qui fut la mère du prince Eugène, célèbre général de l'Empereur. — Eugène-Maurice de Savoie et Olympe Mancini furent appelés *Monsieur le Comte* et *Madame la Comtesse*. (*Journal d'Olivier Lefèvre d'Ormesson*, II, p. 107 et suiv. — *Lettres de madame de Sévigné*, édit. Hachette, II, 501).

[7] *Lettres de Malherbe à Peiresc*, p. 68.

[8] Courcelles dit en novembre. — *Sépulture :* Chartreuse de Gaillon.

[9] *Sépulture :* Chartreuse de Gaillon.

[10] *Sépulture :* Chœur de l'église de Maubuisson. (Voy. *Revue nobiliaire* de Dumoulin, 1868, p. 199.)

b. CATHERINE, bâtarde de Soissons, née d'Anne-Marie Bohier; religieuse à
Fontevrault le 5 avril 1610, puis abbesse de la Périgne, au Mans; morte
au Mans le 10 décembre 1651.

II. **LOUIS** de Bourbon, comte de Soissons, de Clermont et de
Dreux, pair de France; appelé le *duc d'Enghien* ([1]) jusqu'à
la mort de son père, et depuis *Monsieur le Comte* ([2]).

Né le 11 mai 1604 à Paris ([3]).

Tué à la bataille de la Marfée le 6 juillet 1641 ([4]), ne laissant qu'un fils naturel et légitimé, qui suit.

LOUIS-HENRI DE BOURBON-SOISSONS ([5]), comte de Noyers,
dit le *bâtard de Soissons* ([6]) et le *chevalier de Soissons;*
d'abord chevalier de Malte; ayant quitté l'ordre, il se maria
et prit le nom de *prince de Neufchâtel* ([7]).

Né à Sedan, au mois d'août 1640, d'Élisabeth des Hayes;
légitimé en décembre 1643, par lettres de Louis XIV.

Mort à Paris le 8 février 1703 ([8]).

Marié le 7 octobre 1694 à *Angélique-Cunégonde de Mont-
morency-Luxembourg*, fille de François de Montmorency,
duc de Luxembourg et maréchal de France, et de Mag-
deleine-Bonne-Thérèse de Clermont, duchesse de Luxembourg; appelée la *princesse de Luxembourg;* née le 18
janvier 1666 ([9]); morte le 7 juin 1736 à Paris, dans la
soixante et onzième année de son âge ([10]).

([1]) Lestoile l'appelle le *comte d'Enghien* (p. 655).
([2]) *Lettres de Malherbe*, p. 264. — *Mém. de mademoiselle de Montpensier,*
édit. Charpentier, I, 13.
([3]) *Lettre de Henri IV* du 12 mai 1604.
([4]) *Sépulture :* Chartreuse de Gaillon.
([5]) La *Gazette* (1703, p. 83) l'appelle Louis-Henri, légitimé de Soissons.
([6]) *Journal d'Olivier Lefèvre d'Ormesson*, I, 191.
([7]) Après son mariage, le chevalier de Soissons prit les titres de comte de Dunois et de prince de Neufchâtel en Suisse, par suite d'une donation desdites terres
à lui faites par sa cousine la duchesse de Nemours.
([8]) *Gazette*, p. 83. — *Sépulture :* Chartreuse de Gaillon ; son cœur, en l'abbaye
de Saint-Paul de Beauvais.
([9]) *État de la France*, 1749, t. II, p. 484.
([10]) *Gazette*, 1736, p. 300. — *Sépulture:* A Saint-Sulpice.

ENFANTS NÉS DE CE MARIAGE.

1. LOUISE-LÉONTINE-JACQUELINE DE BOURBON-SOISSONS, princesse de Neufchâtel et de Vallengin, comtesse de Dunois, de Chaumont et de Noyers, baronne de Lucheux, Bonnétable, Baugé, etc.; appelée *Mademoiselle de Neufchâtel;* née à Paris, rue des Jeux-Neufs (Jeûneurs), le 24 octobre 1696; baptisée à Saint-Eustache le 25 octobre 1696 [1]; morte le 11 janvier 1721 [2]; mariée à Saint-Sulpice, à Paris, le 24 février 1710 [3], à *Charles-Philippe d'Albert,* duc de Luynes [4], né le 30 juillet 1695, mort le 2 novembre 1758.

2. MARIE-ANNE-CHARLOTTE DE BOURBON-SOISSONS, appelée *Mademoiselle d'Estouteville;* née le 26 septembre 1701, morte le 25 août 1711 [5].

---

[1] Registres paroissiaux de Saint-Eustache. — Communiqué par M. Parent de Rosan.

[2] Date tirée des archives du château de Dampierre. — La date de la mort est aussi donnée par la *Gazette,* 1721, p. 40. — *Sépulture:* A Saint-Sulpice, dans la chapelle de Luynes.

[3] Dangeau. — Le 10 février, date donnée par quelques-uns, est le jour de la signature du contrat.

[4] Auteur des Mémoires que nous avons souvent cités dans ce travail.

[5] Dangeau. — *Sépulture:* Abbaye de Saint-Paul-lez-Beauvais.

CHAPITRE VI

LES PRINCES DE CONTY

I. **ARMAND** de Bourbon, prince de Conty, comte de Pézénas, baron de la Fère, seigneur de l'Ile-Adam, second fils de Henri II de Bourbon, prince de Condé.

Né à Paris le 11 octobre 1629 ([1]).

Baptisé à Paris, en la chapelle de l'hôtel de Condé, le 23 décembre 1630, tenu par le cardinal de Richelieu et la duchesse de Montmorency ([2]).

Mort en son château de la Grange-des-Prés, près Pézénas, le 21 février 1666 ([3]).

Marié ([4]) à Paris, dans la chapelle de la Reine, au Louvre, le 22 février 1654 ([5]), à *Anne-Marie Martinozzi*, fille du comte Jérôme Martinozzi, et de Laure-Marguerite Mazarini,

---

([1]) L'*Estat de la France*, 1677, t. 1, p. 485, dit le 8 octobre.

([2]) *Mercure françois*, 1630, p. 815. — Jal, *Dictionnaire critique*, p. 418. — Le P. Anselme.

([3]) *Gazette*, 1666, p. 287. — *Sépulture :* La Chartreuse de Villeneuve-lez-Avignon.

([4]) Le prince de Conty était abbé de Saint-Denis et de Cluny; il quitta la robe et se maria.

([5]) *Gazette*, 1654, p. 200. — Jal (*Dict. crit.*, article CONTY) reproduit l'acte de mariage d'après les registres de Saint-Germain l'Auxerrois.

sœur aînée du cardinal Mazarin ; née à Rome en 1637 ;
morte à Paris, en l'hôtel de Conty, le 4 février 1672 (¹).

1. **Louis de Bourbon**, né à Paris le 6 septembre 1658 ;
baptisé le 14 septembre 1658, tenu par Henri de Lévis,
duc de Ventadour, chanoine de Paris (²) ; mort le 14 septembre 1658 à Paris (³).

2. LOUIS-ARMAND Iᵉʳ, prince de Conty, qui suit.

3. FRANÇOIS-LOUIS, prince de Conty, qui suit.

II. **LOUIS-ARMAND Iᵉʳ** de Bourbon, prince de Conty (⁴), comte
de Pézénas, châtelain de l'Ile-Adam.

Né à Paris, en l'hôtel de Conty, le 4 avril 1661 (⁵).

Baptisé en la chapelle du Louvre, à Paris, le 28 février
1662, tenu par le Roi et la Reine-mère (⁶).

Mort à Fontainebleau, en son hôtel, le 9 novembre 1685,
sans postérité (⁷).

Marié, par contrat du 15 janvier 1680, le 16 janvier 1680,
en la chapelle du château de Saint-Germain (⁸), à *Marie-
Anne de Bourbon*, Mademoiselle de Blois, fille légitimée
de Louis XIV ; née à Vincennes le 2 octobre 1666 ; morte à
Paris le 3 mai 1739 (⁹). — Appelée d'abord la *princesse
de Conty* ; puis, après la mort de son mari (1685), la *princesse douairière de Conty*, et enfin, après la mort de Fran-

---

(¹) *Gazette*, 1672, p. 144. — Jal, *Dict. critique*, p. 421. — *Lettre de madame
de Sévigné* du 5 février 1672. — L'*Estat de la France*, 1677, t. II, p. 483, dit le
3 février. — *Sépulture :* Église de Saint-André des Arcs, sa paroisse ; son cœur,
aux Carmélites de la rue Saint-Jacques ; ses entrailles, à Port-Royal des Champs.

(²) Le P. Anselme.

(³) *Gazette*, 1658, p. 892 et 916. — *Sépulture :* Couvent des Carmélites du faubourg Saint-Jacques.

(⁴) Pour le distinguer du prince de Conty son père, Olivier Lefèvre d'Ormesson
l'appelle le petit prince de Conty (20 novembre 1669).

(⁵) *Gazette*, 1661, p. 531.

(⁶) *Gazette*, 1662, p. 220. — Le P. Anselme.

(⁷) *Gazette*, 1685, p. 674. — Dangeau. — *Sépulture :* Église de Vallery.

(⁸) *Gazette*, 1680, p. 34.

(⁹) *Gazette*, 1739, p. 228. — Luynes. — *Sépulture :* En l'église de Saint-Roch, à
Paris, sa paroisse ; elle demeurait à l'hôtel de Lorges.

çois-Louis, prince de Conty (1709), la *princesse de Conty
première douairière*. Elle était surnommée, à la Cour, la
Grande princesse de Conty, à cause de sa haute taille (¹).

III. **FRANÇOIS-LOUIS** de Bourbon, prince de Conty, comte
d'Alais, de Beaumont-sur-Oise et de Pézénas, châtelain de l'Ile-
Adam, etc., surnommé *le Grand*; élu roi de Pologne le 27 juin
1697 (²). — Appelé successivement : le *comte de la Marche*,
le *comte de Clermont* (³), le *prince de la Roche-sur-Yon* (⁴),
et enfin, depuis la mort de son frère, le *prince de Conty*.

Né le 30 avril 1664 à Paris (⁵).

Baptisé le 30 avril 1664, à Paris, à Saint-Sulpice, tenu
par le prince de Condé et la duchesse de Longueville (⁶).

Mort le 22 février 1709 à Paris (⁷).

Marié en la chapelle du château de Versailles, le 29 juin
1688 (⁸), à *Marie-Thérèse de Bourbon*, Mademoiselle de
Bourbon, fille de Henri-Jules de Bourbon, prince de Condé ;
née à Paris le 1ᵉʳ février 1666 ; morte à Paris, en son hôtel, le 22 février 1732 (⁹). — Appelée la *princesse de
Conty*, puis la *princesse de Conty seconde douairière*.

ENFANTS NÉS DE CE MARIAGE.

1. N... de Bourbon, né avant terme, à Versailles, le 18
novembre 1693 (¹⁰) ; mort le 22 novembre 1693 (¹¹).

(¹) *Lettres de la Palatine*, II, 121.

(²) *Gazette*, 1697, p. 556.

(³) Au baptême du Dauphin, le 24 mars 1668, il porte ce nom. (*Gazette*, p. 317.)

(⁴) « M. le prince de Conty (Louis-Armand Iᵉʳ) n'ayant point de nom à lui donner, me demanda la permission de lui faire porter celui-là, dont j'ai la terre. »
(*Mém. de Mademoiselle de Montpensier*, IV, 495.) — En 1670, le 22 avril, au
baptême de Mademoiselle de Bourbon, il est déjà appelé le prince de la Roche-sur-
Yon. (*Gazette*, p. 96.)

(⁵) *Gazette*, 1664, p. 452.

(⁶) *Gazette*, 1664, p. 452. — Le P. Anselme.

(⁷) *Gazette*, 1709, p. 96. — Dangeau. — *Sépulture :* Église de Saint-André des
Arcs.

(⁸) *Gazette*, 1688, p. 556. — Dangeau. — Registres de Notre-Dame de Versailles.

(⁹) *Gazette*, 1732, p. 108. — *Sépulture :* Église de Saint-André des Arcs.

(¹⁰) *Gazette*, 1693, p. 601. — Dangeau.

(¹¹) *Gazette*, 1693, p. 614. — Dangeau. — Ni la *Gazette* ni Dangeau ne font connaître le lieu du décès de ce prince.

2. **N... de Bourbon**, prince de la Roche-sur-Yon; né au château de Versailles le 1er décembre 1694 (¹); mort à Paris le 25 avril 1698, à une heure du matin (²).

3. LOUIS-ARMAND II, prince de Conty, qui suit.

4. **Louis-François de Bourbon**, comte d'Alais, né à Paris le 27 juillet 1703 (³); baptisé à Paris, en la chapelle de l'hôtel de Conty, le 28 juillet 1703, tenu par Louis, duc de Bourbon, et la princesse de Condé, son aïeule maternelle (⁴); mort à Paris le 21 janvier 1704 (⁵).

5. **Marie-Anne de Bourbon**, Mademoiselle de Conty, née à Paris le 18 avril 1689 (⁶); baptisée à Paris, en la chapelle de l'hôtel de Conty, le 17 septembre 1697, tenue par le prince de Condé, son aïeul maternel, et la princesse douairière de Conty (⁷); morte à Paris le 21 mars 1720 (⁸); mariée en la chapelle du château de Versailles, le 9 juillet 1713 (⁹), à *Louis-Henri de Bourbon*, prince de Condé, appelé *Monsieur le Duc*. — Appelée *Madame la Duchesse la jeune*.

6. **Louise-Adélaïde de Bourbon**, Mademoiselle de la Roche-sur-Yon; née le 2 décembre 1696 (¹⁰); baptisée en la chapelle du château de Versailles le 16 février 1707, tenue

---

(¹) *Gazette*, 1694, p. 588. — Dangeau.

(²) Registres de Saint-André des Arcs. — Le P. Anselme dit que le Prince de la Roche-sur-Yon mourut le 26 avril; la *Gazette* (1698, p. 216) dit qu'il est mort dans la nuit du 25 au 26 avril. — Dangeau donne pour date le 24 avril. — La *Gazette* se trompe encore (1698, p. 216) en disant que ce prince est né le 18 novembre 1693; cette date s'applique à la naissance du prince précédent. — *Sépulture* : Aux Carmélites du faubourg Saint-Jacques.

(³) *Gazette*, 1703, p. 383. — Dangeau.

(⁴) Le P. Anselme.

(⁵) Dangeau. — La *Gazette*, p. 59, ne précise pas le jour de la mort de ce prince. — *Sépulture* : Aux Carmélites du faubourg Saint-Jacques.

(⁶) *Gazette*, 1689, p. 192. — Dangeau.

(⁷) Le P. Anselme.

(⁸) *Gazette*, 1720, p. 156. — Dangeau.

(⁹) *Gazette*, 1713, p. 336. — Dangeau. — Registres de Notre-Dame de Versailles.

(¹⁰) Moréri et l'*État de la France*, 1757, t. II, p. 418, disent à tort le 2 novembre 1696. — La date du 2 décembre est donnée par l'acte de baptême de la princesse. — La *Gazette* de 1696, le *Mercure galant* et Dangeau ne parlent pas de la naissance de cette princesse.

par le Dauphin et la duchesse de Bourgogne (¹) ; morte à
Paris le 19 ou le 20 novembre 1750 (²).

7. **N... de Bourbon**, Mademoiselle d'Alais, née à Paris le 19
novembre 1697 (³); morte à Paris le 13 août 1699 (⁴).

IV. **LOUIS-ARMAND II** de Bourbon, prince de Conty, duc de
Mercœur, comte de la Marche, d'Alais, de Beaumont-sur-Oise
et de Pézénas, châtelain de l'Ile-Adam, etc., pair de France.
Appelé d'abord le *comte de la Marche*, et, après la mort de
son père, le *prince de Conty*.

Né le 10 novembre 1695 à Paris (⁵).

Baptisé en la chapelle du château de Versailles le 30 juin
1704, tenu par le roi de France et la reine d'Angleterre,
Marie-Éléonore d'Este (⁶).

Mort le 4 mai 1727 à Paris, en son hôtel (⁷).

Marié, en la chapelle du château de Versailles, le 9 juillet
1713 (⁸), à *Louise-Élisabeth de Bourbon*, Mademoiselle de
Bourbon, fille de Louis III de Bourbon, prince de Condé ;
née à Versailles le 22 novembre 1693 (⁹) ; morte à Paris le

(¹) Registres de Notre-Dame de Versailles.

(²) La *Gazette*, 1750, p. 575, dit que Mademoiselle de la Roche-sur-Yon mourut le
21, et qu'elle fut enterrée le même jour ; Collé (*Journ. hist.*, I, 257, édit. Didot)
dit qu'elle mourut le 20 ; les registres de la secrétairerie d'État disent aussi le 20
(*Archives nationales*, E., 3446, p. 89, 113, 448). Le registre de la paroisse de
Saint-André des Arcs déclare que le 21 novembre fut transporté de la paroisse
Saint-Sulpice, pour être inhumé dans cette église, le corps de Louise-Adélaïde de
Bourbon-Conty....., décédée la veille (c'est-à-dire le 20) ; — mais le registre de
Saint-Sulpice, à la date du 21 novembre, dit qu'on a transporté à Saint-André des
Arcs le corps de ladite princesse, « morte avant-hier » (c'est-à-dire le 19). Le duc
de Luynes dit aussi le 19. — Je dois à M. Parent de Rosan les renseignements pro-
venant des registres de Saint-Sulpice et de Saint-André des Arcs.

(³) *Gazette*, 1697, p. 564.

(⁴) Dangeau. — La *Gazette*, p. 407, ne précise pas le jour de la mort de cette
princesse. — *Sépulture :* Aux Carmélites du faubourg Saint-Jacques.

(⁵) D'après les registres de Notre-Dame de Versailles, le P. Anselme, Moréri et
Dangeau. La *Gazette*, 1695, p. 551, dit qu'il est né le 9.

(⁶) Registres de Notre-Dame de Versailles. — *Gazette*, 1704, p. 324. — Le P. Anselme dit à tort que le comte de la Marche fut baptisé le 3 juin.

(⁷) *Gazette*, 1727, p. 228 et 252. — Barbier, t. II, p. 3. — *Sépulture :* Église de
Saint-André des Arcs.

(⁸) *Gazette*, 1713, p. 356. — Dangeau. — Registres de Notre-Dame de Versailles.

(⁹) *Gazette*, 1693, p. 614. — Dangeau.

27 mai 1775 (¹). — Appelée successivement : la *princesse de Conty* jusqu'à la mort de son mari (1727); puis, la *princesse de Conty troisième douairière* jusqu'en 1732 (époque de la mort de Marie-Thérèse de Bourbon, princesse de Conty seconde douairière); la *princesse de Conty seconde douairière* jusqu'en 1739 (époque de la mort de Marie-Anne de Bourbon, princesse de Conty première douairière); enfin, depuis lors, la *princesse de Conty douairière*, et quelquefois la *princesse de Conty* (²).

ENFANTS NÉS DE CE MARIAGE.

1. **N... de Bourbon**, comte de la Marche, né à Paris le 28 mars 1715, un peu après minuit (³); mort à Paris dans la nuit du 31 juillet au 1ᵉʳ août 1717 (⁴).

2. LOUIS-FRANÇOIS, prince de Conty, qui suit.

3. **Louis-Armand,** duc de Mercœur, né à Paris le 19 août 1720 (⁵); baptisé à Paris le 12 mai 1722, tenu par Nicolas de Montmorency, seigneur de Châteaubrun, premier écuyer du prince de Conty, et par Marie-Élisabeth Morin, veuve de Joseph-René Rouxellé, comte de la Roche-Milay (⁶); mort à Paris, en l'hôtel de Conty, le 12 mai 1722 (⁷).

4. **N... de Bourbon**, comte d'Alais, né à Paris, en l'hôtel de Condé (⁸), le 5 février 1722 (⁹); mort à Paris, en l'hôtel de Conty, le 7 août 1730 (¹⁰).

5. **Louise-Henriette de Bourbon**, Mademoiselle de Conty,

(¹) *Gazette*, 1775, p. 593. — *Sépulture* : A Saint-Sulpice.
(²) *Gazette*, 1763, p. 669; 1764, p. 593; 1770, p. 7.
(³) *Gazette*, 1715, p. 196; on y lit que le prince est né dans la nuit du 27 au 28. — Dangeau.
(⁴) La *Gazette*, 1717, p. 584, et Moréri, disent le 1ᵉʳ août. — Dangeau. — *Sépulture :* Aux Carmélites du faubourg Saint-Jacques.
(⁵) La *Gazette*, 1720, p. 407, dit dans la nuit du 19 au 20.
(⁶) Le P. Anselme.
(⁷) *Gazette*, 1722, p. 252; Moréri. — Le P. Anselme dit le 13 mai. — *Sépulture :* Aux Carmélites du faubourg Saint-Jacques.
(⁸) Où s'était réfugiée sa mère. (Buvat, II, 336.)
(⁹) *Gazette*, 1722, p. 84.
(¹⁰) *Gazette*, 1730, p. 584. — *Sépulture :* Église de Saint-André des Arcs.

née à Paris le 20 juin 1726 (¹) ; baptisée en la chapelle du château de Versailles le 29 novembre 1742, tenue par le Dauphin et Madame (Henriette de France) (²) ; morte à Paris, au Palais-Royal, le 9 février 1759 (³) ; mariée en la chapelle du château de Versailles le 17 décembre 1743 (⁴), à *Louis-Philippe d'Orléans*, duc de Chartres, puis duc d'Orléans. — Appelée la *duchesse de Chartres*, puis la *duchesse d'Orléans*.

V. **LOUIS-FRANÇOIS** de Bourbon, prince de Conty, etc., pair de France ; appelé en naissant le *comte de la Marche* (⁵), et, après la mort de son père, le *prince de Conty*. — Grand prieur de France en 1749, et généralissime des troupes du Roi.

Né à Paris le 13 août 1717 (⁶).

Baptisé à Paris, en la chapelle du château des Tuileries, le 23 avril 1721, tenu par le Roi et Madame, duchesse douairière d'Orléans (⁷).

Mort au Temple, à Paris, le 2 août 1776 (⁸).

Marié à Versailles, le 22 janvier 1732 (⁹), à *Louise-Diane d'Orléans*, Mademoiselle de Chartres, fille de Philippe, duc d'Orléans, régent de France ; née à Paris, le 26 juin 1716 (¹⁰) ; morte à Issy, près Paris, le 26 septembre 1736 (¹¹). Appelée la *princesse de Conty*.

(¹) *Gazette*, 1726, p. 500. — Registres de Notre-Dame de Versailles.

(²) *Gazette*, 1742, p. 582. — Luynes. — Registres de Notre-Dame de Versailles.

(³) *Gazette*, 1759, p. 72. — *Sépulture :* Le corps et le cœur, au Val-de-Grâce ; les entrailles, à Saint-Eustache.

(⁴) *Gazette*, 1743, p. 615. — Luynes. — Registres de Notre-Dame de Versailles.

(⁵) Dangeau dit, le 13 août 1717 : « Le prince dont Madame la princesse de Conty vient d'accoucher ne s'appellera point comte de la Marche ; il aura le nom de prince de la Roche-sur-Yon. » Ou la décision indiquée par Dangeau fut abandonnée, ou notre chroniqueur, d'ordinaire si exact, se trompe cette fois.

(⁶) *Gazette*, 1717, p. 408. — Dangeau.

(⁷) *Gazette*, 1721, p. 220.

(⁸) *Gazette*, 1776, p. 555. — Quelques-uns disent à tort le 2 juillet 1776.

(⁹) *Gazette*, 1732, p. 47. — Moréri. — Barbier, II, 241. — Registres de Notre-Dame de Versailles.

(¹⁰) Dangeau.

(¹¹) *Gazette*, 1736, p. 468. — *Sépulture :* Église de Saint-André des Arcs ; le cœur, au Val-de-Grâce.

ENFANT NÉ DE CE MARIAGE.

LOUIS-FRANÇOIS-JOSEPH, prince de Conty, qui suit.

Enfants naturels (¹).

a. FRANÇOIS-CLAUDE-FAUSTE DE BOURBON, appelé d'abord le *marquis de Bourbon-Removille*, puis, après le 17 novembre 1815, le *marquis de Bourbon-Conty;* né le 21 mars 1771; mort le 8 juin 1833.

b. MARIE-FRANÇOIS-FÉLIX DE BOURBON, appelé d'abord le *chevalier de Bourbon-Hattonville*, puis, après le 17 novembre 1815, le *chevalier de Bourbon-Conty* (²); né le 22 décembre 1772; mort le 6 juin 1840, sans enfants d'*Herminie de la Brousse-de Verteillac*, remariée, le 18 août 1851, au duc de la Rochefoucauld-Doudeauville (³).

c. LE CHEVALIER DE VAURÉAL (Louis-François), chevalier de Malte; mort en août 1785 (⁴).

VI. **LOUIS-FRANÇOIS-JOSEPH** de Bourbon, prince de Conty, etc.; appelé d'abord le *comte de la Marche*, puis, après la mort de son père (1776), le *prince de Conty.*

Né à Paris le 1ᵉʳ septembre 1734 (⁵).

Baptisé en la chapelle du château de Versailles le 29 novembre 1742, tenu par le Roi et la Reine (⁶).

(¹) On a prétendu que *Marie-Charles-Joseph, chevalier de Pougens*, né à Paris le 15 août 1755, mort à Vauxbuin, près Soissons, le 19 décembre 1833, marié à *Julia Sayer*, était fils naturel du prince de Conty. Le biographe de Charles de Pougens, madame Louise Brayer de Saint-Léon, nie le fait. « M. de Pougens, dit-elle, n'était point fils du Prince de Conty. Je suis autorisée à le déclarer. » (*Mémoires et Souvenirs de Ch. de Pougens*, etc. Paris, 1834, p. 100.)

(²) Le *Moniteur* (1828, p. 479), en annonçant que le Roi a signé le contrat de mariage du chevalier de Bourbon avec mademoiselle Herminie de Verteillac, le 20 avril, l'appelle le *comte de Bourbon-Conty.*

(³) Ces deux enfants naturels furent reconnus par le prince de Conty, par un codicille du 31 juillet 1776, et confirmés dans leurs noms et titres par lettres-patentes de Louis XVIII en date du 17 novembre 1815, registrées à la cour royale de Paris le 11 décembre 1815, qui les autorisèrent à porter le nom de Bourbon-Conty (Courcelles).

(⁴) « Un fils naturel de feu le prince de Conty, élevé sous les yeux de son père, qui joint à la figure la plus aimable tous les talents agréables, vient d'être fait chevalier de Malte; il entre dans le monde sous le nom de chevalier de Vauréal, terre que le prince lui avait donnée. » (*Correspondance secrète inédite*, publiée par M. de Lescure, t. I, p. 105, à la date du 28 octobre 1777.)

(⁵) *Gazette*, 1734, p. 464. — Registres de Notre-Dame de Versailles.

(⁶) *Gazette*, 1742, p. 582. — Luynes. — Registres de Notre-Dame de Versailles.

Mort à Barcelone, le 10 mars 1814, sans postérité (¹).

Marié, par procuration à Milan le 7 février 1759, et en personne à Nangis, dans le château du comte de Guerchy, le 27 février 1759 (²), à *Marie-Fortunée d'Este*, fille de François-Marie, duc de Modène, et de Charlotte-Aglaé d'Orléans; née à Modène le 24 novembre 1731; morte à Venise (³), au couvent de la Visitation, le 21 septembre 1803 (⁴). — Appelée la *comtesse de la Marche* jusqu'en 1776; puis la *princesse de Conty*.

(¹) Le corps du prince de Conty fut exhumé de l'église de Saint-Michel-Archange, à Barcelone, le 25 mars 1844, et transféré à Dreux, en la chapelle de Saint-Louis. (*Moniteur universel*, 1844, p. 589 et 769.)

(²) *Gazette*, 1759, p. 107, et Registres de la paroisse de Nangis-en-Brie. — Le contrat de mariage fut signé à Milan le 2 janvier 1759, et le Roi déclara le mariage à Versailles le 16 janvier. (*Gazette*, 1759, p. 35.)

(³) Le chevalier de Courcelles dit qu'elle mourut à Trieste.

(⁴) Le château d'Eu. *Notices historiques*, par Vatout, V, 156.

TROISIÈME PARTIE

LES BRANCHES ÉTRANGÈRES

CHAPITRE I

LES BOURBONS D'ESPAGNE

I. **PHILIPPE DE FRANCE**, duc d'Anjou, puis roi d'Espagne et des Indes sous le nom de Philippe V, second fils de Louis de France, Dauphin; appelé à la succession d'Espagne par le testament de Charles II, mort sans enfants le 1ᵉʳ novembre 1700; reconnu roi d'Espagne, à Fontainebleau le 16 novembre 1700, et à Madrid le 24 novembre (¹); abdique, le 15 janvier 1724 (²), en faveur de son fils, Louis Iᵉʳ, mort le 31 août 1724, et remonte sur le trône le 6 septembre (³).

Né à Versailles le 19 décembre 1683 (⁴).

Baptisé en la chapelle du château de Versailles le 18 janvier 1687, tenu par Monsieur et Mademoiselle (⁵).

(¹) Le 5 novembre 1712, Philippe V fit une renonciation solennelle pour lui et sa postérité à tous les droits qu'il pourrait avoir à la couronne de France.

(²) *Gazette*, 1724, p. 51 et suiv. — Philippe V et la Reine se retirèrent à Saint-Ildefonse.

(³) *Gazette*, 1724, p. 494.

(⁴) *Gazette*, 1683, p. 720. — Registres de Notre-Dame de Versailles.

(⁵) *Gazette*, 1687, p. 61. — Registres de Notre-Dame de Versailles.

Mort à Madrid, au palais de Buen-Retiro, le 9 juillet 1746 (¹).
Marié : 1° par procuration à Turin, le 11 septembre 1701 (²),
et en personne à Figuières, le 3 novembre 1701 (³), à *Ma-
rie-Louise-Gabrielle de Savoie* (sœur cadette de la duchesse
de Bourgogne), fille de Victor-Amédée II, duc de Savoie,
et d'Anne-Marie d'Orléans ; née à Turin le 17 septembre
1688 (⁴) ; morte à Madrid le 14 février 1714 (⁵) ; — 2° par procuration à Parme, le 16 septembre 1714 (⁶), et en personne
à Guadalaxara, le 24 décembre 1714 (⁷), à *Élisabeth Farnèse*, fille d'Odoard Farnèse II, duc de Parme, et de Doro-
thée-Sophie de Bavière-Palatin ; née le 25 octobre 1692 (⁸) ;
morte à Aranjuez le 11 juillet 1766 (⁹). — Appelée, après la
mort de Philippe V, la Reine-mère et la Reine douairière
d'Espagne.

ENFANTS NÉS DU PREMIER MARIAGE (¹⁰).

1. **Don Louis-Philippe de Bourbon**, prince des Asturies (¹¹), roi d'Espagne et des Indes, sous le nom de Louis Iᵉʳ,
du 16 janvier au 31 août 1724 ; né à Madrid le 25 août

(¹) *Gazette*, 1746, p. 559 et 563. — Moréri. — Philippe V fut inhumé, ainsi
qu'Élisabeth Farnèse, sa seconde femme, à Saint-Ildefonse, dans l'église collégiale.

(²) *Gazette*, 1701, p. 452.

(³) *Mém. du marquis de Louville*, I, 207. — Le chevalier de Courcelles dit le
2 ; la *Gazette* (p. 581) semble dire le 2 ; sa narration n'est cependant pas assez
formelle pour annuler le témoignage si important du marquis de Louville. —
L'État de la France, 1749, t. II, p. 442, dit aussi le 2 novembre.

(⁴) *Gazette*, 1714, p. 113.

(⁵) *Gazette*, 1714, p. 112. — Dangeau, XV, p. 87. — *Sépulture :* A l'Escurial.

(⁶) *Gazette*, 1714, p. 467.

(⁷) *Gazette*, 1715, p. 29.

(⁸) *Gazette*, 1718, p. 536. — Litta, *Famiglie celebri italiane; Dispensa* 156.
Milano, 1868, in-folio.

(⁹) *Gazette*, 1766, p. 491. — La *Gazette* dit qu'Élisabeth Farnèse est morte âgée
de soixante-treize ans, huit mois et six jours ; elle se trompe et aurait dû dire
soixante-treize ans huit mois et dix-huit jours. Si ce qu'elle dit était exact, la
reine d'Espagne serait née le 6 novembre 1692.

(¹⁰) Voy. *Gazette*, 1746, p. 363-364.

(¹¹) « On lui a donné le titre de prince des Asturies, attaché aux personnes des
fils aînés des anciens rois de Castille. » (*Gazette*, 1707, p. 437.) — Don Louis fut reconnu comme héritier présomptif de la monarchie espagnole par les Grands et les
Cortez, le 2 avril 1709, à Madrid. (*Gazette*, 1709, p. 209.)

1707 ([1]); baptisé le 8 décembre 1707 ([2]); mort à Madrid,
le 31 août 1724, sans enfants ([3]); marié, par contrat passé
à Paris le 16 novembre 1721, à Lerma le 20 janvier
1722 ([4]), à *Louise-Élisabeth d'Orléans*, Mademoiselle de
Montpensier, fille de Philippe II, duc d'Orléans ([5]); née à
Versailles le 11 décembre 1709 ([6]); morte à Paris, au palais du Luxembourg, le 16 juin 1742 ([7]). — Appelée successivement : la *princesse des Asturies*, la *reine d'Espagne*,
la *reine seconde douairière d'Espagne* ([8]), et la *reine douairière d'Espagne*.

2. **Don Philippe de Bourbon**, infant d'Espagne; né à Madrid le 2 juillet 1709 ([9]); mort le 8 du même mois.

3. **Don Philippe-Pierre-Gabriel de Bourbon**, infant d'Espagne, né à Madrid le 7 juin 1712 ([10]); baptisé le 25 août
1716, tenu au nom du roi de France et de Madame ([11]);
mort à Madrid, le 29 décembre 1719, âgé de sept ans six
mois et vingt-deux jours ([12]).

4. FERDINAND VI, roi d'Espagne, qui suit.

ENFANTS NÉS DU SECOND MARIAGE.

5. DON CARLOS, successivement duc de Parme, roi des
Deux-Siciles sous le nom de Charles VII, et roi d'Espagne
sous le nom de Charles III, qui suit.

([1]) *Gazette*, 1707, p. 437, et 1708, p. 439. — Le chevalier de Courcelles dit à
tort le 2 août.

([2]) Le P. Anselme.

([3]) *Gazette*,, 1724, p. 482.

([4]) *Mém. de Saint-Simon*, édit. Hachette, in-8°, t. XIX, p. 120 et suivantes.

([5]) A cause du jeune âge des deux époux, le mariage ne fut consommé que le
18 août 1725 (Moréri).

([6]) *Gazette*, 1709, p. 615. — Dangeau.

([7]) *Gazette*, 1742, p. 286. — Luynes. — La reine d'Espagne revint en France en
1725, après la mort du Roi son mari.

([8]) Jusqu'au 16 juillet 1740, date de la mort de la veuve de Charles II, appelée
la reine première douairière d'Espagne.

([9]) *Gazette*, 1709, p. 555. — *État de la France*, 1749, t. II, p. 440.

([10]) *Gazette*, 1712, p. 505 et 527; 1720, p. 29. — L'*Almanach royal* dit à tort le
5 juin.

([11]) *Gazette*, 1716, p. 449. — Le P. Anselme.

([12]) *Gazette*, 1720, p. 29. — Buvat, *Journal de la Régence*, t. II, p. 3. — Moréri dit à tort en novembre. — *Sépulture :* A l'Escurial.

6. **Don François de Bourbon**, infant d'Espagne, né et baptisé à Madrid le 21 mars 1717; mort à Madrid le 21 avril 1717 (¹).

7. DON PHILIPPE, tige de la branche des Bourbons de Parme et de Lucques (voir le chapitre III de cette troisième partie).

8. **Don Louis-Antoine-Jacques de Bourbon**, infant d'Espagne; appelé l'*Infant-cardinal;* archevêque de Tolède le 9 septembre 1735 (²); cardinal, le 19 décembre suivant (³); archevêque de Séville, en 1741; se démet de ses dignités ecclésiastiques en septembre 1754, et prend le nom de *comte de Chinchon* (⁴).—Né à Madrid le 25 juillet 1727 (⁵); baptisé à Madrid le 25 juillet 1727; mort à Villa de Arenas de San Pedro le 7 août 1785 (⁶); marié, le 27 juin 1776, à *Marie-Thérèse de Villabriga*, fille de Joseph-Ignace de Villabriga et Drummond, capitaine d'infanterie; née en 1758, dont il a eu quatre enfants :

> 1. Don LOUIS-MARIE DE BOURBON, comte de Chinchon, archevêque de Tolède et cardinal; né à Cadahalso (⁷) le 22 mai 1777; mort à Madrid le 19 mars 1823.
>
> 2. N... DE BOURBON, né à Villa de Arenas le 9 février 1779; mort jeune.
>
> 3. DOÑA CAROLINE-JOSÈPHE-ANTOINETTE DE BOURBON, comtesse de Chinchon, née à Velada en 1779; morte à Paris (⁸) le 24 novembre 1828; mariée en novembre 1797, à *Manuel Godoy*, prince de la Paix.
>
> 4. DOÑA MARIE-LOUISE DE BOURBON, née à Paris en...; morte en 1846; mariée, le 29 mai 1817, au duc de San-Fernando.

9. **Doña Marie-Anne-Victoire de Bourbon**, infante d'Es-

(¹) *Gazette*, 1717, p. 168, 173 et 233. — *État de la France*, 1749, t. II, p. 444. — Le P. Anselme. — La *Gazette* de 1746 (p. 564) se trompe en disant ici qu'il est mort le 25. — *Sépulture :* A l'Escurial.

(²) *Gazette*, 1735, p. 488.

(³) *Gazette*, 1736, p. 18.

(⁴) Cependant la *Gazette* l'appelle toujours l'infant Don Louis.

(⁵) *Gazette*, 1727, p. 584 et 589. — Moréri.

(⁶) *Gazette*, 1785, p. 503. — *Sépulture :* Au couvent de Saint-Pierre d'Alcantara, près Avila; transféré à l'Escurial en 1800.

(⁷) Terre située près d'Escalona.

(⁸) *Annuaire de Lesur.*

pagne, née à Madrid le 31 mars 1718 (¹); baptisée le 9 novembre 1721, tenue par le prince des Asturies (²); morte à Lisbonne le 15 janvier 1781 (³); accordée à Louis XV, roi de France, par traité du 25 novembre 1721; venue en France le 2 mars 1722, et la quitte le 5 avril-17 mai 1725, sans avoir été mariée; mariée, en vertu du traité de Saint-Ildefonse du 1er octobre 1725 et par contrat signé à Madrid le 25 décembre 1727, par procuration à Madrid le 27 décembre 1727 (⁴), et en personne à Elvas le 19 janvier 1729 (⁵), à *Joseph-Emmanuel de Bragance*, prince du Brésil, depuis roi de Portugal, le 31 juillet 1750, sous le nom de Joseph Ier. — Appelée depuis son mariage : la *princesse du Brésil*, puis la *reine de Portugal*, et, après la mort de Joseph Ier (1777), la *Reine-mère* ou la *Reine douairière* de Portugal.

10. Dona Marie-Thérèse-Antoinette-Raphaëlle de Bourbon, infante d'Espagne; née à Madrid le 11 juin 1726 (⁶); morte à Versailles le 22 juillet 1746 (⁷); mariée, par contrat du 13 décembre 1744 (⁸), par procuration à Madrid le 18 décembre 1744 (⁹), et en personne à Versailles le 23 février 1745 (¹⁰), à *Louis de France*, Dauphin, fils de Louis XV.

11. Dona Marie-Antoinette-Ferdinande de Bourbon, infante d'Espagne, née à Séville le 17 novembre 1729 (¹¹);

(¹) *Gazette*, 1718, p. 185, et *Almanach royal*. Voy. aussi la *Gazette* de 1764, p. 277. — Moréri dit tantôt le 30 et tantôt le 31. — En 1746, p. 564, la *Gazette* dit le 50.

(²) *Gazette*, 1721, p. 586.

(³) La *Gazette*, 1781, p. 63, dit que le roi d'Espagne apprit la mort de sa sœur le 19 janvier par un courrier arrivé de Lisbonne.

(⁴) *Gazette*, 1728, p. 52 et 55. — Moréri se trompe en disant 1725.

(⁵) *Gazette*, 1729, p. 111. — Moréri et *Almanach royal*. — Barbier (*Journal*, II, 64) dit à tort que le mariage eut lieu dans un bâtiment construit sur la rivière de Caya, à une lieue de Badajoz. C'est là que, le 17 janvier, l'Infante fut échangée contre la fille de Jean V, roi de Portugal, qui allait épouser Ferdinand, prince des Asturies. (*Gazette*, 1729, p. 77.)

(⁶) *Gazette*, 1726, p. 517. — *Almanach royal* et Moréri.

(⁷) *Gazette*, 1746, p. 371. — Luynes et Barbier.

(⁸) *Gazette*, 1745, p. 7.

(⁹) *Gazette*, 1745, p. 12 et 51.

(¹⁰) *Gazette*, 1745, p. 107 et 111. — Luynes.

(¹¹) *Gazette*, 1729, p. 592 et 596. — Moréri.

baptisée à Séville le 17 novembre 1729 ; morte au château de Montcallier le 19 septembre 1785 ([1]) ; mariée, par procuration à Madrid le 12 avril 1750, et en personne à Oulx le 31 mai suivant ([2]), à *Victor-Amédée*, duc de Savoie, depuis roi de Sardaigne, en 1773, sous le nom de Victor-Amédée II.

II. **FERDINAND VI**, roi d'Espagne en 1746, surnommé *le Sage.* — Appelé d'abord l'infant *Don Ferdinand*, puis, après la mort de son frère, Louis Ier, en 1724, le *prince des Asturies* ([3]).

Né à Madrid le 23 septembre 1715 ([4]).

Baptisé le 25 août 1716, tenu au nom du roi et de la reine de Sicile ([5]).

Mort au château de Villaviciosa, le 10 août 1759, sans enfants ([6]).

Marié, en vertu du traité de Saint-Ildefonse du 1er octobre 1725 et par contrat signé à Lisbonne le 10 janvier 1728 ([7]), par procuration à Lisbonne le 11 janvier 1728 ([8]), et en personne à Badajoz le 20 janvier 1729 ([9]), à *Marie-Madeleine-Josèphe-Thérèse-Barbe de Bragance*, infante de Portugal, fille de Jean V, roi de Portugal, et de Marie-Anne-Joséphine-Antoinette d'Autriche ; née à Lisbonne le 4 décembre 1711 ([10]) ; morte à Aranjuez le 27 août 1758 ([11]). — Appelée d'abord la *princesse des Asturies*, puis la *reine d'Espagne.*

([1]) *Gazette*, 1785, p. 333. — Le *Calendrier de la Cour* dit à Turin. — *Sépulture :* A la Superga.

([2]) *Gazette*, 1750, p. 208, 220 et 307.

([3]) Il fut proclamé prince des Asturies et héritier de la Couronne par les Cortez, et reçut leur serment le 25 novembre 1724. (*Gazette*, 1724, p. 626 et suiv.)

([4]) *Gazette*, 1715, p. 480 et 484. — Moréri.

([5]) *Gazette*, 1716, p. 449. — Le P. Anselme.

([6]) *Gazette*, 1759, p. 414. — *Sépulture :* Inhumé avec sa femme à la Visitation de Madrid.

([7]) *Gazette*, 1728, p. 89.

([8]) *Gazette*, 1728, p. 89.

([9]) *Gazette*, 1729, p. 77. — Moréri.

([10]) Luynes, XVII, 57. — *Almanach royal.* — *Gazette*, 1722, p. 18, et 1752, p. 624.

([11]) *Gazette*, 1758, p. 457. — *Sépulture :* Voy. plus haut, note 6.

III. **CHARLES III** (Don Carlos), infant d'Espagne, duc de
Parme en 1731, roi des Deux-Siciles le 15 mai 1735 sous le
nom de Charles VII, succède en Espagne à son frère Ferdinand VI, le 10 août 1759; proclamé roi d'Espagne à Madrid,
le 11 septembre.

Né à Madrid le 20 janvier 1716 ([1]).

Baptisé le 25 août 1716, tenu au nom du duc de Parme et
de la reine douairière d'Espagne ([2]).

Mort à Madrid le 14 décembre 1788 ([3]).

Accordé, par le traité de Versailles du 26 novembre 1722,
à *Philippe-Élisabeth d'Orléans*, Mademoiselle de Beaujolais, fille du Régent; arrivée à Madrid le 16 février 1723
et renvoyée en France le 20 mars 1725, sans avoir été mariée ([4]). — Marié, par procuration à Dresde le 9 mai 1738,
et en personne à Gaëte le 19 juin 1738 ([5]), à *Marie-Amélie-
Christine de Saxe*, fille d'Auguste III, roi de Pologne et
Électeur de Saxe, et de Marie-Josèphe d'Autriche ([6]); née
le 24 novembre 1724 ([7]); morte à Madrid le 27 septembre
1760 ([8]).

ENFANTS NÉS DE CE MARIAGE.

1. **Don Philippe-Antoine-Janvier-Pascal-François-de-
Paule de Bourbon**, duc de Calabre, prince royal des
Deux-Siciles; né le 13 juin 1747 ([9]); baptisé le 4 février ([10])
1748 en la chapelle du palais de Naples, tenu au nom du
roi et de la reine d'Espagne par le duc de Medina-Cœli, ambassadeur du roi d'Espagne, et par la duchesse de Colum-

---

([1]) *Gazette*, 1716, p. 60, et 1721, p. 69. — *L'Europe vivante et mourante*,
1739, p. 431.

([2]) *Gazette*, 1716, p. 449. — Le P. Anselme.

([3]) *Gazette*, 1788, p. 459, et 1789, p. 2 et 27. — *Sépulture :* A l'Escurial.

([4]) *Gazette*, 1722, p. 719; 1725, p. 174 et 280. — Moréri.

([5]) *Gazette*, 1738, p. 271, 312, 347 et 359.

([6]) Cette princesse est la sœur aînée de la Dauphine, Marie-Josèphe de Saxe.

([7]) *Gazette*, 1752, p. 612. — *L'Europe vivante et mourante*, 1739, p. 431.

([8]) *Gazette*, 1760, p. 490. — *Sépulture :* A l'Escurial.

([9]) Luynes, VIII, 251. — La *Gazette*, 1747, p. 312, annonce la naissance du
prince, mais ne donne pas la date.

([10]) Quelques-uns disent le 20 janvier.

brano (¹) ; exclu du trône en octobre 1759, à cause de la
faiblesse de son intelligence (²) ; mort à Naples le 19 septembre 1777 (³).

2. CHARLES IV, roi d'Espagne, qui suit.

3. FERDINAND IV, roi des Deux-Siciles, dont il sera parlé ci-
après, au chapitre II de cette troisième partie.

4. **Don Gabriel-Antoine-François-Xavier-Jean-Népo-
mucène-Joseph-Séraphin-Pascal-Sauveur de Bourbon**, infant d'Espagne, né à Naples le 12 mai 1752 (⁴) ;
mort à l'Escurial le 23 novembre 1788 (⁵) ; marié à Aranjuez, le 23 mai 1785 (⁶), à *Dona Marie-Anne-Victoire-Josè-
phe-Françoise-Xavière-de-Paule-Antoinette-Jeanne-Domi-
nique-Gabrielle de Bragance*, infante de Portugal, fille de
Pierre III, roi de Portugal, et de Marie-Françoise-Isabelle de
Bragance ; née le 15 décembre 1768 (⁷) ; morte à l'Escurial
le 2 novembre 1788 (⁸). — Il en a eu trois enfants :

> 1. DON PIERRE-CHARLES-ANTOINE-RAPHAEL-JOSEPH-JANVIER-FRAN-
> ÇOIS-JEAN-NÉPOMUCÈNE-THOMAS-DE-VILLENEUVE-MARC-MARCELIN-
> VINCENT-FERRIER-RAYMOND-NONAT-PIERRE-D'ALCANTARA-FERD:-
> NAND DE BOURBON, infant d'Espagne, né dans la nuit du 17
> au 18 juin 1786 (⁹) ; mort au Brésil le 4 juillet 1812 (¹⁰) ; ma-

---

(¹) *Gazette*, 1748, p. 122.

(²) Voy. dans la *Gazette*, 1759, p. 552-554, l'analyse du rapport fait à Charles VII, roi des Deux-Siciles, par les médecins chargés d'examiner l'état du prince
royal, devenu idiot à la suite de violentes attaques d'épilepsie, et dont l'incapa-
cité absolue fut constatée par les notables du royaume appelés par le Roi à visiter
le jeune prince.

(³) *Gazette*, 1777, p. 757.

(⁴) *Gazette*, 1752, p. 288; *Almanach royal; l'Europe vivante et mourante*,
1759, p. 451. — Plusieurs almanachs du temps, le *Kalendario manual para el
año de* 1786 et Koch disent que Don Gabriel est né le 11 mai, et en effet l'anniversaire de sa naissance est célébré le 11 mai, en 1764, 1765 et 1785. (*Gazette*,
1764, 1765 et 1785, p. 348, 356 et 195.)

(⁵) *Gazette*, 1788, p. 441.

(⁶) *Gazette*, 1785, p. 199. — Il y a eu un mariage par procureur dont je n'ai pu
trouver la date.

(⁷) *Gazette*, 1769, p. 51. — *Kalendario manual* de 1786.

(⁸) *Gazette*, 1788, p. 411.

(⁹) *Gazette*, 1786, p. 221. — L'*Almanach de Gotha* de 1794 dit le 18 juin; celui de 1804 dit le 17 juin. — L'*Almanach de la ville de Lyon et du département
du Rhône* pour l'an IX dit le 18.

(¹⁰) Le chevalier de Courcelles dit juin.

rié, le 13 mai 1810, à l'infante *Dona Marie-Thérèse-Françoise-d'Assise-Antonie, etc., de Bourbon et Bragance*, princesse de Beira, fille de Jean VI, roi de Portugal, et de l'infante d'Espagne Dona Charlotte-Joachime de Bourbon, née le 29 avril 1793 [1], dont il a eu :

Don Sébastien-Gabriel-Marie de Bourbon et Bragance, infant d'Espagne, grand prieur de Saint-Jean ; né le 4 novembre 1811 ; marié : 1° le 7 avril-26 mai 1852 [2], à *Marie-Amélie de Bourbon*, fille de François Ier, roi des Deux-Siciles ; née le 25 février 1818 ; morte le 6 novembre 1857 ; — 2° le 19 novembre 1860 [3], à l'infante *Dona Marie-Christine-Isabelle de Bourbon*, fille de l'infant Don François de Paule, née le 5 juin 1833, dont il a eu cinq enfants :

1° Don François-Marie-Isabel-Gabriel-Pierre-Sébastien-Alphonse de Bourbon et Bragance [4], infant d'Espagne, né à Madrid le 20 août 1861.

2° Don Pierre-d'Alcantara-Marie-de-Guadalupe-Thérèse-Isabel-François-d'Assise-Gabriel-Sébastien-Christine de Bourbon et Bragance, infant d'Espagne, né à Madrid le 12 décembre 1862 [5].

3° Don Louis-Jésus-Marie-Isabel-Joseph-François-d'Assise-Sébastien de Bourbon et Bragance, infant d'Espagne, né à Madrid le 17 janvier 1864.

4° Don Alphonse-Marie-Isabel-François-Eugène, etc., de Bourbon et Bragance, infant d'Espagne, né à Madrid le 15 novembre 1866.

5° Don Gabriel-Jésus-Marie-Adalbert-Henri-Ferdinand-Louis, etc., de Bourbon et Bragance, né à Pau le 23 mars 1869 [6].

2. Don Charles-Joseph-Antoine de Bourbon, infant d'Espagne, né à l'Escurial le 28 octobre 1788 [7] ; baptisé le 28 octobre 1788 et tenu par le roi son aïeul ; mort le 9 novembre 1788 [8].

3. Dona Marie-Charlotte-Josèphe-Joachime-Anne-Raphaelle-Antoinette-Françoise-d'Assise-Augustine-Madeleine-Fran-

---

[1] Remariée en 1838 à Don Carlos, fils de Charles IV, roi d'Espagne (p. 204).

[2] On donne aussi la date du 25 mai.

[3] L'*Annuaire de la noblesse* dit : remarié en janvier 1861.

[4] L'*Almanach de Gotha* dit : Bourbon et Bourbon ; mais le registre de l'état civil de Pau (naissance de Don Gabriel-Jésus) dit : Bourbon et Bragance.

[5] On dit aussi le 14 décembre.

[6] Registres de l'état civil de la mairie de Pau. — L'*Annuaire de la noblesse* (1870) dit à tort le 26 mars.

[7] *Gazette*, 1788, p. 411.

[8] *Gazette*, 1788, p. 425.

çoise - de - Paule - Calfilde - Lutgarde - Thérèse - Thomase - Ray-
monde-Pascale de Bourbon, infante d'Espagne, née à l'Escurial le 4 novembre 1787; baptisée le..., et tenue par le roi
son aïeul; morte le 8 du même mois.

5. **Don Antoine-Pascal-François-Xavier-Jean-Népo-
mucène-Aniello-Raymond-Sylvestre de Bourbon**, infant d'Espagne, né à Naples le 31 décembre 1755 [1]; mort
à Madrid, le 20 avril 1817 [2], sans enfants; marié, le 25
août 1795, à *Dona Marie-Amélie*, infante d'Espagne, fille
de Charles IV, roi d'Espagne, sa nièce; née au Pardo le 9
janvier 1779 [3]; morte, le 27 juillet 1798 [4], en couches
d'un enfant mort-né, inhumé le 23 à l'Escurial.

6. **Don François-Xavier-Antoine-Pascal-Bernard-Fran-
çois - de - Paule - Jean-Népomucène - Aniello-Julien de
Bourbon**, infant d'Espagne, né le 17 février 1757 [5];
mort à Aranjuez le 10 avril 1771 [6].

7. **Dona Marie-Élisabeth-Antoinette-de-Padoue-Fran-
çoise-Janvier-Françoise-de-Paule-Jean-Népomucène-
Joséphine-Onosifore de Bourbon**, infante d'Espagne,
née à Naples le 6 septembre 1740 [7]; baptisée en la chapelle du palais de Naples entre le 17 et le 22 novembre
1740 [8], tenue par le roi et la reine d'Espagne; morte à
Naples le 1er novembre 1742 [9].

8. **Dona Marie-Joséphine-Antoinette de Bourbon**, infante d'Espagne, née à Naples le 20 janvier 1742 [10]; baptisée le 20 janvier 1742; morte à Naples dans la nuit du 2
au 3 avril suivant [11].

---

[1] *Gazette*, 1756, p. 36 et 67. — *Kalendario manual* de 1786.
[2] *Moniteur universel*, 1817, p. 480.
[3] *Gazette*, 1779, p. 37. — *Almanach royal*.
[4] *Almanach royal* de 1814 et *Almanach de Gotha* de 1804. — L'*Almanach
impérial* de 1808 dit le 27 juin; l'*Almanach de la ville de Lyon et du département du Rhône* pour l'an IX dit aussi le 27 juin.
[5] *Gazette*, 1757, p. 151.
[6] *Gazette*, 1771, p. 275. — *Sépulture :* A l'Escurial.
[7] *Gazette*, 1740, p. 486, 502 et 503.
[8] *Gazette*, 1740, p. 503 et 627.
[9] Koch, *Tables généalogiques.* — *État de la France*, 1749, t. II, p. 446.
[10] *Gazette*, 1742, p. 90 et 97. — *Almanach royal* de 1746.
[11] *Gazette*, 1742, p. 222 et 228.

9. **Dona Marie-Élisabeth de Bourbon**, infante d'Espagne, née le 29 ou le 30 avril 1743 ([1]); morte le 5 mars
1749 ([2]).

10. **Dona Marie-Joséphe de Bourbon**, infante d'Espagne,
née à Gaëte le 16 juillet 1744 ([3]); figure encore dans l'*Almanach de la ville de Lyon et du département du Rhône
pour l'an IX* et dans l'*Almanach national de l'an IX* (1800-
1801), mais n'est plus mentionnée dans l'*Almanach de
Gotha de* 1804.

11. **Dona Marie-Louise de Bourbon**, infante d'Espagne,
née le 24 novembre 1745 ([4]); morte à Vienne le 15 mai
1792 ([5]); mariée, par procuration à Madrid le 16 février
1764 ([6]), et en personne à Inspruck le 4 août 1765 ([7]), à
Pierre-Léopold-Joseph, grand-duc de Toscane, puis empereur d'Allemagne en 1790, sous le nom de Léopold II.

12. **Dona Marie-Françoise-Antoinette-Françoise-Xa-
vière-Françoise-de-Paule-Séraphine de Bourbon**, infante d'Espagne, née à Naples le 29 novembre 1749, à deux
heures du matin ([8]); morte à Portici dans la nuit du 30
avril au 1er mai 1750 ([9]).

13. **Dona Marie-Anne de Bourbon**, infante d'Espagne,
née à Portici le 3 juillet 1754 ([10]); morte à Portici le 11
mai 1755 ([11]).

([1]) La *Gazette*, 1743, p. 256, dit le 30; p. 288, le 29. — L'*Almanach royal* dit
le 29.

([2]) *Mémoires du duc de Luynes*, IX, 373. — La *Gazette* (p. 165) ne dit pas le
jour de sa mort.

([3]) *Gazette*, 1744, p. 379; 1765, p. 501 et 508. — L'*Europe vivante et mourante*, 1759, p. 432. — Le *Kalendario manual* de 1786.

([4]) Le *Kalendario manual* de 1786.

([5]) *Sépulture* : Aux Capucins de Vienne.

([6]) *Gazette*, 1764, p. 157.

([7]) *Gazette*, 1765, p. 515 et 538. — Koch, *Tables généalogiques*.

([8]) *Gazette*, 1750, p. 9 et 18.

([9]) *Gazette*, 1750, p. 283; mais, p. 264, la *Gazette* dit que cette princesse est
morte le 1er mai.

([10]) *Gazette*, 1754, p. 364, 369 et 370.

([11]) *Gazette*, 1755, p. 280. — L'*Europe vivante et mourante* dit à tort que
cette princesse mourut en 1756. — *Sépulture :* A Naples.

IV. CHARLES IV (Charles-Antoine-Pascal-François-Xavier-Jean-Népomucène-Joseph-Janvier-Séraphin-Diègue), infant d'Espagne, prince de Tarente, puis prince des Asturies en 1759, et enfin roi d'Espagne le 14 décembre 1788 ; abdique, le 19 mars 1808, en faveur de son fils Ferdinand VII.

Né à Portici le 11 novembre 1748 ([1]).

Mort à Rome le 20 janvier 1819 ([2]).

Marié à Saint-Ildefonse, le 4 septembre 1765, à *Dona Marie-Louise-Thérèse de Bourbon*, fille de Don Philippe, duc de Parme ; née à Parme le 9 décembre 1751 ([3]) ; morte à Rome le 2 janvier 1819 ([4]).

ENFANTS NÉS DE CE MARIAGE.

1. **Don Charles-Clément-Antoine-de-Padoue-Janvier-Pascal-Joseph-François-d'Assise-François-de-Paule-Louis-Vincent-Ferrier-Raphaël de Bourbon**, infant d'Espagne, né à l'Escurial le 19 septembre 1771 ([5]) ; baptisé le jour de sa naissance, tenu par le Pape et le roi d'Espagne ; mort au Pardo ([6]) le 7 mars 1774 ([7]).

2. **Don Charles-Dominique-Eusèbe-Raphaël-Joseph-Antoine-Jean-Népomucène-Gabriel-Julien-Vincent-Ferrier-André-Avellino-Louis-Ferdinand-Angel-François-Pascal-Joachim-Cajétan-Ignace-Manuel-Ramon-Ganaro-François-de-Paule de Bourbon**, infant d'Espagne, né à Madrid le 5 mars 1780 ([8]) ; baptisé le jour de sa naissance et tenu par le roi d'Espagne ; mort à Aranjuez le 11 juin 1783 ([9]).

([1]) *Gazette*, 1748, p. 602 et 615. — Suivant le *Kalendario manual para el año de* 1786, Charles IV est né à Naples le 12 novembre.

([2]) *Sépulture :* Porté à l'Escurial le 18 septembre 1819.

([3]) *Gazette*, 1751, p. 628.

([4]) *Moniteur universel*, 1819, p. 81. — *Sépulture :* Portée à l'Escurial le 18 septembre 1819.

([5]) *Gazette*, 1771, p. 672.

([6]) La *Gazette*, 1774, p. 206-207, dit à l'Escurial.

([7]) *Sépulture :* A l'Escurial.

([8]) *Gazette*, 1780, p. 115. — *L'Almanach royal* dit à tort le 6 mars.

([9]) *Gazette*, 1783, p. 246. — *Sépulture :* A l'Escurial.

3. **Don Charles-François-de-Paule-Dominique-Antoine-Joseph-Raymond-Diègue-Vincent-Ferrier-Jean-Népomucène-Isidore-Pascal-Pierre-Pierre-d'Alcantara-Ferdinand-Philippe-Louis-Cajétan-Grégoire-Joachim-Laurent-Justinien-Julien de Bourbon**, infant d'Espagne, né à Saint-Ildefonse le 5 septembre 1783, à huit heures (¹) ; baptisé le 5 septembre 1783 et tenu par le roi d'Espagne ; mort à Saint-Ildefonse (²) le 11 novembre 1784 (³).

4. **Don Philippe-François-de-Paule-Dominique-Antoine-Joseph-Raymond-Diègue-Vincent-Ferrier-Jean-Népomucène-Isidore-Pascal-Pierre-Pierre-d'Alcantara-Ferdinand-Philippe-Louis-Cajétan-Grégoire-Joachim-Laurent-Justinien-Julien de Bourbon**, infant d'Espagne, frère jumeau du précédent ; né à Saint-Ildefonse, le 5 septembre 1783, à onze heures ; baptisé le 5 septembre 1783 et tenu par le roi d'Espagne ; mort à Saint-Ildefonse le 18 octobre 1784 (⁴).

5. FERDINAND VII, roi d'Espagne, qui suit.

6. **Don Charles-Marie-Isidore-Benoit** (⁵) **de Bourbon** (*Don Carlos V*), appelé, à partir du 18 mai 1845 (⁶), le *comte de Molina*, infant d'Espagne ; né le 29 mars 1788 (⁷) ; mort à Trieste le 10 mars 1855. — Marié : 1° par procuration à Cadix le 4 septembre 1816, et en personne à Madrid le 29 septembre suivant (⁸), à *Dona Marie-Françoise-d'Assise de Bragance*, infante de Portugal, fille de Jean VI, roi de Portugal, et de l'infante d'Espagne Dona Charlotte-Joachim ; née le 22 avril 1800 ; morte à Alverstoke-Rectory, près Gos-

---

(¹) *Gazette*, 1783, p. 551 et 511.
(²) La *Gazette*, 1784, p. 597, dit à l'Escurial.
(³) *Sépulture :* A l'Escurial.
(⁴) *Gazette*, 1784, p. 573.
(⁵) Plusieurs appellent ce prince : Don Charles-Marie-Joseph-Isidore.
(⁶) Date de la renonciation qu'il fit de ses droits en faveur de son fils aîné, Charles, comte de Montemolin.
(⁷) *Gazette*, 1788, p. 155. — *Almanach royal.* — L'*Almanach de Gotha* pour 1794 dit le 29 mars ; plus tard, le même almanach dit le 28.
(⁸) *Moniteur universel*, 1816, p. 1054 et 1179.

port, en Angleterre, le 4 septembre 1834 (¹); — 2° par procuration, à Salzbourg le 2 février 1838, et en personne à Azcoitia (²) le 20 octobre suivant, à l'infante de Portugal *Dona Marie-Thérèse-Françoise-d'Assise-Antonie, etc., de Bourbon et Bragance*, princesse de Beira, fille aînée de Jean VI, roi de Portugal, et de l'infante d'Espagne Dona Charlotte-Joachime; veuve de l'infant Don Pierre, fils de l'infant Don Gabriel (voy. p. 199); née le 29 avril 1793.

ENFANTS NÉS DU PREMIER MARIAGE.

1° Don CHARLES-LOUIS-MARIE-FERDINAND DE BOURBON, infant d'Espagne (Don Carlos VI), appelé le *comte de Montemolin* à partir du 18 mai 1845; né à Madrid le 31 janvier 1818 (³); mort subitement à Trieste, le 13 janvier 1861, sans enfants; marié à Caserte, le 10 juillet 1850, à *Marie-Caroline-Ferdinande de Bourbon*, fille de François Ier, roi des Deux-Siciles; née le 29 février 1820; morte subitement à Trieste, le même jour que son mari, 13 janvier 1861.

2° Don JEAN-CHARLES-MARIE-ISIDORE DE BOURBON (Don Juan III), infant d'Espagne (⁴), né à Aranjuez le 15 mai 1822; marié, le 6 février 1847, à *Marie-Anne-Béatrice-Françoise*, archiduchesse d'Autriche-Este, seconde fille de François IV, duc de Modène, et de Marie-Béatrice-Victoire-Joséphine de Savoie; née le 13 février 1824. — De ce mariage sont nés :

A. Don CHARLES-MARIE-DE-LOS-DOLORES-JEAN-ISIDORE-JOSEPH-FRANÇOIS-QUIRIN-ANTOINE-MICHEL-GABRIEL-RAPHAEL DE BOURBON, infant d'Espagne, duc de Madrid (Don Carlos VII), né à Laybach (⁵) le 30 mars 1848; marié à Frohsdorf le 4 février 1867, à l'infante *Dona Marguerite-Marie-Thérèse-Henriette de Bourbon*, fille de Charles III, duc de Parme, née le 1er janvier 1847; de laquelle il a eu :

1. Don JACQUES-JEAN-CHARLES-ALPHONSE-PHILIPPE DE BOURBON, infant d'Espagne, né à la Tour, près Vevey, le 27 juin 1870 (⁶);

(¹) *Moniteur universel*, 1834, p. 1802.
(²) Quelques-uns disent à Azpeitia.
(³) *Moniteur universel*, 1818, p. 195.
(⁴) Il a renoncé, le 3 octobre 1868, en faveur de son fils aîné, le duc de Madrid, à ses droits à la couronne d'Espagne.
(⁵) Quelques-uns disent à Gratz.
(⁶) Appelé le prince des Asturies par ceux qui regardent son père comme le roi légitime de l'Espagne.

baptisé au même lieu le 30 juin, tenu par ses aïeux pater-
nels.

2. Doña Blanche-de-Castille-Marie-de-la-Conception-Thérèse-
Françoise-d'Assise-Marguerite-Jeanne-Béatrice-Charlotte-
Louise-Fernande-Adelgonde-Elvire-Ildefonse-Régine-Josèphe-
Michelle-Gabrielle-Raphaelle de Bourbon, infante d'Espagne,
née à Gratz le 7 septembre 1868; baptisée à Gratz le lende-
main, tenue par le duc de Modène et la veuve de Don Carlos V.

3. Doña Elvire de Bourbon, née au Bocage, près de Genève,
le 28 juillet 1871 (¹); baptisée le 1er août 1871, tenue au
nom du comte et de la comtesse de Chambord.

B. Don Alphonse-Charles-Ferdinand-Joseph-Jean-Pie de Bourbon,
infant d'Espagne, né à Londres le 12 septembre 1849; marié,
au château de Heubach en Bavière, le 26 avril 1871, à l'infante de Portugal *Marie-des-Neiges-Isabelle-Eulalie-Char-
lotte-Adélaïde-Michelle-Raphaëlle-Gonzague-de-Paule-et-
d'Assise-Sophie-Inez-Romana de Bragance*, fille de l'infant
de Portugal dom Miguel de Bragance et d'Adélaïde-Sophie-Amé-
lie-Louise-Jeanne-Léopoldine de Lœwenstein-Wertheim-Roche-
fort; née à Heubach le 5 août 1852.

3° Don Ferdinand-Marie-Joseph de Bourbon, infant d'Espagne,
né à l'Escurial le 19 octobre 1824; mort à Brunnsee en
Styrie le 2 janvier 1861.

7. **Don Philippe-Marie-François de Bourbon**, infant
d'Espagne, né à Aranjuez le 28 mars 1792; mort à Madrid
le 1er mars 1794 (²).

8. **Don François-de-Paule-Antoine-Marie de Bourbon,**
infant d'Espagne, duc de Cadix (³); né à Madrid le 10 mars
1794; mort à Madrid le 13 août 1865 (⁴); marié : 1° par
procuration à Naples le 15 avril 1819 (⁵), et en personne le
12 juin 1819 (⁶), à *Louise-Charlotte-Marie-Isabelle de Bourbon*, fille de François Ier, roi des Deux-Siciles; née le 24
octobre 1804; morte le 29 janvier 1844; — 2° en 1851, à
Dona Thérèse Arredondo, morte le 29 décembre 1863.

(¹) *Le Gaulois* du 22 juin, *l'Union* du 29 juillet et *les Débats* du 29 juillet et du
3 août 1871.

(²) *Sépulture* : A l'Escurial.

(³) Appelé le *comte de Moratalla* dans son *Voyage en France en* 1817.

(⁴) *Sépulture :* A l'Escurial.

(⁵) *Moniteur universel*, 1819, p. 583.

(⁶) *Almanach royal*, 1820. — On trouve aussi, pour la date de ce mariage, le
11 et le 19 juin 1819. — L'*Almanach royal* de 1819 dit que l'Infant s'est marié le
12 octobre 1818.

ENFANTS NÉS DU PREMIER MARIAGE.

1° Don François-d'Assise-Louis-Ferdinand de Bourbon, infant d'Espagne, né à Madrid le 6 mai 1820 ; mort à l'Escurial le 15 novembre 1821.

2° Don François-d'Assise-Marie-Ferdinand de Bourbon, infant d'Espagne, né à Aranjuez le 13 mai 1822 ; fiancé le 28 août et marié le 10 octobre 1846, à la reine *Isabelle II ;* reçoit alors le titre honorifique de Roi et de Majesté.

3° Don Henri-Marie-Ferdinand de Bourbon, infant d'Espagne (¹), duc de Séville (²) ; né à Séville le 17 avril 1823 (³) ; tué en duel par le duc de Montpensier, dans une prairie appelée la Dehesa de los Carabanchelos, près du pueblo d'Alcorcon (environs de Madrid), le 12 mars 1870 (⁴) ; marié à Rome, le 6 mai 1847, à *Dona Hélène de Castelvi y Shelly Fernandez de Cordova,* morte le 29 décembre 1863. Il en a eu cinq enfants :

  1. Don Henri-Pie-Marie-François-de-Paule-Louis-Antoine de Bourbon, duc de Séville, né le 3 octobre 1848.

  2. Don Louis... de Bourbon, né le 7 novembre 1851 ; mort le 25 février 1854.

  3. Don François-Marie-Trinité-Henri-Gabriel-Michel-Raphael-Edme-Bonaventure de Bourbon, né le 29 mars 1853 (⁵).

  4. Don Albert-Henri-Marie-Vincent-Ferrier-François-de-Paule-Antoine de Bourbon, né le 22 février 1854.

  5. Dona Marie-del-Olvido-Isabelle-Françoise-Alphonsine-Hélène-Henriette-Louise de Bourbon, née à Madrid le 28 septembre 1858.

4° Don Édouard-Philippe-Marie de Bourbon, infant d'Espagne, né le 4 avril 1826 ; mort le 22 octobre 1830.

5° Don Ferdinand-Marie-Mariano de Bourbon, infant d'Espagne, né le 11 avril 1832 ; mort à Madrid le 17 juillet 1854.

6° Dona Isabelle-Ferdinande-Françoise-Joséphine de Bourbon,

(¹) Le duc de Séville a été privé de son titre d'Infant par un décret royal du 11 mars 1867.

(²) Pendant son séjour à Paris, il a porté le nom de *duc de Sagonte.*

(³) Le duc de Séville était le filleul du duc de Bordeaux et de la duchesse de Berry.

(⁴) *Sépulture :* A Madrid.

(⁵) *L'Almanach de Gotha* de 1856 dit 1852.

infante d'Espagne, née le 18 mai 1821 ; mariée le 26 juin 1841 à *Ignace, comte Gurowski,* né en 1812.

7° Dona Louise-Thérèse-Françoise-Marie de Bourbon, infante d'Espagne, née à Aranjuez le 11 juin 1824 (¹) ; baptisée le même jour à Aranjuez et tenue, au nom de Louis XVIII et de la duchesse d'Angoulême, par l'infant Don Carlos et l'infante Dona Marie-Françoise (²) ; mariée, le 10 février 1847, à *Don José-Osorio de Moscoso y Carbajal, duc de Sessa,* dix fois grand d'Espagne (³).

8° Dona Joséphine-Ferdinande-Louise-de-Guadalupe de Bourbon, infante d'Espagne, née le 25 mai 1827 ; mariée, le 28 juin 1848, à *Don José Guell y Renté.*

9° Dona Marie-Thérèse-Caroline de Bourbon, infante d'Espapagne, née à Madrid le 15 novembre 1828 (⁴); morte le 3 novembre 1829.

10° Dona Marie-Christine-Isabelle de Bourbon, infante d'Espagne, née le 5 juin 1833 ; mariée, le 19 novembre 1860, à l'infant *Don Sébastien-Gabriel-Marie de Bourbon et Bragance.*

11° Dona Amélie-Philippine-del-Pilar de Bourbon, infante d'Espagne, née le 12 octobre 1834 ; mariée, le 25 août 1856 (⁵), au prince *Adalbert de Bavière.*

9. **Dona Charlotte-Joachime de Bourbon** (⁶), infante d'Espagne, née à Madrid le 25 avril 1775 (⁷) ; morte à Queluz le 7 janvier 1830 (⁸) ; mariée, par procuration à Madrid le 27 mars 1785 (⁹), et en personne le 9 juin 1785 (¹⁰), à *Jean-Marie-Louis-Joseph,* etc., *de Bragance,* infant de

---

(¹) *Moniteur universel,* 1824, p. 827.

(²) *Moniteur universel,* 1824, p. 827.

(³) Aux titres de duc d'Atrisco, de Baena, de Montemar et de Sessa, de marquis d'Astorga, de Castromonte, de Léganès et de Vélada, de comte d'Altamira et de Cabra, sans compter dix autres titres de marquis et huit autres titres de comtes, auxquels ne sont pas attachés les honneurs de la grandesse, tel que le titre de comte de Trastamare.

(⁴) *Moniteur universel,* 1828, p. 1763.

(⁵) *L'Annuaire de la noblesse* dit le 26 août.

(⁶) Quelques-uns disent : Caroline-Joaquine-Thérèse.

(⁷) *Gazette,* 1775, p. 591.

(⁸) *Sépulture :* A Saint-Vincent de Fora.

(⁹) *Gazette,* 1785, p. 155.

(¹⁰) *Calendrier de la Cour* et *Almanach royal. — L'Almanach de Gotha* pour 1794 dit le 5 avril 1790, date qui est bien probablement celle de la consommation du mariage. — *L'Almanach de Gotha* pour 1804 dit le 5 janvier 1790.

Portugal, prince du Brésil et duc de Bragance, depuis roi de Portugal sous le nom de Jean VI.

10. Dona Marie-Louise-Charlotte de Bourbon, infante d'Espagne, née à Saint-Ildefonse le 11 septembre 1777 [1] ; morte à Saint-Ildefonse le 2 juillet 1782 [2].

11. Dona Marie-Amélie de Bourbon, infante d'Espagne, née à Aranjuez le 9 janvier 1779 [3] ; morte à Madrid le 27 juillet 1798 [4] ; mariée le 25 août 1795 à l'infant *Don Antoine-Pascal* (frère de Charles IV), son oncle.

12. Dona Marie-Louise-Joséphine-Antoinette de Bourbon, infante d'Espagne, née à Saint-Ildefonse le 6 juillet 1782 [5]; morte à Rome le 13 mars 1824 [6] ; mariée le 25 août 1795 à *Louis Ier*, roi d'Étrurie.

13. Dona Marie-Isabelle... de Bourbon, infante d'Espagne, née le 6 juillet 1789 [7] ; morte à Portici le 13 septembre 1848 ; mariée, par procuration à Barcelone le 6 juillet 1802, et en personne le 6 octobre 1802, à *François Ier*, roi des Deux-Siciles ; veuve le 8 novembre 1830 ; remariée en 1839 au *comte de Balzo*, colonel sicilien.

14. Dona Marie-Thérèse [8] **de Bourbon**, infante d'Espagne, née à Aranjuez le 16 février 1791 [9] ; morte à l'Escurial le 2 novembre 1794.

------

[1] *Gazette*, 1777, p. 692, 705 et 774.

[2] *Sépulture :* A l'Escurial.

[3] *Gazette*, 1779, p. 37, et *Almanach royal*. — Quelques-uns disent au Pardo. — Le *Kalendario manual* de 1786 dit qu'elle est née le 10 janvier.

[4] *Almanach royal* de 1814 et *Almanach de Gotha* pour 1804. — L'*Almanach impérial* de 1808 dit le 27 juin.

[5] *Kalendario manual* de 1786 et *Almanach de la ville de Lyon et du département du Rhône* pour l'an IX de la République. — La *Gazette* de 1782 ne parle de la naissance de cette infante que quelques jours après, au 26 juillet, p. 507. — L'*Almanach de Gotha* de 1804 place à tort sa naissance au 16 juillet. — Quelques-uns disent : née à Madrid.

[6] *Sépulture :* Basilique des Douze-Apôtres, à Rome.

[7] *Gazette*, 1789, p. 506.

[8] L'*Almanach de Gotha* pour 1794 dit qu'elle s'appelait Marie-Thérèse-Philippine.

[9] *Gazette*, 1791, p. 93.

IV. **FERDINAND VII** (¹), prince des Asturies en 1788, roi
d'Espagne le 19 mars 1808, par l'abdication de son père; prisonnier en France de 1808 à 1814; remonte sur le trône
d'Espagne en 1814.

Né à Saint-Ildefonse le 13 octobre 1784 (²).

Mort à Madrid le 29 septembre 1833 (³).

Marié : 1° par procuration le 16 août 1802, et en personne
à Barcelone le 6 octobre 1802 (⁴), à *Marie-Antoinette-Thé-
rèse de Bourbon*, princesse des Deux-Siciles, fille de Ferdinand Iᵉʳ, roi des Deux-Siciles; née à Naples le 14 décembre 1784; morte à Aranjuez le 21 mai 1806 (⁵); — 2° par
procuration à Cadix le 4 septembre 1816, et en personne à
Madrid le 29 septembre 1816 (⁶), à *Marie-Isabelle-Fran-
çoise de Bragance*, infante de Portugal, fille de Jean VI,
roi de Portugal, et de l'infante d'Espagne Dona Charlotte-
Joachime; née le 19 mai 1797; morte en couches le 26 décembre 1818 (⁷); — 3° par contrat signé à Madrid le 14 septembre 1819, par procuration à Dresde le 7 octobre 1819, et
en personne à Madrid le 20 octobre suivant (⁸), à *Marie-Jo-
sèphe-Amélie-Béatrix*, fille de Maximilien, prince de Saxe,
et de Caroline-Marie-Thérèse de Bourbon (Parme); née le 6
décembre 1803; morte à Aranjuez le 17 mai 1829 (⁹); —

(¹) Ses prénoms sont : Ferdinand-Marie-François-de-Paule-Dominique-Vincent-
Ferrier-Antoine-Joseph-Joachim-Pascal-Diego-Jean-Népomucène-Janvier-François-
François-Xavier-Raphaël-Michel-Gabriel-Calixte-Cajétan-Fauste-Louis-Raymond-Gré-
goire-Laurent-Jérôme. (*Gazette*. 1784, p. 561.)

(²) *Gazette*, 1784, p. 561. — Le *Kalendario manual* de 1786 et l'*Almanach de
Gotha* de 1794 (et années suivantes) disent le 14 octobre.

(³) *Moniteur universel*, 1833, p. 2173.

(⁴) Le *Moniteur* du 21 fructidor an X (8 septembre 1802) annonce que le mariage par procuration du prince des Asturies a eu lieu le 16 août. — L'*Almanach
de Gotha* de 1804 dit le 26 août. Le mariage en personne est du 6 octobre, suivant
le même almanach. L'*Almanach impérial* de 1806 et Courcelles disent le 6 octobre 1801.

(⁵) *Sépulture :* A l'Escurial.

(⁶) *Moniteur universel*, 1816, p. 1054, 1158 et 1179. — Ferdinand VII et son
frère Don Carlos épousèrent alors les deux sœurs.

(⁷) *Moniteur universel*, 1818, p. 21. — *Sépulture :* A l'Escurial.

(⁸) *Moniteur universel*, 1819, p. 1199 et 1413. — La reine d'Espagne porta le
nom de *comtesse de Plauen* en quittant la Saxe pour se rendre en Espagne. (*Moniteur*, 1819, p. 1205, 1278, etc.)

(⁹) *Moniteur universel*, 1829, p. 813.

4° le 11 décembre 1829 (¹), à Madrid (²), à *Marie-Christine-Ferdinande de Bourbon*, fille de François Ier, roi des Deux-Siciles ; née le 27 avril 1806 ; régente d'Espagne (³) pendant la minorité d'Isabelle II, jusqu'au 12 octobre 1840 ; remariée le 28 décembre 1833 (⁴) à *Jean-Fernando Muñoz*, garde du corps, créé depuis duc de Rianzarès.

ENFANTS NÉS DU SECOND MARIAGE.

1. **Dona Marie-Louise-Isabelle de Bourbon**, infante d'Espagne ; née à Madrid le 21 août 1817 ; morte le 9 janvier 1818 (⁵).

2. **N... de Bourbon**, infante d'Espagne, née et morte à Madrid le 26 décembre 1818 (⁶).

ENFANTS NÉS DU QUATRIÈME MARIAGE.

3. ISABELLE II, reine d'Espagne, qui suit.

4. **Dona Marie-Louise-Ferdinande de Bourbon**, infante d'Espagne, née à Madrid le 30 janvier 1832 (⁷) ; mariée, le 10 octobre 1846, à *Antoine-Marie-Philippe-Louis d'Orléans*, duc de Montpensier, fils de Louis-Philippe Ier, roi des Français ; infant d'Espagne depuis le 10 octobre 1859. Les enfants nés de ce mariage sont :

    1. Don Ferdinand-Marie-Henri-Charles de Bourbon, infant d'Espagne, né à San-Lucar de Barameda, le 29 mai 1859 (⁸).

    2. Don Philippe-Raymond-Marie de Bourbon, infant d'Espagne, né le 12 mai 1862 ; mort le 13 février 1864.

    3. Don Antoine-Marie-Louis-Philippe-Jean-Florence de Bourbon, infant d'Espagne, né à Séville le 23 février 1866.

(¹) *Moniteur universel*, 1829, p. 1939 et 1952.

(²) Il y a au *Moniteur*, 1829, p. 1920, l'indication, sans aucun détail, du mariage par procuration.

(³) En vertu du testament de Ferdinand VII du 12 juin 1830.

(⁴) Ce mariage a été consacré publiquement le 13 octobre 1844.

(⁵) *Moniteur universel*, 1818, p. 119.

(⁶) Après la mort de la Reine, on exécuta l'opération césarienne et on baptisa l'Infante, qui expira aussitôt. (*Moniteur universel*, 1818, p. 21.)

(⁷) *Moniteur universel*, 1832, p. 363, et 1846, p. 2603.

(⁸) L'*Annuaire de la noblesse* dit le 30 mai.

4. Don Louis-Marie-Philippe-Antoine ([1]) de Bourbon, infant d'Espagne, né à Séville le 30 avril 1867.

5. Dona Marie-Isabelle-Françoise-d'Assise-Antonie-Louise-Ferdinande-Christine-Amélie-Philippe-Adélaïde-Josèphe-Hélène-Henriette-Caroline-Juste-Rufine-Gasparde-Melchora-Baltasara-Matea de Bourbon, infante d'Espagne; née à Séville le 21 septembre 1848 ([2]); baptisée le 22 septembre 1848; mariée, le 30 mai 1864([3]), à *Louis-Philippe-Albert d'Orléans*, comte de Paris.

6. Dona Marie-Amélie-Louise-Henriette de Bourbon, infante d'Espagne, née à Séville le 28 août 1851; morte à Séville le 11 novembre 1870 ([4]).

7. Dona Marie-Christine-Françoise-de-Paule-Antoinette de Bourbon, infante d'Espagne, née à Séville le 29 octobre 1852.

8. Dona Marie-da-Regla-Françoise-d'Assise-Antonie-Louise-Ferdinande de Bourbon, infante d'Espagne, née le 8 octobre 1856, morte le 25 juillet 1861 ([5]).

9. Dona Marie-de-las-Mercedès-Isabelle-Françoise-d'Assise-Antonie-Louise-Ferdinande... de Bourbon, infante d'Espagne, née à Madrid le 24 juin 1860 ([6]).

V. **ISABELLE II** (Marie-Isabelle-Louise), reine d'Espagne le 29 septembre 1833 ([7]); déclarée majeure par les Cortez le 8 novembre 1843; déchue du trône le 30 septembre 1868; abdique le 25 juin 1870 en faveur de son fils, Don Alphonse XII ([8]).

Née à Madrid le 10 octobre 1830.

Baptisée le 11 octobre 1830 et tenue par le roi et la reine de Naples.

Mariée à Madrid, le 10 octobre 1846 ([9]), à son cousin-ger-

([1]) *L'Annuaire de la noblesse* dit François-de-Paule au lieu d'Antoine.
([2]) *Moniteur universel*, 1848, p. 2069.
([3]) *L'Annuaire de la noblesse* dit à tort le 31 mai.
([4]) *Moniteur officiel (prussien) du département de Seine-et-Oise*, du 27 novembre 1870. (Biblioth. de Versailles.)
([5]) *Moniteur* du 4 octobre 1861.
([6]) *Moniteur universel* du 12 août 1860.
([7]) En vertu du règlement sur l'ordre de succession au trône du 29 mars 1830.
([8]) *Journal des Débats* du 27 juin 1870.
([9]) *Moniteur universel*, 1846, p. 2505 et 2506.

main, l'infant *Don François-d'Assise-Marie-Ferdinand de Bourbon*, fils aîné de l'infant Don François-de-Paule; proclamé roi le jour de son mariage.

ENFANTS NÉS DE CE MARIAGE.

1. **N... de Bourbon**, infant d'Espagne, prince des Asturies; né et mort à Madrid le 12 juillet 1850 [1].

2. **Don Alphonse-François-d'Assise-Ferdinand-Pie-Jean-Marie-de-la-Conception-Grégoire-Pélage de Bourbon**, infant d'Espagne, prince des Asturies; né à Madrid le 28 novembre 1857; baptisé le 27 janvier 1866 et tenu par le roi et la reine des Belges.

3. **Don François-d'Assise-Léopold... de Bourbon**, infant d'Espagne; né à Madrid le 24 janvier 1866; mort à Madrid le 13 février 1866.

4. **Dona Marie-Isabelle-Françoise-d'Assise-Christine-Françoise-de-Paule-Dominique de Bourbon**, infante d'Espagne, princesse des Asturies jusqu'au 28 novembre 1857; née à Madrid le 20 décembre 1851; baptisée le 21 décembre 1851 et tenue par son aïeul paternel et la reine Christine; mariée à Madrid, le 14 mai 1868, au prince *Gaëtan-Marie-Frédéric de Bourbon*, comte de Girgenti, fils de Ferdinand II, roi des Deux-Siciles; veuve le 26 novembre 1871.

5. **N... de Bourbon**, infante d'Espagne, née le 5 janvier 1854; morte le 8 du même mois [2].

6. **Dona Marie-de-la-Conception-Françoise-d'Assise-Isabelle-Louise-Antonie-de-Padoue-Stéphanie-Marie-del-Olvido-Philomène-Françoise-de-Paule... de Bourbon**, infante d'Espagne, née le 26 décembre 1859; baptisée le 27 décembre 1859 et tenue par le duc et la duchesse de Montpensier; morte le 21 octobre 1861.

---

[1] *Sépulture :* A l'Escurial.
[2] *Sépulture :* A l'Escurial.

7. **Dona Marie-del-Pilar-Berenguela-Isabelle-Fran-çoise-d'Assise-Christine-Sébastienne-Gabrielle-Fran-çoise-Caracciola-Saturnine de Bourbon**, infante d'Es-pagne, née le 4 juin 1861.

8. **Dona Marie-della-Paz-Jeanne-Amélie-Adalberte-Françoise-de-Paule-Jeanne-Baptiste-Isabelle-Fran-çoise-d'Assise de Bourbon**, infante d'Espagne, née le 23 juin 1862.

9. **Dona Marie-Eulalie-Françoise-d'Assise-Marguerite-Roberte-Isabelle-Françoise-de-Paule-Christine-Ma-rie-de-la-Piété... de Bourbon**, infante d'Espagne, née à Madrid le 12 février 1864; baptisée le 13 février 1864 et tenue par le duc de Parme et sa sœur Dona Marguerite.

CHAPITRE II

LES BOURBONS DE NAPLES ET SICILE

ISSUS DES BOURBONS D'ESPAGNE

I. **CHARLES DE BOURBON** (Don Carlos), infant d'Espagne, cinquième fils de Philippe V, roi d'Espagne, roi des Deux-Siciles le 15 mai 1735, en vertu de la paix de Vienne, sous le nom de CHARLES VII, couronné roi des Deux-Siciles, à Palerme, le 3 juillet 1735 [1]; devenu roi d'Espagne en 1759, sous le nom de CHARLES III (voyez page 197), et remplacé sur le trône des Deux-Siciles par son troisième fils, Ferdinand IV, qui suit.

II. **FERDINAND IV**, roi des Deux-Siciles le 5 octobre 1759, par cession de son père [2]; abdique en 1809 en faveur de son fils aîné, François; reprend le pouvoir en 1812, et en 1816 prend le nom de FERDINAND Ier [3].

Né à Naples le 18 janvier 1751 [4].

---

[1] *Gazette*, 1735, p. 375.

[2] *Gazette*, 1759, p. 611. — Il fut déclaré majeur le 13 janvier 1767. (*Gazette*, p. 95.)

[3] En 1785, Ferdinand IV et la Reine, pendant leur voyage en Italie, prirent le nom de *comte* et de *comtesse de Castellamare*. (*Gazette*, p. 225.)

[4] *L'Europe vivante et mourante*; *Gazette*, 1751, p. 92. — *L'Almanach royal*, *l'Almanach de Gotha* et le *Kalendario manual* de 1786 disent le 12 janvier.

Mort à Naples le 4 janvier 1825 ([1]).

Marié, par procuration à Vienne le 7 avril 1768 ([2]), et en personne à Caserte le 12 mai 1768 ([3]), à *Marie-Caroline-Louise de Lorraine*, archiduchesse d'Autriche, fille de François Ier, empereur d'Allemagne, et de Marie-Thérèse ; née à Schœnbrunn le 13 août 1752 ([4]) ; morte à Hetzendorf ([5]), dans la nuit du 7 au 8 septembre 1814 ([6]). — Ferdinand IV se remaria morganatiquement, le 27 novembre 1814 ([7]), à *Madame d'Artano*, princesse Partana, qu'il créa duchesse de Florida ([8]) ; née en 1787, morte en 1826.

ENFANTS NÉS DU PREMIER MARIAGE.

1. **Charles-François de Bourbon**, duc de Calabre, prince héréditaire ; né à Naples le 4 janvier 1775 ([9]) ; baptisé le 4 janvier 1775 ; mort le 17 décembre 1778.

2. FRANÇOIS Ier, roi des Deux-Siciles, qui suit.

3. **Charles-Janvier-François** ([10]) **de Bourbon** ; né à Naples le 12 avril 1780 ([11]) ; mort le 2 janvier 1789 ([12]).

([1]) *Moniteur universel*, 1825, p. 53.

([2]) *Gazette*, 1768, p. 267 et 352.

([3]) *Almanach de Gotha* de 1794. — Voy. aussi la *Gazette* de 1768, p. 380, et le *Moniteur universel*, 1814, p. 1059.

([4]) *Gazette*, 1752, p. 425, *Kalendario manual* de 1786 et *Moniteur universel*, 1814, p. 1059.

([5]) Le château de Hetzendorf n'est séparé de Schœnbrunn que par une allée du parc de Schœnbrunn.

([6]) *Moniteur universel*, 1814, p. 1059. — Quelques-uns disent le 7 septembre. — *Sépulture :* Aux Capucins de Vienne.

([7]) Le *Moniteur* du 30 décembre 1815 (p. 1437) dit, sous la rubrique de Naples, 2 décembre, que le Roi a célébré, le 27 novembre 1815, dans une grande fête donnée à Caserte, l'anniversaire de son mariage avec la princesse Partana, qui a pris le nom de duchesse de Florida.

([8]) Ou Floridia, suivant quelques-uns.

([9]) *Gazette*, 1775, p. 66 et 90. — La *Gazette*, 1779, p. 22, dit né à Caserte ; elle l'appelle à tort l'infant François-Joseph-Janvier.

([10]) Le chevalier de Courcelles l'appelle François-Joseph. — La *Gazette* l'appelle le prince Janvier (1789, p. 50).

([11]) *Calendrier de la Cour* et *Kalendario manual* de 1786. — On dit quelquefois le 25 avril ; mais cette date est évidemment fausse, car le roi d'Espagne reçoit la nouvelle de la naissance de ce prince le 25 avril. (*Gazette*, 1780, p. 197.)

([12]) *Gazette*, 1789, p. 50.

4. **Joseph-Charles-Janvier de Bourbon**, né le 18 juin 1781 ; mort en février 1783 [1].

5. **Charles-Janvier de Bourbon**, né à Naples le 26 août 1788 [2] ; mort à Caserte le 1er février 1789 [3].

6. **Léopold-Jean-Joseph** [4] **de Bourbon**, prince de Salerne ; né le 1er juillet 1790 [5] ; mort à Naples le 10 mars 1851 [6] ; marié à Schœnbrunn le 28 juillet 1816 [7], à *Marie-Clémentine-Françoise-Josèphe*, archiduchesse d'Autriche, fille de François II, empereur d'Allemagne, et depuis François Ier, empereur d'Autriche, et de Marie-Thérèse de Bourbon (Naples) ; née le 1er mars 1798. Il en a eu :

> 1. N... DE BOURBON, née et morte le 17 septembre 1819.
>
> 2. MARIE-CAROLINE-AUGUSTE DE BOURBON, née à Vienne le 26 avril 1822 ; morte à Twickenham le 6 décembre 1869 ; mariée à Naples, le 25 novembre 1844, à *Henri-Eugène-Philippe-Louis d'Orléans*, duc d'Aumale.

7. **Albert-Marie** [8] **de Bourbon**, né le 2 mai 1792 ; mort du mal de mer le 24 décembre 1798, à bord du vaisseau anglais *le Vanguard* [9].

8. **Marie-Thérèse-Caroline-Joséphine de Bourbon**, née à Naples le 6 juin 1772 [10] ; morte à Vienne le 15 avril 1807 ;

---

[1] La *Gazette*, 1783, p. 118, dit seulement qu'il est mort en février, âgé de vingt mois.

[2] *Gazette*, 1788, p. 337 et 341.

[3] « De Naples, le 1er février 1789. Le prince Don Charles, âgé de cinq mois, est mort de la petite vérole, le quinzième jour de son inoculation. » (*Gazette*, p. 116.) — La *Gazette* ne dit pas le jour de la mort de ce prince ; il est certain cependant qu'elle a eu lieu le jour même de la date de la dépêche, car, à la dépêche précédente, datée du 31 janvier (p. 92), on annonce seulement que le prince a été inoculé, et on ne parle pas de sa mort.

[4] *Gazette*, 1790, p. 293. — Quelques-uns disent : Léopold-Joseph-Michel. — Au baptême du duc de Guise, le registre de la paroisse de Saint-Cloud l'appelle seulement Léopold-Jean (Voy. p. 148).

[5] *Gazette*, 1790, p. 293, et *Almanach royal.* — L'*Almanach de Gotha* dit le 2 juillet.

[6] *Sépulture :* A Sainte-Claire.

[7] *Moniteur universel*, 1816, p. 885 et 905.

[8] Quelques-uns disent : Albert-Louis.

[9] La famille royale de Naples se retirait alors tout entière à Palerme, devant l'armée de Championnet.

[10] *Gazette*, 1772, p. 463. — *Kalendario manual* de 1783.

mariée, par procuration à Naples le 15 août 1790, et en personne à Vienne le 19 septembre 1790 ([1]), à l'archiduc d'Autriche *François-Joseph-Charles-Jean*, prince royal de Hongrie et de Bohême, depuis empereur d'Allemagne (le 14 juillet 1792) sous le nom de François II, et plus tard empereur d'Autriche sous le nom de François Ier.

9. **Louise-Marie-Amélie-Thérèse de Bourbon**, née à Naples le 27 juillet 1773 ([2]); baptisée en la chapelle du palais de Naples le 1er février 1774, tenue par le roi de France, représenté par le baron de Breteuil, son ambassadeur ([3]); morte à Vienne le 19 septembre 1802; mariée, par procuration à Naples le 15 août 1790, et en personne à Vienne le 19 septembre 1790 ([4]), à *Ferdinand III*, grand-duc de Toscane.

10. **Marie-Anne-Josèphe-Antoinette-Françoise-Gaëtane-Thérèse-Amélie-Clémentine de Bourbon**, née le 23 novembre 1775 ([5]); baptisée le 23 novembre 1775, tenue par un religieux de Sainte-Lucie-du-Mont, de l'ordre d'Alcantara; morte en 1780, avant le 1er avril ([6]).

11. **Marie-Christine-Amélie-Thérèse de Bourbon**, née à Caserte le 17 janvier 1779 ([7]); baptisée le 17 janvier 1779; morte à Savone le 11 mars 1849 ([8]); mariée à Palerme le 7 mars ([9]) 1807, à *Charles-Félix-Joseph-Marie*, duc de Genevois, roi de Sardaigne en 1821; veuve le 27 avril 1831.

12. **Marie-Amélie-Thérèse de Bourbon**, née à Caserte le 26 avril 1782 ([10]); morte à Claremont, en Angleterre, le 24 mars 1866; mariée à Palerme, le 25 novembre 1809, à

([1]) *Gazette*, 1790, p. 382 et 418. — *Almanach royal*.
([2]) *Gazette*, 1773, p. 611, et *Kalendario manual* de 1786.
([3]) *Gazette*, 1774, p. 150.
([4]) *Gazette*, 1790, p. 382 et 418. — *Almanach royal*.
([5]) *Gazette*, 1775, p. 888.
([6]) Lettre de Marie-Thérèse à Marie-Antoinette du 1er avril 1780, dans leur correspondance publiée par M. d'Arneth.
([7]) *Gazette*, 1779, p. 41. — *Kalendario manual* de 1786.
([8]) *Sépulture* : A Hautecombe.
([9]) On dit aussi le 6 avril; peut-être faut-il dire : mariée le 7 mars-6 avril 1807.
([10]) *Gazette*, 1782, p. 195. — *Kalendario manual* de 1786.

Louis-Philippe II d'Orléans, duc d'Orléans, depuis roi des Français de 1830 à 1848. — Appelée successivement : la *duchesse d'Orléans*, la *reine des Français* et la *comtesse de Neuilly*.

13. **N... de Bourbon**, mort-née le 19 juillet 1783 [1].

14. **Marie-Antoinette-Thérèse-Amélie-Jeanne-Baptiste-Françoise-Gaëtane-Marie-Anne-Lucie de Bourbon**, née à Caserte le 14 décembre 1784 [2] ; morte à Aranjuez le 21 mai 1806 ; mariée le 16 août-6 octobre 1802, à *Don Ferdinand de Bourbon*, prince des Asturies, roi d'Espagne en 1808, sous le nom de Ferdinand VII.

15. **Marie-Clotilde-Thérèse-Amélie-Antoinette-Jeanne-Baptiste-Anne-Gaëtane-Pulchérie de Bourbon**, née à Caserte le 18 février 1786 [3] ; figure encore dans l'*Almanach national* de l'an VI [4].

16. **Marie-Henriette-Carmel de Bourbon**, née le 31 juillet 1787 [5] ; baptisée à Naples le 31 juillet 1787 ; figure encore dans l'*Almanach national* de 1795 [6].

17. **Marie-Élisabeth de Bourbon**, née le 2 décembre 1793 ; figure encore dans l'*Almanach national* de l'an X.

III. **FRANÇOIS Ier** (Janvier-Joseph), prince royal en 1778 ; gouverne le royaume à la place de son père de 1809 à 1812 ; vice-roi de Sicile en 1816 ; duc de Calabre en 1817 ; roi des Deux-Siciles en 1825.

Né le 19 août 1777 [7].

---

[1] *Gazette*, 1783, p. 282.

[2] *Gazette*, 1784, p. 432. — *Kalendario manual* de 1786.

[3] *Gazette*, 1786, p. 80 et 88.

[4] L'*Almanach de Gotha* pour 1794 ne mentionne plus cette princesse. — Elle ne figure plus dans l'*Almanach de la ville de Lyon et du département du Rhône* pour l'an IX.

[5] *Gazette*, 1787, p. 321 et 355.

[6] Cependant la *Gazette* de 1791 (25 octobre, p. 406), en parlant de sa sœur Marie-Clotilde, dit : « la princesse Clotilde, dernière des filles de Leurs Majestés », — ce qui permet de croire, à moins que la *Gazette* ne se trompe, que la princesse Marie-Henriette était déjà morte en octobre 1791. — Elle ne figure plus dans l'*Almanach de la ville de Lyon* pour l'an IX.

[7] *Gazette*, 1777, p. 653 et 697. — *Kalendario manual* de 1786.

Mort à Naples le 8 novembre 1830 (¹).

Marié : 1° par procuration à Vienne le 19 septembre 1790 (²), et en personne le 15 janvier 1797 (³), à *Marie-Clémentine-Josèphe-Jeanne*, archiduchesse d'Autriche, fille de Léopold II, empereur d'Allemagne, et de l'infante Dona Marie-Louise de Bourbon (Espagne), née le 24 avril 1777 (⁴) ; morte le 15 novembre 1801 ; — 2° par procuration à Barcelone le 6 juillet 1802, et en personne le 6 octobre 1802, à *Marie-Isabelle de Bourbon*, infante d'Espagne, fille de Charles IV, roi d'Espagne ; née le 6 juillet 1789 (⁵) ; morte à Portici le 13 septembre 1848.

ENFANTS NÉS DU PREMIER MARIAGE.

1. **Ferdinand-François-d'Assise de Bourbon**, né le 26 août 1800 ; figure encore dans l'*Almanach de Gotha pour* 1804.

2. **Caroline-Ferdinande-Louise de Bourbon**, née à Naples le 5 novembre 1798 ; morte au château de Brunnsec, en Styrie, le 17 avril 1870 (⁶) ; mariée, par contrat du 15 avril 1816, par procuration à Naples le 24 avril 1816 (⁷), et en personne à Notre-Dame de Paris le 17 juin 1816, à *Charles-Ferdinand d'Artois*, duc de Berry, mort le 14 février 1820 ; — remariée à *Hector*, marquis de Lucchesi Palli, créé duc Della Grazia en 1856 ; né en 1808, mort le 1ᵉʳ avril 1864.

ENFANTS NÉS DU SECOND MARIAGE.

3. FERDINAND II, roi des Deux-Siciles, qui suit.

4. **Charles-Ferdinand de Bourbon**, prince de Capoue ; né

(¹) *Moniteur universel*, 1830, p. 1515.
(²) *Gazette*, 1790, p. 418.
(³) Courcelles dit juin 1797.
(⁴) Koch, *Tables généalogiques*. — *Almanach de la ville de Lyon et du département du Rhône* pour l'an IX.
(⁵) *Gazette*, 1789, p. 506.
(⁶) *Sépulture :* Au cimetière de Mureck, paroisse du château de Brunnsec.
(⁷) On dit quelquefois, mais à tort, le 16 avril.

à Palerme le 10 octobre 1811 ; mort à Turin, dans la nuit du 21 au 22 avril 1862 ; marié morganatiquement (¹), le 5 avril 1836, à *Miss Pénélope-Caroline Smith, duchesse de Marescata*, fille de Grice Smith de Ballynatray (en Irlande), née le 19 juillet 1815. Il en a eu :

> 1. FRANÇOIS-FERDINAND-CHARLES DE BOURBON, comte de Mascali, né le 24 mars 1837 (²).
>
> 2. VITTORIA–AUGUSTA–LUDOVIQUE–ISABELLE–AMÉLIE–PHILOMÈNE-HÉLÈNE-PÉNÉLOPE DE BOURBON, née le 15 mai 1838 (³).

5. Léopold-Benjamin-Joseph de Bourbon, comte de Syracuse, né à Palerme le 22 mai 1813; mort à Pise le 4 décembre 1860 (⁴); marié, par procuration à Turin le 28 mai 1837, et en personne à Naples le 16 juin 1837 (⁵), à *Marie-Victoire-Louise-Philiberte de Savoie-Carignan*, fille de Joseph, prince de Carignan, et de Pauline-Antoinette-Bénédictine-Marie de Quelen-de la Vauguyon; née le 29 septembre 1814, dont il a eu une FILLE, née le 23 mars 1838, morte au berceau.

6. Antoine-Pascal de Bourbon, comte de Lecce, né le 23 septembre 1816; mort à Naples le 12 janvier 1843.

7. Louis-Charles-Marie-Joseph de Bourbon, comte d'Aquila, né le 19 juillet 1824; baptisé le.... et tenu par le duc et la duchesse de Lucques; marié à Rio de Janeiro, le 28 avril 1844, à *Dona Januaria-Marie-Jeanne-Charlotte-Léopoldine-Candine-Françoise-Xavière-de-Paule-Michelle-Gabrielle-Raphaëlle-Gonzague*, fille de Pierre Iᵉʳ d'Alcantara, empereur du Brésil, et de Léopoldine-Caroline-

---

(¹) Le prince de Capoue avait été exilé, ainsi que sa femme, à cause de ce mariage ; il fut rappelé d'exil le 10 juin 1837, à la demande et au moment du mariage de son frère, le comte de Syracuse. Miss Pénélope était reconnue comtesse, mais ne devait pas habiter le même palais que le prince son mari. (*Moniteur universel*, 1837, p. 1765.)

(²) D'autres disent le 25 mars.

(³) Les enfants du prince de Capoue ne sont pas traités en parents par la famille royale de Naples, comme issus d'une mésalliance ou d'un mariage contracté sans la permission royale.

(⁴) *Sépulture :* A Naples.

(⁵) *Moniteur universel*, 1837, p. 1487 et 1851.

Josèphe, archiduchesse d'Autriche; née le 11 mars 1822 (¹).
De ce mariage sont nés :

1. Louis-Marie-Ferdinand-Pierre-d'Alcantara de Bourbon, né
le 18 juillet 1845 ; marié à New-York, au bureau de police,
le 22 mars 1869 (²), à *mademoiselle Marie-Amélie de Hamel*, née le 19 juin 1847.

2. Philippe-Louis-Marie de Bourbon, né le 12 août 1847.

3. Marie-Isabelle-Léopoldine-Amélie de Bourbon, née le 22
juillet 1846 (³) ; morte le 14 février 1859 (⁴).

8. **François-de-Paule-Louis-Emmanuel de Bourbon**,
comte de Trapani, né le 13 août 1827 ; marié, le 10 avril
1850, à l'archiduchesse *Marie-Isabelle-Annonciade-Louise-
Anne-Jeanne-Josèphe-Umilta-Apollonie-Philomène-Virgi-
nie-Gabrielle*, fille de Léopold II, grand-duc de Toscane,
et de Marie-Anne-Caroline de Saxe; née le 21 mai 1834.
De ce mariage sont nés :

1. Léopold-Marie de Bourbon, né le 24 septembre 1853 (⁵).

2. Ferdinand-Marie-Joseph de Bourbon, né le 25 mai 1857 ;
mort le 22 juillet 1859.

3. Marie-Antoinette-Joséphine-Léopoldine de Bourbon, née le
16 mars 1851 (⁶) ; mariée à Rome, le 8 juin 1868, à *Alphonse-Marie-Joseph-Albert de Bourbon*, comte de Caserte,
fils de Ferdinand II, roi des Deux-Siciles.

4. Marie-Thérèse-Ferdinande-Immaculée-Conception-Sébasie-
Lucienne-Philomène de Bourbon, née le 7 janvier 1855;
morte le 1ᵉʳ septembre 1856.

(¹) *Annuaire de la noblesse; Almanach de Gotha* pour 1871. — Avant 1871,
l'*Almanach de Gotha* dit 1821.
(²) *Annuaire de la noblesse*, 1870. — L'*Almanach de Gotha* pour 1872 dit le
20 mars.
(³) Le *Moniteur universel*, 1846, p. 2128, annonce cette naissance, mais il se
trompe en disant que la comtesse d'Aquila est accouchée d'un prince.
(⁴) D'après un almanach impérial du Brésil, cité par M. le comte de Chastellux
dans la *Revue nobiliaire* de décembre 1869, le comte d'Aquila aurait eu un quatrième enfant : *Marie-Emmanuel-Sébastien-Gabriel*, né le 22 janvier 1851. Ni
l'*Almanach de Gotha* ni l'*Almanach impérial* ne parlent de ce prince.
(⁵) Disparaît de l'*Almanach de Gotha* pour 1872.
(⁶) Quelques-uns disent le 15.

> 5. MARIE-CAROLINE-JOSÉPHINE-FERDINANDE DE BOURBON, née à
> Naples le 20 mars 1856 (¹).
>
> 6. MARIE-ANNONCIADE-THÉRÈSE-JANUARIA DE BOURBON, née à Na-
> ples le 21 septembre 1858.

9. **Louise-Charlotte-Marie-Isabelle de Bourbon**, née le
24 octobre 1804; morte le 29 janvier 1844; mariée, le 15
avril-12 juin 1819, à l'infant d'Espagne *Don François-de-
Paule*.

10. **Marie-Christine-Ferdinande de Bourbon**, reine douairière d'Espagne, née le 27 avril 1806; mariée : 1º le 11
décembre 1829, à *Ferdinand VII*, roi d'Espagne; veuve le
29 septembre 1833; — 2º le 28 décembre 1833-15 octobre
1844, à *Jean-Fernando Muñoz*, duc de Rianzarès.

11. **Marie-Antoinette-Anne de Bourbon**, née le 19 décembre 1814; mariée le 7 juin 1833, à *Léopold II*, grand-
duc de Toscane.

12. **Marie-Amélie de Bourbon**, née le 25 février 1818;
morte à Pouzzoles le 6 novembre 1857; mariée le 7 avril-
25 mai 1832, à l'infant d'Espagne *Don Sébastien de Bourbon et Bragance*.

13. **Marie-Caroline-Ferdinande de Bourbon**, née le 29
février 1820; morte à Trieste le 15 janvier 1861; mariée à
Caserte, le 10 juillet 1850, à l'infant d'Espagne *Don Charles-Louis-Marie-Ferdinand de Bourbon*, appelé le *comte
de Montemolin*.

14. **Thérèse-Christine-Marie de Bourbon**, née le 14 mars
1822; mariée le 30 mai-4 septembre 1843, à *Pierre II*,
empereur du Brésil.

IV. **FERDINAND II** (Ferdinand-Charles), appelé d'abord le *duc
de Noto*, puis en 1825, à la mort de Ferdinand IV (ou Iᵉʳ), le
duc de Calabre, avec le titre de prince royal ou héréditaire;
roi des Deux-Siciles en 1830.

(¹) Quelques-uns disent aussi le 21 mars. — *L'Annuaire de la noblesse* dit le
21 février.

Né à Palerme le 12 janvier 1810.

Mort à Caserte le 22 mai 1859.

Marié : 1° à Voltri, le 21 novembre 1832, à *Marie-Christine-Caroline-Joséphine-Gaëtane-Élise de Savoie*, fille de Victor-Emmanuel Ier, roi de Sardaigne, et de Marie-Thérèse, archiduchesse d'Autriche ; née le 14 novembre 1812 ; morte à Naples le 31 janvier 1836 ([1]) ; — 2° par procuration à Trente le 9 janvier 1837, et en personne à Naples le 27 janvier suivant, à *Marie-Thérèse-Isabelle*, archiduchesse d'Autriche, fille de Charles, archiduc d'Autriche, et de Henriette-Alexandrine-Frédérique-Wilhelmine de Nassau-Weilbourg ; née le 31 juillet 1816 ; morte à Albano le 8 août 1867 ([2]).

ENFANT NÉ DU PREMIER MARIAGE.

1. FRANÇOIS II, roi des Deux-Siciles, qui suit.

ENFANTS NÉS DU SECOND MARIAGE.

2. **Louis-Marie de Bourbon**, comte de Trani, né le 1er août 1838 ([3]) ; marié le 5 juin 1861, à *Mathilde-Ludovique de Bavière*, fille du duc Maximilien-Joseph de Bavière, et de Louise-Wilhelmine de Bavière ; née le 30 septembre 1843, dont il a eu :

> MARIE-THÉRÈSE-MADELEINE DE BOURBON, née à Zurich le 15 janvier 1867.

3. **Albert-Marie-François de Bourbon**, comte de Castrogiovanni, né à Capodimonte le 17 septembre 1839 ([4]) ; mort le 12 juillet 1844.

4. **Alphonse-Marie-Joseph-Albert de Bourbon**, comte de Caserte, né le 28 mars 1841 ([5]) ; marié à Rome, le 8 juin 1868 ([6]), à *Marie-Antoinette-Joséphine-Léopoldine de Bour-*

([1]) *Sépulture :* A Naples.
([2]) *Sépulture :* A Rome.
([3]) *Moniteur universel*, 1838, p. 2076 et 2126.
([4]) *Moniteur universel*, 1839, p. 1828.
([5]) *Moniteur universel*, 1841, p. 891.
([6]) *L'Annuaire de la noblesse* dit le 15 avril.

bon, fille de François-de-Paule-Louis-Emmanuel de Bourbon, comte de Trapani ; née le 16 mars 1851, dont il a eu :

1. FERDINAND-PIE-MARIE DE BOURBON, né à Rome le 25 juillet 1869 ([1]) ; baptisé le 28 juillet 1869 et tenu par le Saint-Père.

2. CHARLES-MARIE-FRANÇOIS-D'ASSISE-PASCAL-FERDINAND-ANTOINE-DE-PADOUE-FRANÇOIS-DE-PAULE-ALPHONSE-ANDRÉ-AVELLINO-TANCRÈDE DE BOURBON, né à Gries, près Botzen, le 10 novembre 1870.

5. **Gaëtan-Marie-Frédéric de Bourbon**, comte de Girgenti, infant d'Espagne ; né le 12 janvier 1846 ; baptisé le 12 janvier 1846 et tenu par l'archiduc Frédéric ; se tue d'un coup de pistolet à l'hôtel du Cygne, à Lucerne, le 26 novembre 1871 ([2]) ; marié à Madrid, le 14 mai 1868, à l'infante d'Espagne *Marie-Isabelle-Françoise-d'Assise-Christine-Françoise-de-Paule-Dominique de Bourbon*, fille d'Isabelle II, reine d'Espagne ; née le 20 décembre 1851.

6. **Joseph-Marie de Bourbon**, comte de Lucera, né le 4 mars 1848 ; mort à Portici le 28 septembre 1851.

7. **Vincent-Marie de Bourbon**, comte de Melazzo, né le 27 avril 1851 ([3]) ; baptisé le.... et tenu par le comte de Trapani ; mort à Caserte le 14 octobre 1854.

8. **Pascal-Marie-del-Carmen-Jean-Vincent-Ferrier de Bourbon**, comte de Bari, né le 15 septembre 1852.

9. **Janvier-Marie-Immaculée-Louis de Bourbon**, comte de Caltagirone, né à Caserte le 28 février 1857 ; mort à Albano le 14 août 1867.

10. **Marie-Annonciade-Isabelle-Philomène-Sabasie de Bourbon**, née le 24 mars 1843 ; morte à Gratz le 4 mai 1871 ([4]) ; mariée, par procuration à Rome le 16 octobre 1862,

---

([1]) L'*Almanach de Gotha* dit à tort le 26.— La date du 25 est donnée par l'*Union* de l'époque. (Renseignement communiqué par M. le comte de Chastellux.)

([2]) Le *Figaro*, 5 décembre 1871.

([3]) L'*Almanach de Gotha*, 1856, p. 265, en mentionnant sa mort, le fait naître le 26 avril 1851.

([4]) *Sépulture :* Aux Capucins de Gratz.

et en personne à Venise le 21 octobre 1862, à l'archiduc d'Autriche *Charles-Louis-Joseph-Marie.*

11. **Marie-Immaculée-Clémentine de Bourbon**, née le 14 avril 1844 ; mariée le 19 septembre 1861 à *Charles-Sauveur d'Autriche*, archiduc de Toscane.

12. **Marie-Pie-des-Grâces de Bourbon**, née à Gaëte le 2 août 1849 ; mariée à Rome, le 5 avril 1869, à *Robert de Bourbon*, infant d'Espagne, duc de Parme.

13. **Marie-Immaculée-Louise de Bourbon**, née le 21 janvier 1855.

V. **FRANÇOIS II** (François-d'Assise-Marie-Léopold) , prince royal et duc de Calabre ; roi des Deux-Siciles le 22 mai 1859 ; détrôné en 1860, après quoi le royaume des Deux-Siciles est annexé au royaume d'Italie par décret du 17 décembre 1860. — Porte le titre de *duc de Castro* pendant son voyage à Pau en 1872.

Né le 16 janvier 1836.

Baptisé le 17 janvier 1836.

Marié, par procuration à Munich le 8 janvier 1859, et en personne à Bari le 3 février 1859, à *Marie-Sophie-Amélie de Bavière*, fille du duc Maximilien-Joseph de Bavière, et de Louise-Wilhelmine de Bavière ; née le 4 octobre 1841.

ENFANT NÉ DE CE MARIAGE.

Christine-Pie-Marie-Anne-Élisabeth-Nataline-Éphise de Bourbon, née à Rome le 24 décembre 1869 ; baptisée le 29 décembre 1869 et tenue par le Saint-Père et l'impératrice douairière d'Autriche ; morte le 28 mars 1870 (¹).

(¹) *Sépulture :* A Rome, en l'église du Saint-Esprit des Napolitains.

CHAPITRE III

LES BOURBONS DE PARME ET DE LUCQUES

ISSUS DES BOURBONS D'ESPAGNE

I. **DON CARLOS**, infant d'Espagne, fils de Philippe V, roi d'Espagne, et d'Élisabeth Farnèse, fille d'Odoard-Farnèse II, duc de Parme et de Guastalla, et héritière de ces duchés; — devient duc de Parme, sous le nom de Charles Ier, en 1731 (¹); — ayant fait la conquête du royaume de Naples en 1734, pendant la guerre de la Succession de Pologne, il donna sa renonciation au duché de Parme et devint roi des Deux-Siciles, en vertu de la paix de Vienne signée en 1735. — L'Autriche prit possession du duché de Parme en 1736 et le conserva jusqu'à la paix d'Aix-la-Chapelle, conclue en 1748, après la guerre de la Succession d'Autriche, époque à laquelle le duché de Parme fut cédé à l'infant d'Espagne Don Philippe, autre fils de Philippe V, qui suit.

II. **DON PHILIPPE**, infant d'Espagne, grand amiral d'Espagne le 14 mars 1737; puis duc de Parme, de Plaisance et de Guastalla, en vertu du traité d'Aix-la-Chapelle du 18 octobre 1748,

---

(¹) En vertu de la quadruple alliance (1720) et du traité du 30 avril 1725, conclu entre l'Espagne et l'empereur Charles VI. — Don Carlos arriva à Parme le 9 octobre 1752. (*Gazette*, p. 537.)

fils de Philippe V, roi d'Espagne, et d'Élisabeth Farnèse ; —
prend possession de ses États le 7 mars 1749. — Appelé l'*Infant-Duc* [1].

Né à Madrid le 15 mars 1720 [2].

Baptisé en la chapelle du palais de Madrid le 1er mars 1722,
tenu au nom du duc de Bavière et de la duchesse de
Parme [3].

Mort à Alexandrie le 18 juillet 1765 [4].

Marié, par procuration à Versailles le 26 août 1739, et en
personne à Alcala le 25 octobre 1739, à *Louise-Élisabeth
de France*, fille de Louis XV, roi de France ; née à Versailles
le 14 août 1727 ; morte à Versailles le 6 décembre 1759.

ENFANTS NÉS DE CE MARIAGE.

1. DON FERDINAND, prince héréditaire, puis duc de Parme,
   qui suit.

2. **Dona Isabelle** [5]**-Marie-Louise-Antoinette de Bourbon**, née à Madrid, au palais du Buen-Retiro, le 31 décembre 1741 [6] ; baptisée à Madrid le 31 décembre 1741 ;
   morte à Vienne le 27 novembre 1763 [7] ; mariée, par procuration à Parme le 7 septembre 1760, et en personne à
   Vienne le 6 octobre 1760 [8], à l'archiduc d'Autriche *Joseph*, depuis empereur d'Allemagne sous le nom de Joseph II. — Appelée l'*Archiduchesse-Infante*.

3. **Dona Marie-Louise-Thérèse de Bourbon**, née à Parme
   le 9 décembre 1751 [9] ; baptisée à Parme le 25 août 1752

---

[1] Pendant son voyage à Mantoue, en 1768, il porta le nom de *marquis de
Sala*. (*Gazette*, 1768, p. 524.)

[2] *Gazette*, 1720, p. 161. — Moréri.

[3] *Gazette*, 1722, p. 146.

[4] *Gazette*, 1765, p. 471, 484, 487 et 509. — Don Philippe fut inhumé à Parme,
dans l'église des Capucins, lieu de la sépulture des ducs de Parme. (*Gazette*, 1765,
p. 509-510.)

[5] Ou Élisabeth.

[6] *Gazette*, 1742, p. 23 et 39.

[7] *Gazette*, 1763, p. 98 ; Koch, *Tables généalogiques*. — L'*Almanach royal* dit
le 25 et le 28 ; Courcelles dit le 25. — *Sépulture :* Aux Capucins de Vienne.

[8] *Gazette*, 1760, p. 457, 470 et 506.

[9] *Gazette*, 1751, p. 628.

et tenue au nom de Louis XV ; morte à Rome le 2 janvier 1819 (¹) ; mariée à Saint-Ildefonse, le 4 septembre 1765 (²), à l'infant *Don Charles*, prince des Asturies, depuis roi d'Espagne sous le nom de Charles IV.

III. **DON FERDINAND** (Marie-Louis), duc de Parme, etc., le 18 juillet 1765 ; déclaré infant d'Espagne par le roi d'Espagne, après son avénement (³).

Né à Parme le 20 janvier 1751 (⁴).

Baptisé en la chapelle du palais de Parme le 17 octobre 1751, tenu au nom de Leurs Majestés Catholiques par le cardinal Portocarrero et la marquise de Lède (⁵).

Mort le 9 octobre 1802.

Marié, par contrat signé à Vienne le 1ᵉʳ juin 1769 (⁶), par procuration à Vienne le 27 juin 1769, et en personne dans la chapelle du château de Colorno le 19 juillet 1769 (⁷), à l'archiduchesse *Marie-Amélie-Josèphe-Jeanne-Antoinette de Lorraine*, fille de François Iᵉʳ, empereur d'Allemagne, et de Marie-Thérèse ; née à Vienne le 26 février 1746 (⁸) ; morte le 11 août 1804. — Appelée l'*Archiduchesse-Infante*.

ENFANTS NÉS DE CE MARIAGE.

1. LOUIS Iᵉʳ, roi d'Étrurie, qui suit.

2. **Don Philippe-Marie-Louis de Bourbon**, né le 22 mars 1783 (⁹) ; baptisé le 29 mars 1785 et tenu par le roi et la reine de France (¹⁰) ; mort le 2 juillet 1786.

3. **Dona Caroline-Marie-Thérèse de Bourbon**, née le 22

(¹) *Moniteur universel*, 1819, p. 81.
(²) *Gazette*, 1765, p. 592 et 657.
(³) *Gazette*, 1765, p. 791.
(⁴) *Gazette*, 1751, p. 95.
(⁵) *Gazette*, 1751, p. 564.
(⁶) *Gazette*, 1769, p. 592.
(⁷) *Gazette*, 1769, p. 448 et 490. — Colorno était la maison de plaisance de l'Infant duc de Parme.
(⁸) *Kalendario manual* de 1786.
(⁹) *Kalendario manual* de 1783.
(¹⁰) *Gazette*, 1785, p. 162.

novembre 1770 ([1]) ; morte le 1er mars 1804 ; mariée le 9 mai 1792, au duc *Maximilien-Marie de Saxe*, frère de l'Électeur de Saxe.

4. **Dona Marie-Antoinette-Joséphine-Anne-Louise-Vincenze-Marguerite-Catherine de Bourbon**, née le 28 novembre 1774 ([2]) ; baptisée en la chapelle du palais de Parme le 5 décembre 1774, tenue au nom de l'Empereur et de la reine de Sardaigne par le comte de Sacco et la marquise de Pallavicini ([3]) ; religieuse ursuline, d'abord à Parme, puis à Rome ; morte à Rome le 20 février 1841 ([4]).

5. **Dona Charlotte-Marie-Ferdinande-Thérèse-Anne-Josèphe-Jeanne-Louise-Vincenze-Rosalie de Bourbon**, née le 7 septembre 1777 ([5]) ; a été religieuse ; elle paraît pour la dernière fois dans l'*Almanach de Gotha* pour 1826.

6. **Dona Antoinette-Louise de Bourbon**, née le 21 octobre 1784 ([6]).

7. **Dona Marie-Louise de Bourbon**, née le 17 mars 1787 ([7]).

IV. **LOUIS Ier**, d'abord prince de Parme, puis roi d'Étrurie le 2 août 1801 ([8]).

Né le 5 juillet 1773 à Plaisance ([9]).

([1]) *Gazette*, 1770, p. 802. — *Kalendario manual* de 1786.

([2]) *Gazette*, 1774, p. 904. — *Kalendario manual* de 1786.

([3]) *Gazette*, 1774, p. 936.

([4]) *Moniteur universel*, 1841, p. 547. — Quelques-uns disent le 19 février.

([5]) *Kalendario manual* de 1786, le *Calendrier de la Cour* et l'*Almanach de Gotha* de 1794. — L'*Almanach royal* dit le 1er septembre. — La *Gazette*, 1777, p. 774, ne précise pas le jour de la naissance de cette princesse.

([6]) Cette princesse n'est nommée que dans l'*Almanach royal* de 1785, aux *Addenda*.

([7]) Cette princesse, indiquée par Achaintre et Courcelles, n'est nommée dans aucune année de l'*Almanach royal*.

([8]) Le duché de Parme, suivant les stipulations des traités de Lunéville et de Madrid (1801), devait, après la mort du duc Ferdinand, être réuni à la France ; le fils de Don Ferdinand, en même temps, devait recevoir en échange la Toscane, érigée en royaume d'Étrurie. En effet, Don Louis devint roi d'Étrurie le 2 août 1801, et le duché de Parme fut réuni à la France en 1802, à la mort de Don Ferdinand. — Le 10 décembre 1807, la régente, Marie-Louise de Bourbon, renonça au trône d'Étrurie, qui fut réuni à l'empire français.

([9]) *Kalendario manual* de 1786.

Baptisé en la chapelle du palais de Parme le 18 avril 1774, tenu au nom du roi de France par son ministre à Parme, le comte de Flavigny, et au nom de la princesse des Asturies par la marquise de Pallavicini, grande-maîtresse (¹).

Mort le 27 mai 1803 à Florence (²).

Marié le 25 août 1795, à l'infante d'Espagne *Dona Marie-Louise-Joséphine-Antoinette de Bourbon*, fille de Charles IV, roi d'Espagne, née à Saint-Ildefonse le 6 juillet 1782 ; reine, puis régente d'Étrurie et enfin duchesse de Lucques (³) ; morte à Rome le 13 mars 1824 (⁴).

ENFANTS NÉS DE CE MARIAGE.

1. CHARLES-LOUIS, successivement roi d'Étrurie, duc de Lucques, et duc de Parme, qui suit.

2. **Dona Marie-Louise-Charlotte de Bourbon**, née à Barcelone le 2 octobre 1802 (⁵) ; morte le 18 mars 1857 ; mariée, par procuration à Lucques le 15 octobre 1825, et en personne à Dresde le 7 novembre 1825 (⁶), au duc *Maximilien de Saxe*, mort le 3 janvier 1838.

V. **CHARLES-LOUIS**, roi d'Étrurie, sous le nom de Louis II, du 27 mai 1803 au 10 décembre 1807 (⁷) ;— duc de Lucques, sous le nom de CHARLES-LOUIS, après la mort de sa mère, de 1824 à 1847 (⁸) ; — duc de Parme, de 1847 à 1848, sous le nom de CHARLES II, après la mort de Marie-Louise, duchesse de Parme, ex-impératrice des Français (⁹), en vertu du recès

---

(¹) *Gazette*, 1774, p. 352.

(²) *Sépulture :* D'abord à Florence, en l'église San-Lorenzo, d'où le corps fut transporté en 1808 à l'Escurial.

(³) Marie-Louise de Bourbon, en 1815, fut établie duchesse de Lucques par le congrès de Vienne, qui rendait la Toscane à l'archiduc d'Autriche Ferdinand ; il fut stipulé que le fils de Marie-Louise de Bourbon succéderait à sa mère dans le duché de Lucques.

(⁴) *Moniteur universel*, 1824, p. 344 et 355.

(⁵) *Almanach de Gotha* pour 1804 ; *Almanach impérial* de 1807 ; *Almanach royal* de 1826. — Quelques-uns disent le 1ᵉʳ octobre.

(⁶) *Moniteur universel*, 1825, p. 1512 et 1566.

(⁷) Louis II était placé sous la régence de sa mère.

(⁸) Le duché de Lucques fut réuni à la Toscane le 5 octobre 1847.

(⁹) Marie-Louise mourut le 18 décembre 1847.

de Francfort du 20 juillet 1819, du traité de Florence du 28
novembre 1844 et du traité de Paris du 10 juin 1847; — obligé
de quitter Parme à la suite d'une insurrection, le 20 mars
1848; abdique, en faveur de son fils, Don Ferdinand-Charles,
le 14 mars 1849.

Né à Madrid le 22 décembre 1799.

Marié le 15 août (¹)-5 septembre 1820, à *Marie-Thérèse-
Ferdinande-Félicie-Gaëtane-Pie de Savoie*, princesse de
Sardaigne, fille de Victor-Emmanuel Ier, roi de Sardaigne,
et de Marie-Thérèse, archiduchesse d'Autriche (Modène);
née le 19 septembre 1803.

ENFANTS NÉS DE CE MARIAGE.

1. CHARLES III, duc de Parme, qui suit.

2. **Dona Louise-Françoise-de-Paule-Thérèse-Marie-
Anne-Clotilde-Béatrix de Bourbon**, née le 29 octobre
1821 (²).

VI. **CHARLES III** (Ferdinand-Charles-Joseph-Marie-Victor-Bal-
thazar), infant d'Espagne, duc de Parme; succède à son père
le 14 mars 1849, et prend les rênes du gouvernement le 27
août 1849.

Né le 14 janvier 1823.

Mort le 27 mars 1854, des suites d'une blessure faite la
veille par un assassin.

Marié à Frohsdorf, le 10 novembre 1845, à *Louise-Marie-
Thérèse d'Artois*, fille du duc de Berry, née à Paris le 21
septembre 1819; morte à Venise le 1er février 1864; régente de Parme depuis le 27 mars 1854 jusqu'au 9 juin
1859; se retire alors au château de Warteg, dans le canton
de Saint-Gall, en Suisse.

ENFANTS NÉS DE CE MARIAGE.

1. ROBERT, duc de Parme, qui suit.

(¹) *Moniteur universel*, 1824, p. 344.
(²) *L'Almanach royal* de 1824 ne parle plus de cette princesse.

2. **Don Henri-Charles-Louis-Georges-Abraham-Paul-Marie de Bourbon**, comte de Bardi; né à Parme le 12 février 1851; baptisé le 12 février 1851 et tenu par Don Carlos VI et la princesse de Saxe, sa grande-tante.

3. **Dona Marguerite-Marie-Thérèse-Henriette de Bourbon**, née le 1er janvier 1847; mariée le 4 février 1867 à l'infant d'Espagne *Don Charles-Marie de Bourbon*, duc de Madrid.

4. **Dona Alice-Marie-Caroline-Ferdinande-Rachel-Jeanne-Philomène de Bourbon**, née le 27 décembre 1849; baptisée le..... et tenue par le roi de Naples et la duchesse de Berry; mariée à Frohsdorf, le 11 janvier 1868, à *Ferdinand IV*, archiduc d'Autriche, grand-duc de Toscane.

VII. **ROBERT** (Charles-Louis-Marie), infant d'Espagne, duc de Parme; succède à son père le 27 mars 1854, sous la régence de sa mère; forcé de quitter ses États, ainsi que la régente, le 30 avril-9 juin 1859, par une insurrection, à la suite de laquelle le duché de Parme est annexé au Piémont le 2-10 septembre 1859.

Né, le 9 juillet 1848, à Florence.

Marié à Rome, le 5 avril 1869, à *Marie-des-Grâces-Pie de Bourbon*, fille de Ferdinand II, roi des Deux-Siciles; née, le 2 août 1849, à Gaëte.

ENFANTS NÉS DE CE MARIAGE.

1. **Don Ferdinand-Marie-Charles-Pie-Louis-François-Joseph-Pierre-Paul-Robert-Antonin de Bourbon**, né à Bolzena (États-Pontificaux) le 5 mars 1871; mort à Cannes le 14 avril 1872 [1].

2. **Dona Marie-Louise-Pie-Thérèse-Anne-Ferdinande-Françoise-Antoinette-Marguerite-Joséphine-Caroline-Blanche-Lucie-Apollonie de Bourbon**, née à Rome le 17 janvier 1870; baptisée à Rome le 22 janvier 1870, tenue par le Saint-Père et la duchesse douairière de Parme.

3. **N.:. de Bourbon**, née à Cannes le 23 mars 1872.

---

[1] *Sépulture :* Tombeau de famille à Wartcg (Suisse).

QUATRIÈME PARTIE

LES BRANCHES BATARDES LÉGITIMÉES

ISSUES DE LA BRANCHE ROYALE

CHAPITRE I

BRANCHE DE BOURBON-VENDOME

ISSUE DE HENRI IV

I. **CÉSAR**, duc de Vendôme (¹), d'Étampes, de Mercœur, de
Beaufort et de Penthièvre, prince de Martigues, comte de Bu-
zançais, seigneur d'Anet, pair de France, amiral de France,
fils naturel de Henri IV, appelé d'abord *César Monsieur*.

Né au château de Coucy en Picardie (²), au mois de juin
1594; légitimé de France en janvier 1595.

Mort à Paris, en son hôtel, le 22 octobre 1665 (³).

Marié, en vertu du traité conclu en mars 1598 entre
Henri IV et le duc de Mercœur (⁴), et par contrat du 16

(¹) Henri IV lui donna le duché de Vendôme en 1598.
(²) *Mém. de Sully*, II, 364 (édit. Petitot).
(³) *Gazette*, 1665, p. 1042. — *Sépulture :* Église des Pères de l'Oratoire, à Vendôme ; le cœur et les entrailles, en l'église des Capucines, à Paris.
(⁴) Lettre de Henri IV du 21 mars 1598 et suivantes.

juillet 1608 signé à Fontainebleau (¹) le 7 juillet 1609 (²),
à Fontainebleau, à *Françoise de Lorraine*, Mademoiselle
de Mercœur ou de Mercure, fille unique et héritière de Phi-
lippe-Emmanuel, duc de Mercœur ou de Mercure, et de
Marie de Luxembourg, duchesse d'Étampes et de Penthièvre, vicomtesse de Martigues; morte à Paris le 8 septembre
1669, âgée de soixante-dix-sept ans (³).

ENFANTS NÉS DE CE MARIAGE.

1. LOUIS, duc de Vendôme, qui suit.

2. **François de Vendôme**, duc de Beaufort, pair de France,
   surnommé le *Roi des Halles;* né à Paris en janvier 1616;
   tué au siége de Candie le 25 juin 1669 (⁴), sans avoir été
   marié.

3. **Élisabeth** (⁵) **de Vendôme**, Mademoiselle de Vendôme,
   morte à Paris, en son hôtel, le 19 mai 1664, âgée de cin-
   quante ans (⁶); mariée le 11 juillet 1643 (⁷) à *Charles-Amédée de Savoie*, duc de Nemours, tué en duel le 30 juillet
   1652 par son beau-frère, le duc de Beaufort (⁸).

II. **LOUIS**, duc de Vendôme, de Mercœur, d'Étampes et de
   Penthièvre, prince de Martigues, seigneur d'Anet, pair de

(¹) Héroard, I, 547 ; *Mercure françois*, 1608, p. 231.

(²) Héroard; *Lettres de Malherbe à Peiresc*, p. 89; Lestoile, p. 522.

(³) *Gazette*, 1669, p. 902. — *Sépulture :* Église des Capucines, à Paris.

(⁴) *Mém. du voyage de M. le marquis de Ville au Levant*, etc. Amsterdam,
1671, petit in-12, III⁰ partie, p. 302-305.

(⁵) D'autres disent Isabelle.

(⁶) *Gazette*, 1664, p 508. — Jal, *Dictionnaire critique de biographie et d'histoire*, art. VENDÔME. — *Sépulture :* Aux Filles de Sainte-Marie de la rue Saint-Antoine.

(⁷) Moréri dit à tort le 11 juin. — La *Gazette* (p. 592) nous apprend que les fiançailles furent faites au Louvre le 7 juillet, mais elle ne parle pas de la célébration du mariage.

(⁸) « Presque tous les souverains de l'Europe (les Bourbons eux-mêmes depuis
Louis XV, voy. p. 101) descendent, par les ducs de Savoie et le duc de Vendôme,
de Gabrielle d'Estrées. Celle-ci sortait en ligne directe des Babou de la Bourdaisière, dont le premier auteur connu étoit grainetier à Bourges. » (*Notes sur les
tableaux vendus... de mon pauvre vieux château de la Goupillère*, par madame
du Prat, p. 4). — D'autres disent que le premier des Babou était barbier (voy.
p. 100).

France; appelé jusqu'à la mort de son père le *duc de Mercœur*, et depuis le *duc de Vendôme* et le *cardinal de Vendôme* ou le *cardinal duc de Vendôme*.

Né à Paris en octobre 1612 (¹).

Mort à Aix en Provence le 6 août 1669 (²).

Marié le 4 février 1651 (³) à *Laure Mancini*, fille de Mi-
chel-Laurent Mancini, et de Jéronime Mazarin, sœur puînée
du cardinal Mazarin; morte à Paris, à l'hôtel de Vendôme,
le 8 février 1657 (⁴), à vingt et un ans. — Appelée la *duchesse de Mercœur*. — Après la mort de sa femme, le
duc de Mercœur embrassa l'état ecclésiastique et fut fait
cardinal en 1667, le 7 mars.

ENFANTS DE LOUIS, DUC DE VENDÔME.

1. LOUIS-JOSEPH, duc de Vendôme, qui suit.

2. **Philippe de Vendôme**, le chevalier de Vendôme (⁵),
grand prieur de France de 1678 à 1719, lieutenant général des armées du Roi, abbé de la Trinité de Vendôme, de
Saint-Victor de Marseille, de Saint-Vigor de Cerisy, de Saint-
Honorat de Lérins, etc.; né à Paris, en l'hôtel de Vendôme,
le 23 août 1655 (⁶); baptisé en la Sainte-Chapelle du château de Vincennes le 27 octobre 1656, tenu par Monsieur
et la princesse de Conty, représentée par mademoiselle de
Mancini (⁷); mort à Paris, en son hôtel, rue de Varennes (⁸),
le 24 janvier 1727 (⁹).

(¹) L'*Estat de la France*, 1708, t. II, p. 162.

(²) *Gazette*, 1669, p. 809 et 833. — *Sépulture :* Église collégiale de Saint-Georges, à Vendôme.

(³) Le mariage n'a été célébré cependant qu'en juillet 1651 à Brühl, où Mazarin
était alors retiré, banni par le Parlement. (Voy. *Gazette*, 171 et 828; *Mém. de
madame de Motteville*, t. III, 589-90.) — Le 4 février est probablement la date du
contrat.

(⁴) *Gazette*, 1657, p. 144. — *Sépulture :* Au couvent des Capucines de Paris.

(⁵) *Gazette*, 1656, p. 1319.

(⁶) *Gazette*, 1655, p. 960.

(⁷) *Gazette*, 1656, p. 1319. — Le P. Anselme.

(⁸) Et non pas au Temple. (Voy. l'acte de décès donné par M. Jal dans son *Dictionnaire critique de biographie et d'histoire*, p. 1241.)

(⁹) *Gazette*, 1727, p. 60. — Moréri. — *Sépulture :* Au Temple.

3. **Jules-César de Vendôme**, né à Paris, en l'hôtel de Vendôme, le 27 janvier 1657 [1]; baptisé à Paris, en la chapelle de l'hôtel de Vendôme, le 18 mars 1657, tenu par
le cardinal Mazarin et la duchesse de Nemours [2]; mort à
Paris le 28 juillet 1660 [3].

Enfant naturel non légitimé.

Françoise d'Anet, mariée à *N... Arquier*, morte le 7 juin 1696.

III. **LOUIS-JOSEPH**, duc de Vendôme, de Mercœur, d'Étampes
et de Penthièvre, prince de Martigues, seigneur d'Anet, pair
de France. — Appelé d'abord le *Duc de Penthièvre* [4], puis,
après la mort de son père, le *duc de Vendôme.*

Né à Paris dans la nuit du 30 juin au 1er juillet 1654 [5].

Baptisé en la Sainte-Chapelle du château de Vincennes le
27 octobre 1656, tenu par le Roi et la reine Anne d'Autriche [6].

Mort à Vinaros en Espagne le 11 juin 1712, sans postérité [7].

Marié en la chapelle du château de Sceaux, le 15 mai
1710 [8], à *Marie-Anne de Bourbon*, Mademoiselle d'Enghien, fille de Henri-Jules de Bourbon, prince de Condé;
née le 24 février 1678; morte à Paris le 11 avril 1718 [9].

---

[1] *Gazette*, 1657, p. 119. — Moréri.

[2] *Gazette*, 1657, p. 286.

[3] *Gazette*, 1660, p. 722. — Moréri. — *Sépulture :* Église des Capucines de la
rue Saint-Honoré, à Paris.

[4] *Gazette*, 1656, p. 1319.

[5] *Gazette*, 1654, p. 660. — L'*Estat de la France* (1708, t. II, p. 163) dit : le
30 juin.

[6] *Gazette*, 1656, p. 1319. — Le P. Anselme.

[7] *Gazette*, 1712, p. 323. — *Sépulture :* A l'Escurial.

[8] Registres de la paroisse de Sceaux (mairie de Sceaux), Dangeau et Moréri.—
La *Gazette* (1710, p. 251) dit le 21; elle répète cette erreur en 1712 (p. 323-24) et
en 1718 (p. 180). — Le P. Anselme dit aussi à tort le 21.

[9] *Gazette*, 1718, p. 180. — Dangeau. — *Sépulture :* Aux Carmélites du faubourg Saint-Jacques.

CHAPTRE II

BRANCHE DE BOURBON-DU-MAINE

ISSUE DE LOUIS XIV

1. **LOUIS-AUGUSTE** de Bourbon, légitimé de France, duc du Maine et d'Aumale, comte d'Eu, prince souverain de Dombes, pair de France, fils naturel de Louis XIV. — Appelé le *duc du Maine*.

Né le 31 mars 1670 [1]; légitimé par lettres patentes du 20 décembre 1673 [2]; déclaré, lui et sa postérité masculine, par édit donné à Marly en juillet 1714 et enregistré au Parlement le 2 août suivant [3], vrais princes du sang, en droit d'en prendre la qualité, rang et honneurs entiers, et capables de succéder à la couronne, au défaut de tous les autres princes du sang [4].

---

[1] Quelques-uns disent que le duc du Maine naquit à Versailles; le passage suivant des *Mémoires de Mademoiselle de Montpensier* (IV, 394) semble prouver qu'il est né à Saint-Germain, où en effet était la Cour au moment de sa naissance. « J'ai oui conter à M. de Lauzun que le jour que madame de Montespan accoucha du duc du Maine, c'étoit à minuit sonnant, le dernier jour de mars ou le premier avril, si l'on veut. On n'eut pas le temps de l'emmailloter, on l'entortilla dans des langes, et M. de Lauzun le prit dans son manteau et le porta dans un carrosse qui l'attendoit au petit parc de Saint-Germain; il mouroit de peur qu'il ne criât. »

[2] *L'Estat de la France*, 1737, t. II, p. 420, dit que les lettres sont du 19 décembre.

[3] *Gazette*, 1714, p. 371.

[4] Cet édit fut aboli en 1717; mais de nouveaux édits rendirent successivement au duc du Maine et à ses enfants leur qualité de princes du sang légitimés et leurs priviléges.

Mort le 14 mai 1736, en son château de Sceaux (¹).

Marié à Versailles, le 19 mars 1692 (²), à *Louise-Bénédicte de Bourbon*, Mademoiselle de Charolais, fille de Henri-Jules de Bourbon, prince de Condé ; née le 8 novembre 1676 ; morte à Paris, en son hôtel de la rue de Varennes, le 23 janvier 1753 (³).

ENFANTS NÉS DE CE MARIAGE.

1. **Louis-Constantin de Bourbon**, prince souverain de Dombes, né au château de Versailles le 27 novembre 1695 (⁴) ; baptisé en la chapelle du château de Versailles le 21 juillet 1697, tenu par le Roi et Madame (⁵) ; mort à Versailles le 28 septembre 1698 (⁶).

2. **Louis-Auguste de Bourbon**, prince de Dombes, né à Versailles le 4 mars 1700 (⁷) ; baptisé en la chapelle du château de Versailles le 16 mai (⁸) 1700, tenu par le Dauphin et la duchesse de Bourgogne (⁹) ; mort sans alliance, à Fontainebleau, le 1ᵉʳ octobre 1755 (¹⁰).

3. **Louis-Charles de Bourbon**, comte d'Eu, né au château de Sceaux le 15 octobre 1701 (¹¹) ; baptisé en la chapelle du château de Versailles le 15 juin 1704, tenu par le duc de

---

(¹) *Gazette*, 1756, p. 240. — Luynes. — *Sépulture :* Église paroissiale de Sceaux.

(²) *Gazette*, 1692, p. 125. — Dangeau. — *Mercure galant*, mars 1692, p. 302. — Registres de Notre-Dame de Versailles.

(³) *Gazette*, 1753, p. 46. — Luynes, XII, 588. — *Sépulture :* Église paroissiale de Sceaux.

(⁴) *Gazette*, 1695, p. 577. — Moréri. — Dangeau. — Registres de Notre-Dame de Versailles.

(⁵) Registres de Notre-Dame de Versailles. — *Gazette*, 1697, p. 360.

(⁶) Registres de Notre-Dame de Versailles. — *Gazette*, 1698, p. 481. — Dangeau. — Moréri. — *Sépulture :* Au milieu du chœur de l'église de Notre-Dame, à Versailles.

(⁷) *Gazette*, 1700, p. 132. — Dangeau. — Registres de Notre-Dame de Versailles.

(⁸) La *Gazette* (1700, p. 272) et le P. Anselme disent à tort le 18 mai.

(⁹) Registres de Notre-Dame de Versailles et Dangeau.

(¹⁰) *Gazette*, 1755, p. 479. — Luynes. — *Sépulture :* A Eu.

(¹¹) Dangeau et Moréri. — Le registre des baptêmes de Notre-Dame de Versailles dit le 15 octobre.

Bourgogne et Madame, duchesse douairière d'Orléans (¹) ;
mort à Sceaux le 13 juillet 1775 (²).

4. **N... de Bourbon**, duc d'Aumale, né à Versailles le 31
mars 1704 (³) ; mort à Sceaux le 2 septembre 1708 (⁴).

5. **N... de Bourbon**, appelée Mademoiselle de Dombes par
Moréri et le P. Anselme, et Mademoiselle du Maine par
Dangeau (⁵) ; née à Versailles le 11 septembre 1694 (⁶) ;
morte à Versailles le 26 septembre 1694 (⁷).

6. **N... de Bourbon**, Mademoiselle d'Aumale, née le 21 décembre 1697 (⁸) ; morte à Versailles le 22 août 1699 (⁹).

7. **Louise-Françoise de Bourbon**, Mademoiselle du Maine,
née à Versailles le 4 décembre 1707 (¹⁰) ; baptisée en la chapelle du château de Versailles le 9 avril 1714, tenue par le
Dauphin et la duchesse d'Orléans (¹¹) ; morte au château
d'Anet le 19 août 1743 (¹²).

(¹) *Gazette*, 1701, p. 269. — Registres de Notre-Dame de Versailles.

(²) *Gazette*, 1775, p. 512. — *Sépulture :* Église paroissiale de Sceaux. (*Gazette*, p. 520.)

(³) *Gazette*, 1704, p. 167. — Moréri. — Dangeau.

(⁴) Dangeau. — Moréri. — *Sépulture :* A Eu.

(⁵) Les registres des décès de Notre-Dame de Versailles, au moment de sa mort, l'appellent Mademoiselle de Bourbon, princesse de Dombes.

(⁶) Dangeau. — Moréri. — Registres de Notre-Dame de Versailles.

(⁷) Registres de Notre-Dame de Versailles. — Dangeau. — Moréri. — *Sépulture :* Au milieu du chœur de l'église Notre-Dame, à Versailles.—Les tombeaux extérieurs ou les inscriptions funéraires de cette princesse et de son frère Louis-Constantin furent détruits en 1793, mais les cercueils restèrent à leur place ; leur emplace-ment toutefois était inconnu, lorsque, pendant les travaux de reconstruction exé-cutés à Notre-Dame par le curé Pinard, sous le second Empire, en creusant le sol pour établir un calorifère dans l'église , on retrouva les ossements des enfants du duc du Maine. Le curé ne jugea pas que des enfants de bâtard, suivant son ex-pression, méritassent plus de soins et de respect ; il les laissa dispersés dans les terres remuées par les ouvriers qui posaient son calorifère, et actuellement aucune inscription funéraire, aucun signe ne rappelle que le chœur de Notre-Dame est le lieu de la sépulture de ces deux enfants.

(⁸) *Tableaux généalogiques des souverains de la France*, etc., par Garnier. Paris, 1863, in-fol.

(⁹) Registres de Notre-Dame de Versailles. — Le P. Anselme, la *Gazette*, p. 420, et Moréri, disent à tort le 21 août. — L'acte de décès dit que Mademoiselle d'Au-male était âgée de vingt mois, à sa mort, ce qui confirme la date de la naissance donnée par M. Garnier. — *Sépulture :* A Aumale.

(¹⁰) *Gazette*, 1745, p. 412. — Dangeau. — Registres de Notre-Dame de Versailles. — *L'Estat de la France*, 1757, t. II, p. 422, dit : dans la nuit du 3 au 4 décembre.

(¹¹) Registres de Notre-Dame de Versailles. — *Gazette*, 1714, p. 180.

(¹²) *Gazette*, 1745, p. 412. — Luynes.

CHAPITRE III

BRANCHE DE BOURBON-TOULOUSE

I. **LOUIS-ALEXANDRE** de Bourbon, légitimé de France, comte de Toulouse, duc de Damville, de Penthièvre, de Châteauvilain et de Rambouillet, pair de France, grand amiral de France, fils naturel de Louis XIV. — Appelé le *comte de Toulouse*.

Né à Versailles le 6 juin 1678 ([1]) ; légitimé en novembre 1681 ; déclaré, lui et sa postérité masculine, par édit donné à Marly en juillet 1714 et enregistré au Parlement le 2 août suivant, vrais princes du sang, en droit d'en prendre la qualité, rang et honneurs entiers, et capables de succéder à la couronne, au défaut de tous les autres princes du sang ([2]).

Mort en son château de Rambouillet le 1er décembre 1737 ([3]).

Marié dans la chapelle du palais archiépiscopal de Paris, le 2 février 1723 ([4]), à *Marie-Victoire Sophie de Noailles*,

---

([1]) *Gazette*, 1737, p. 588.

([2]) Cet édit fut aboli en 1717 ; mais de nouveaux édits rendirent successivement au comte de Toulouse et à ses enfants leur qualité de princes du sang légitimés et leurs priviléges.

([3]) *Gazette*, 1737, p. 588. — Luynes. — *Sépulture :* Église paroissiale de Rambouillet, d'où le corps fut transféré en la collégiale de Dreux le 25 novembre 1783.

([4]) *Gazette*, 1737, p. 588 ; *Almanach royal* de 1740. — Le P. Anselme et l'*Estat de la France* (1737, t. II, p. 425) disent le 22 février.

septième fille d'Anne-Jules, duc de Noailles, et de Marie-
Françoise de Bournonville; veuve, le 5 février 1712 (¹), de
Louis de Pardaillan-d'Antin, marquis de Gondrin(²); née le 6
mai 1688 (³); morte à Paris, en l'hôtel de Toulouse, le 30
septembre 1766(⁴).

ENFANT NÉ DE CE MARIAGE.

LOUIS-JEAN-MARIE, duc de Penthièvre, qui suit.

Enfant naturel.

LE CHEVALIER D'ARC, né vers 1718 (⁵); marié à mademoiselle Ruiter, « qui
chantait à l'Opéra il y a douze ou quinze ans (⁶). »

II. **LOUIS-JEAN-MARIE** (⁷) de Bourbon, duc de Penthièvre,
de Châteauvilain et de Rambouillet, amiral et grand veneur
de France. — Appelé le *duc de Penthièvre* (⁸).
Né au château de Rambouillet le 16 novembre 1725 (⁹).
Baptisé en la chapelle du château de Versailles le 5 juillet
1732, tenu par le Roi et la Reine (¹⁰).

(¹) Dangeau, XIV, 80.

(²) « 5 décembre 1723. — Le comte de Toulouse a déclaré son mariage avec
madame de Gondrin et en a fait part au Roi. Il y a dix mois qu'il étoit marié; il
l'avoit tenu secret pour ne pas déplaire au duc d'Orléans et à la Duchesse, qui est
sa sœur. Mais quand il l'a vu mort, il ne s'est pas mis en peine de lui déplaire.
La Cour a été bien surprise de cette déclaration, qui rend la comtesse de Toulouse
femme du fils et du petit-fils; car M. de Gondrin, son premier mari, étoit fils de
M. le duc d'Antin, fils de madame de Montespan; ainsi il est son petit-fils, et le
comte de Toulouse est propre fils naturel de madame de Montespan, au vu et au
su de toute la France. Ce mariage est nul de soi; mais qui le contestera? »
(Mathieu Marais, III, 52).

(³) *Gazette*, 1766, p. 649. — *Almanach royal.*

(⁴) *Gazette*, 1766, p. 649. — *Sépulture :* Église paroissiale de Rambouillet, d'où
le corps fut transféré en l'église collégiale de Dreux le 25 novembre 1783.

(⁵) Le duc de Luynes (I, 409) dit que le chevalier d'Arc avait dix-huit ans en
décembre 1737, époque de la mort du comte de Toulouse.

(⁶) Cette note, datée de 1787, se trouve manuscrite sur l'exemplaire du P. Anselme appartenant à la bibliothèque du château de Versailles.

(⁷) Le duc de Penthièvre avait adopté, pour sa signature, un autre ordre de prénoms : Louis-Marie-Jean.

(⁸) Il voyagea en Italie, en 1754 et 1755, sous le nom de *comte de Dinan*. (*Gazette*, 1754, p. 442.)

(⁹) *Gazette*, 1725, p. 592. — Registres de Notre-Dame de Versailles.

(¹⁰) *Gazette*, 1732, p. 556. — Registres de Notre-Dame de Versailles.

Mort au château de Bizy, près Vernon, le 4 mars 1793 ([1]).
Marié en la chapelle du château de Versailles, le 29 décembre 1744 ([2]), à *Marie-Thérèse-Félicité d'Este et de Bourbon* ([3]), princesse de Modène, fille de François III, duc de Modène, et de Charlotte-Aglaé d'Orléans ; née le 6 octobre 1726 ; morte à Paris le 30 avril 1754 ([4]).

ENFANTS NÉS DE CE MARIAGE.

1. **Louis-Marie de Bourbon** ([5]), duc de Rambouillet, né à Versailles le 2 janvier 1746 ([6]) ; baptisé à Versailles le 13 novembre 1749, tenu par Vincent-Judes de Saint-Pern, premier gentilhomme du duc de Penthièvre, et Marie-Françoise de Noailles, veuve d'Emmanuel-Henri de Beaumanoir, marquis de Lavardin ([7]) ; mort à Versailles le 13 novembre 1749 ([8]).

([1]) *Sépulture :* Église collégiale de Dreux. Elle fut dévastée le 29 novembre 1793. — Le cœur du duc de Penthièvre, sauvé en 1793, est aujourd'hui à la chapelle de Saint-Louis, à Dreux.

([2]) *Gazette*, 1745, p. 11. — Luynes. — Registres de Notre-Dame de Versailles.

([3]) On l'appelle, au moment de son mariage, *Mademoiselle de Modène* et la *marquise de Gualterio* (Luynes, VI, 197). — Les registres de Notre-Dame de Versailles l'appellent toujours M. Th. F. d'Este-de Bourbon.

([4]) *Gazette*, 1754, p. 214. — Luynes, 30 avril 1754. — Le duc de Luynes donne ici de nombreux renseignements sur les enfants du duc de Penthièvre. — *Sépulture :* Église paroissiale de Rambouillet, d'où le corps fut transféré en l'église collégiale de Dreux le 25 novembre 1783.

([5]) Le procès-verbal de la translation des corps du comte et de la comtesse de Toulouse, du duc de Penthièvre et de six de ses enfants, en l'église collégiale de Dreux, le 25 novembre 1783, a été reproduit d'après les registres de l'hôtel de ville (fol. 265) dans l'*Histoire de la ville et du château de Dreux*, par Ph. Le Maître (Dreux, 1849, in-8°, p. 528) et dans les *Documents historiques sur le comté et la ville de Dreux*, par Lefèvre (Chartres, 1859, in-8°, p. 191). Ce procès-verbal, en relatant les noms et titres des enfants du duc de Penthièvre, et les dates de leur mort, est différent de ce que nous publions, ainsi qu'on le verra en lisant ce qui suit :
3. Jean-Marie est appelé à tort Louis-Marie.
4. Le comte de Guingamp est appelé Louis-Marie, duc de Lamballe ; le procès-verbal dit qu'il est mort le 14 mars 1751 ; mais c'est une erreur évidente.
5. Louis-Marie-Félicité serait mort en 1755, suivant le procès-verbal, ce qui est faux.
6. Marie-Louise est appelée à tort Louise-Marie.

([6]) *Gazette*, 1746, p. 22. — *Almanach royal*. — Luynes.

([7]) Registres de Notre-Dame de Versailles. — Communiqué par M. Parent de Rosan.

([8]) *Gazette*, 1749, p. 588. — Journal manuscrit des archives du château de Dampierre. — *Sépulture :* Rambouillet, puis Dreux.

2. LOUIS-ALEXANDRE-JOSEPH-STANISLAS, prince de Lamballe, qui suit.

3. **Jean-Marie de Bourbon**, duc de Châteauvilain, né à
Paris le 17 novembre 1748 [1]; mort à Paris le 19 mai
1755 [2].

4. **Vincent-Marie-Louis de Bourbon**, comte de Guingamp,
né à Paris le 22 juin 1750 [3]; baptisé à Versailles le 12
mars 1752, tenu par Vincent-Judes de Saint-Pern, premier
gentilhomme du duc de Penthièvre, et Urbine-Guillemette-
Élisabeth de Moy, marquise d'Espinay [4]; mort à Versailles
le 14 mars 1752 [5].

5. **Louis-Marie-Félicité de Bourbon**, né à Paris le 29
avril 1754, à sept mois [6]; baptisé le 29 avril 1754, et
tenu par le marquis de Saint-Pern et la marquise de Lur-
Saluces; mort à Paris le lendemain, 30 avril [7].

6. **Marie-Louise de Bourbon**, née à Paris le 18 octobre
1751 [8]; baptisée à Versailles le 24 septembre 1753, tenue
par Nicolas-Joseph de Courton, écuyer du duc de Penthièvre, et Urbine-Guillemette-Élisabeth de Moy, marquise d'Espinay [9]; morte à Versailles le 25 septembre 1753 [10].

7. **Louise-Marie-Adélaïde de Bourbon** [11], Mademoiselle
de Penthièvre, née à Paris le 13 mars 1753 [12]; baptisée en
la chapelle du château de Versailles le 8 décembre 1768,

---

(1) *Gazette*, 1748, p. 571. — Luynes.
(2) *Gazette*, 1755, p. 252. — *Sépulture :* Rambouillet, puis Dreux.
(3) *Gazette*, 1750, p. 325.
(4) Registres de Notre-Dame de Versailles. — Communiqué par M. Parent de
Rosan.
(5) *Gazette*, 1752, p. 141. — Journal manuscrit des archives du château de
Dampierre. — *Sépulture :* Rambouillet, puis Dreux.
(6) Luynes.
(7) *Gazette*, 1754, p. 214. — Luynes. — *Sépulture :* Rambouillet, puis Dreux.
(8) *Gazette*, 1751, p. 516. — Luynes.
(9) Registres de Notre-Dame de Versailles. — Communiqué par M. Parent de
Rosan.
(10) Registres de Notre-Dame de Versailles. — *Gazette*, 1753, p. 464. — Luynes.
Sépulture : Rambouillet, puis Dreux.
(11) Elle signait : Marie-Louise-Adélaïde par erreur.
(12) *Gazette*, 1753, p. 140. — Luynes. — Registres de Notre-Dame de Versailles
et de Saint-Eustache.

tenue par le Dauphin et Madame Adélaïde (¹) ; morte en son château d'Ivry-sur-Seine, le 23 juin 1821 (²) ; mariée à Versailles, le 5 avril 1769 (³), à *Louis-Philippe-Joseph d'Orléans*, duc de Chartres, puis duc d'Orléans. — Appelée successivement la *duchesse de Chartres*, la *duchesse d'Orléans* et la *duchesse douairière d'Orléans*.

III. **LOUIS-ALEXANDRE-JOSEPH-STANISLAS** de Bourbon, prince de Lamballe.

Né à Paris le 6 septembre 1747 (⁴).

Baptisé en la chapelle du château de Versailles le 20 avril 1756, tenu par le Roi et la Reine (⁵).

Mort au château de Luciennes, près Versailles, le 6 mai 1768 (⁶), sans postérité.

Marié, par procuration à Turin le 17 janvier 1767 (⁷), et en personne à Nangis, au château du comte de Guerchy, le 31 janvier 1767 (⁸), à *Marie-Thérèse-Louise de Savoie*, princesse de Carignan, quatrième fille de Louis-Victor-Amédée-Joseph de Savoie, prince de Carignan, et de Christine-Henriette de Hesse-Rhinfelds-Rhothembourg ; née à Turin le 8 septembre 1749 ; égorgée à Paris le 3 septembre 1792. — La princesse de Lamballe fut surintendante de la maison de la reine Marie-Antoinette ; elle fut appelée la *comtesse de Lisigny* pendant son voyage en Hollande, en 1778 (⁹).

(¹) *Gazette*, 1768, p. 807. — Registres de Notre-Dame de Versailles.

(²) *Moniteur universel*, 1821, p. 918 et 925. — *Sépulture :* Chapelle de Saint-Louis, à Dreux.

(³) *Gazette*, 1769, p. 235. — Registres de Notre-Dame de Versailles.

(⁴) *Gazette*, 1747, p. 440. — Luynes. — Registres de Notre-Dame de Versailles et de Saint-Eustache.

(⁵) *Gazette*, 1756, p. 202. — Registres de Notre-Dame de Versailles. — « Le Roi lui donna les noms de Louis-Alexandre et la Reine ceux de Joseph-Stanislas. La Reine donne toujours le nom de Joseph aux garçons et celui de Marie aux filles » (Luynes, XV, 37).

(⁶) *Gazette*, 1768, p. 510. — *Sépulture :* Rambouillet, puis Dreux.

(⁷) *Gazette*, 1767, p. 77.

(⁸) *Gazette*, 1767, p. 104.

(⁹) *Gazette*, 1778, p. 593.

APPENDICE

————

I

Liste des princesses de la famille royale qui ont porté le titre de
MADAME

Madame tout court était le titre attribué : 1° à la sœur du Roi ; 2° à
la femme du frère du Roi, appelé *Monsieur* tout court ; 3° à la fille
aînée du Roi, ses autres filles ajoutant leur nom de baptême au titre de
Madame ; 4° à la fille aînée du Dauphin (¹).

Le titre de Madame reste attaché à la femme du frère du Roi pendant
toute la vie de son mari, à la mort duquel elle prend le titre de *Ma-*
dame douairière. Mais, pour les filles du Roi et du Dauphin, le titre de
Madame est amovible, et se quitte ou se prend, suivant le degré dont
on approche du trône, parce que la fille du Dauphin porte le titre de
Madame avant la fille du Roi (²). Il peut donc y avoir à la fois deux *Ma-*
dame, la belle-sœur du Roi et la fille aînée du Roi ou la fille aînée du
Dauphin, mais pas plus. — Il y a toutefois des exceptions autorisées,
sinon par les règles de l'étiquette, du moins consacrées par la politesse
et l'usage. Ainsi, on devrait cesser d'appeler Madame Henriette *Ma-*
dame, après la naissance de Marie-Zéphirine de France, fille du Dau-

————

(¹) A ces quatre exemples il s'en joint un cinquième et dernier ; il s'agit de la
duchesse de Berry, femme du second fils du roi Charles X, qui reçut à l'avénement de son beau-père le titre de Madame.

(²) Luynes, 16 septembre 1755. — *Espion anglais*, t. I, p. 48.

phin, née en 1750, à laquelle passe officiellement le titre de *Madame ;* on continue cependant à appeler Madame Henriette *Madame,* et la petite princesse est appelée la *Petite Madame.*

1589-1599. *Catherine de Bourbon,* sœur de Henri IV, appelée *Madame* depuis l'avénement de son frère jusqu'à son mariage avec le duc de Bar, le 30 janvier 1599. — En 1603, Héroard l'appelle encore Madame sœur du Roi.

1602-1615. *Élisabeth de France,* fille aînée de Henri IV, depuis sa naissance jusqu'à son mariage avec Don Philippe, prince des Asturies, 18 octobre–25 novembre 1615.

1615-1619. *Christine de France,* seconde fille de Henri IV, depuis le mariage de la précédente jusqu'à son mariage avec Victor-Amédée, prince de Piémont, 10 février 1619.

1619-1625. *Henriette de France,* troisième fille de Henri IV, depuis le mariage de la précédente jusqu'à son mariage avec Charles, prince de Galles, 22 juin 1625.

1626-1627. *Marie de Bourbon,* première femme de Gaston, duc d'Orléans, frère de Louis XIII (appelé Monsieur), depuis son mariage, le 6 août 1626, jusqu'à sa mort, le 4 juin 1627.

1643-1660. *Marguerite de Lorraine,* seconde femme de Gaston, depuis la reconnaissance de son mariage par Louis XIII, le 27 mai 1643, jusqu'à la mort de Gaston, le 2 février 1660. — Appelée, après la mort de Gaston, *Madame douairière* et *Madame, duchesse douairière d'Orléans.*

1661-1670. *Henriette d'Angleterre,* première femme de Philippe, duc d'Orléans, frère de Louis XIV (appelé Monsieur), depuis son mariage, 31 mars 1661, jusqu'à sa mort, 30 juin 1670.

1662. *Anne-Élisabeth de France,* première fille de Louis XIV, du 19 novembre au 30 décembre 1662.

1664. *Marie-Anne de France,* seconde fille de Louis XIV, du 16 novembre au 26 décembre 1664.

1667-1672. *Marie-Thérèse de France,* troisième fille de Louis XIV, du 2 janvier 1667 au 1er mars 1672.

1671-1701. *Élisabeth-Charlotte de Bavière,* seconde femme de Philippe, duc d'Orléans, depuis son mariage, 16 novembre 1671, jusqu'à la mort de son mari, 9 juin 1701.—Appelée, depuis la mort de Philippe, duc d'Orléans, *Madame douairière,* et par quelques-uns *Madame.*

1727-1739. *Louise-Élisabeth de France,* première fille de Louis XV, du 14 août 1727 jusqu'à son mariage avec l'infant Don Philippe, le 26 août 1739.

1739-1746. *Anne-Henriette de France*, seconde fille de Louis XV, du 26 août 1739, date du mariage de la précédente, jusqu'au 19 juillet 1746, date de la naissance de la première fille du Dauphin, qui suit.

1746-1748. *Marie-Thérèse de France*, première fille du Dauphin, du 19 juillet 1746, jusqu'à sa mort, le 27 avril 1748.

1748-1750. *Anne-Henriette de France*, pour la seconde fois, depuis la mort de la précédente, 27 avril 1748, jusqu'au 26 août 1750, date de la naissance de la seconde fille du Dauphin, qui suit. — On continue cependant à lui donner le titre de Madame jusqu'à sa mort.

1750-1755. *Marie-Zéphirine de France*, seconde fille du Dauphin, du 26 août 1750, jusqu'à sa mort, le 2 septembre 1755 ; elle est appelée, pour la distinguer de Madame Henriette, la *Petite Madame*.

1755-1759. *Marie-Adélaïde de France*, troisième fille de Louis XV, du 2 septembre 1755, date de la mort de la précédente, jusqu'à la naissance de la troisième fille du Dauphin, le 23 septembre 1759, qui suit.

1759-1774. *Marie-Adélaïde-Clotilde-Xavière de France*, troisième fille du Dauphin, du 23 septembre 1759, jusqu'à l'avénement de Louis XVI, le 10 mai 1774.

1774-1795. *Marie-Josèphe-Louise de Savoie*, femme du comte de Provence, frère de Louis XVI, depuis l'avénement de Louis XVI, le 10 mai 1774, époque à laquelle le comte de Provence prend le titre de Monsieur, jusqu'à la mort de Louis XVII, le 8 juin 1795.

1778-1824. *Marie-Thérèse-Charlotte de France*, première fille de Louis XVI, du 19 décembre 1778, date de sa naissance, jusqu'à la mort de Louis XVIII, le 16 septembre 1824, époque à laquelle elle prend le titre de Dauphine. — Appelée, pour la distinguer de la précédente, *Madame fille du Roi*, *Madame Royale* ou *Madame Première*.

1824-1830. *Caroline-Ferdinande-Louise de Bourbon*, duchesse de Berry, depuis la mort de Louis XVIII.

II

Liste des princesses de la maison de Bourbon qui ont porté le titre de MADEMOISELLE.

MADEMOISELLE tout court fut, pendant les règnes de Louis XIII et de Louis XIV, le titre attribué à la fille aînée du frère du Roi, c'est-à-dire à des princesses d'Orléans. Pendant le règne de Louis XV (¹), il fut décidé par le Roi que ce titre serait donné à la princesse du sang, fille, la plus voisine du trône, ce qui permettait aux princesses de Bourbon-Condé de le porter, à défaut de filles dans la maison d'Orléans.

1627-1662. *Anne-Marie-Louise d'Orléans*, Mademoiselle de Montpensier, fille aînée de Gaston, frère de Louis XIII, de 1627 au 27 mars 1662, date de la naissance de Marie-Louise d'Orléans, fille de Philippe, duc d'Orléans, frère de Louis XIV. — Depuis lors, elle s'appelle officiellement Mademoiselle d'Orléans; mais on continue, par habitude, à la Cour, à la nommer Mademoiselle, et, pour la distinguer des trois suivantes, qui portent successivement le titre de Mademoiselle, on l'appelle la *Grande Mademoiselle*, et les autres sont désignées sous le nom de la *Petite Mademoiselle*. Il n'y a officiellement qu'une Mademoiselle; mais, dans l'usage, il y en a deux, une grande et une petite; et quand la petite est devenue plus âgée et figure à la Cour, elle porte seule le titre que l'usage et l'habitude avait laissé à l'autre; alors disparaissent les noms de grande et de petite Mademoiselle.

1662-1679. *Marie-Louise d'Orléans*, première fille de Philippe, duc d'Orléans, frère de Louis XIV, du 27 mars 1662 jusqu'au 31 août 1679, époque de son mariage avec Charles II, roi d'Espagne. — Appelée quelquefois la *Petite Mademoiselle* pendant son enfance.

1679-1684. *Anne-Marie d'Orléans*, seconde fille de Philippe, duc d'Orléans, frère de Louis XIV, du 31 août 1679, date du mariage de la précédente, au 10 avril 1684, date de son ma-

______

(¹) *L'Europe vivante et mourante*, 1759, p. 9.

riage avec Victor-Amédée II, duc de Savoie. — Appelée aussi la *Petite Mademoiselle* pendant son enfance.

1684-1698. *Élisabeth-Charlotte d'Orléans*, troisième fille de Philippe, duc d'Orléans, frère de Louis XIV, du 10 avril 1684, date du mariage de la précédente, au 13 octobre 1698, date de son mariage avec Léopold-Joseph-Charles, duc de Lorraine. — Appelée aussi la *Petite Mademoiselle*.

1698-1710. *Marie-Louise-Élisabeth d'Orléans*, fille aînée de Philippe II, duc d'Orléans, du 13 octobre 1698, date du mariage de la précédente, jusqu'au 6 juillet 1710, date de son mariage avec Charles de France, duc de Berry.

1716-1718. *Louise-Adélaïde d'Orléans*, seconde fille de Philippe II, duc d'Orléans, du 26 juin 1716 au 30 mars 1718, époque à laquelle elle se fit religieuse à l'abbaye de Chelles.

1718-1720. *Charlotte-Aglaé d'Orléans*, troisième fille de Philippe II, duc d'Orléans, du 30 mars 1718 au 12 février 1720, date de son mariage avec le prince héréditaire de Modène.

1720-1722. *Louise-Élisabeth d'Orléans*, quatrième fille de Philippe II, duc d'Orléans, du 12 février 1720, date du mariage de la précédente, au 20 janvier 1722, date de son mariage avec Don Louis, prince des Asturies.

1734-1745. *Louise-Anne de Bourbon-Condé*, Mademoiselle de Charolais, fille de Louis III, duc de Bourbon, de 1734, époque à laquelle le Roi lui donne le titre de Mademoiselle, jusqu'au 13 juillet 1745, date de la naissance de N... de Chartres, qui suit.

1745. *N... de Chartres*, fille de Louis-Philippe, duc de Chartres, du 13 juillet 1745 au 14 décembre 1745, date de sa mort.

1745-1750. *Louise-Anne de Bourbon-Condé*, Mademoiselle de Charolais, pour la seconde fois, depuis la mort de la précédente, le 14 décembre 1745, jusqu'au 9 juillet 1750, date de la naissance de Louise-Marie-Thérèse-Bathilde d'Orléans, qui suit.

1750-1770. *Louise-Marie-Thérèse-Bathilde d'Orléans*, fille de Louis-Philippe Ier, duc d'Orléans, du 9 juillet 1750 jusqu'à son mariage avec le duc de Bourbon, le 24 avril 1770.

1776-1783. *N... d'Artois*, fille du comte d'Artois, du 5 août 1776 au 5 décembre 1783, date de sa mort.

1783-1791. *Eugène-Adélaïde-Louise d'Orléans*, depuis le 5 décembre 1783, date de la mort de la précédente, jusqu'en 1791.

1814-1819. *Louise-Marie-Thérèse-Charlotte-Isabelle d'Orléans*, fille de Louis-Philippe II, duc d'Orléans, depuis la Restauration jusqu'à la naissance de la suivante, le 21 septembre 1819.

1849-1830. *Louise-Marie-Thérèse d'Artois*, fille du duc de Berry, du 21 septembre 1819 à la révolution de 1830.

III

Acte de baptême de Louis XIV.

Le mardy vingt et unième jour d'avril mil six cent quarante-trois furent suppléées les cérémonies du Saint Sacrement de Baptesme dans la chapelle du chasteau viel de Saint-Germain en Laye par très Illustre et Révérend Prélat Messire Dominique Seguier Evesque de Meaux, Conseiller du Roy en ses Conseils et son premier aumosnier, en présence de grande quantité de Prélats revestus de leurs habits de prélature, Princes et seigneurs de la cour et d'officiers de Sa Majesté, à très Hault et très Illustre Prince Louys de Bourbon nay du cinquiesme jour de septembre mil six cent trente huit, Daulphin de France, fils aisné de très Puissant et Victorieux Prince Louys de Bourbon treiziesme du nom, Roy de France et de Navarre, absent à cause de sa grande maladie, et de très Illustre et très Vertueuse Anne Morice d'Austriche sa femme, Reyne, assistante et présente auxdites cérémonies. Le parrein Eminentissime personnage Messire Jules Mazarini Cardinal de la Sainte Eglise Romaine, Conseiller du Roy en ses Conseils, etc. La marreine très Haulte et très Puissante Dame Madame Charlotte Margueritte de Montmorency femme de très Hault et très Puissant Prince Henry de Bourbon premier Prince du sang, laquelle a donné le nom de Louys (¹).

(¹) Extrait des registres des baptêmes de Saint-Germain en Laye.

IV

Acte d'inhumation de Thérèse-Félicité de France.

Le vingt-huit septembre mil sept cent quarante-quatre, Madame Thérèse-Félicité de France est décédée, âgée de huit ans cinq mois et quelques jours ; son corps a été inhumé dans le caveau des rois d'Angleterre par le R. P. Cherbonnel, prieur de Saint-Jean de l'Habit, assisté de la communauté, du R. P. Durand, curé de la paroisse de Fontevrault, et de son clergé. Après les obsèques usitées en pareil cas et exprimées dans le Pontifical romain, quatre des plus anciens prêtres religieux de l'ordre ont eu l'honneur de porter les quatre coins du drap mortuaire, et le corps de Madame a été porté par quatre diacres religieux, en présence de madame Claire-Louise de Montmorin-de Saint-Hérem, abbesse chef et générale de l'ordre de Fontevrault, et autres dames religieuses soussignées.

Registre signé : Sœur Claire-Louise de Montmorin ; sœur Marie d'Andigné, Grande Prieure ; sœur Anne Binet, du cloître ; sœur Jeanne-Thérèse de la Bourdonnays, au prieuré, et Chesnon, secrétaire (¹).

V

Sur les ducs de Bourbon.

Nous n'avons eu connaissance de la belle publication faite par M. Chantelauze (*Histoire des ducs de Bourbon et des comtes de Forez*, par J. M. de la Mure, 1868, 3 vol. in-4°) qu'après l'impression de nos premiers chapitres, presque entièrement rédigés d'après le P. Anselme. L'ouvrage du chanoine de la Mure, et surtout le savant commentaire

---

(¹) Extrait des registres des actes de prises d'habit, professions de foi et décès des religieuses de l'abbaye de Fontevrault, conservés en la mairie de Fontevrault.

de M. Chantelauze, modifient ou complètent sur un assez grand nombre de points la généalogie du P. Anselme. Nous croyons devoir réunir dans ce supplément les nouveaux renseignements que nous devons à M. Chantelauze.

PAGE 2.

Jeanne de Clermont, dame de Saint-Just, mariée en 1328; elle fit son testament le 23 novembre 1379 et fut enterrée en l'église de Notre-Dame de Boulogne-sur-Mer.

Blanche de Clermont, mariée à Robert VII, comte d'Auvergne et de Boulogne, fut enterrée aussi en l'église de Notre-Dame de Boulogne-sur-Mer.

PAGE 3.

Marie de Hainaut, femme de Louis Ier, duc de Bourbon, mourut le 28 août 1354.

Note 2. Ajoutez : A l'époque (décembre 1327) où la baronnie de Bourbon fut érigée en duché, Louis Ier échangea avec le roi Charles IV le comté de Clermont contre le comté de la Marche et les seigneuries d'Issoudun, de Saint-Pierre-le-Moustier et de Montferrand en Auvergne. C'est alors, 1327, que Louis Ier et ses enfants changèrent leur nom de Clermont en celui de Bourbon; mais l'usage resta dans la famille, de donner le titre de comte de Clermont à l'aîné des fils des ducs de Bourbon. — Jacques, mort en 1318, s'est appelé *Jacques de Clermont*, et non pas Jacques de Bourbon.

PAGE 4.

Enfants naturels de Louis Ier.

Au lieu de **Guy**, seigneur de Cluys, qui n'appartient pas à cette famille, mettez :

a. **Jean**, bâtard de Bourbon, seigneur de Rochefort, etc. ; chambellan de Jean de France, comte de Poitiers; marié, en septembre 1371, à *Agnès Chaleu* ou *Challoc*, fille de Pépin Chaleu ou Challoc, seigneur du Croset en Bourbonnais. Jean était mort en 1375, sans postérité. — Jean et sa femme furent enterrés au prieuré de Souvigny.

b. **Jeannette**, bâtarde de Bourbon, mariée à Messire *Guichard de Chastellus*, seigneur de Châteaumorand.

PAGE 5.

Bonne de Bourbon, fiancée à *Godefroi de Brabant*, mort avant le mariage; — mariée à *Amé VI*.

Marie de Bourbon, prieure de Poissy, morte le 29 décembre 1401.

Jean, bâtard de Bourbon. — De nombreux actes prouvent qu'il était le fils naturel de Louis Ier et non pas de Pierre Ier.

Page 6.

Anne, dauphine d'Auvergne, femme de Louis II. — Née en 1358 ; morte en son château de Cleppé en Forez le 22 septembre 1417.

Louis de Bourbon, seigneur de Beaujolais. — Mort à Paris, en l'hôtel de Bourbon.

Page 7.

Jean Ier, duc de Bourbon. — Né en 1380 (vieux style) ou en 1381 (nouveau style). — Mort le 5 janvier 1433 (v. st.) ou 1434 (n. st.). — Marié, par contrat passé à Paris le 15 janvier 1400, à Paris, au palais du Roi, le 22 juin 1400.

Louis de Bourbon, comte de Forez, mourut en 1412 et non pas en 1453.

Page 8.

Agnès de Bourgogne, femme de Charles Ier. — La date certaine de sa mort est 1476, le 1er décembre.

Philippe de Bourbon, seigneur de Beaujeu. — Un acte cité dans le catalogue des Archives de Joursanvault (n° 634) prouve qu'il vivait encore en 1445.

Charles II de Bourbon, cardinal. — Né en 1434, au château de Moulins. — Succède à Jean II au titre de duc de Bourbon (c'est pourquoi on l'appelle Charles II) et cède son titre à son frère Pierre II. — Sa sépulture n'a pas été violée en 1793 et a été restaurée en 1816.

Page 10.

Jacques de Bourbon, grand prieur de France ; il a porté le titre de bailli de Lango.

Jacques de Bourbon, mort à Bruges dans la nuit du 22 au 23 mai 1468.

Marie de Bourbon, mariée, par traité du 2 avril 1437, à Châlons en 1444, à *Jean Ier d'Anjou*.

Catherine de Bourbon, morte en 1469.

Jeanne de Bourbon, mariée à Bruxelles le 12 octobre 1467, à Jean de Chalon, vicomte d'Argueil, depuis prince d'Orange ; morte en

1493. — Enterrée, ainsi que son mari, en l'église des Cordeliers de Lons-le-Saulnier.

Marguerite de Bourbon, accordée, par traité passé à Tours le 6 janvier 1471 (v. st.) ou 1472 (n. st.), à *Philippe de Savoie*, comte de Bresse. — Morte au château de Pont-d'Ain.

Pages 10 et 11.

Louis, bâtard de Bourbon, comte de Roussillon, mourut le 19 janvier 1486 (v. st.) ou 1487 (n. st.).

Renaud, bâtard de Bourbon. — A ses titres ajoutez celui d'évêque de Laon.

Page 12.

Jeanne, bâtarde de Bourbon. Légitimée par lettres de Charles VIII données au Montils-lez-Tours, en octobre 1492, et vérifiées à Paris, en la cour des comptes, le 20 février 1493.

Catherine, bâtarde de Bourbon. Elle vivait encore le 28 mai 1491. — M. Chantelauze croit qu'elle était fille de Louis, bâtard de Bourbon, comte de Roussillon, dont elle serait le quatrième enfant.

Jean II. Né au château de Moulins en 1427 (quelques-uns disent en 1431). — Appelé, du vivant de son père, le *comte de Clermont*. — Marié : 1° par contrat passé au château de Montils-lez-Tours le 23 décembre 1446, à Tours le 26 décembre, à *Jeanne de France* ; mais le mariage ne fut consommé qu'en 1450 ou 1452, à cause de l'âge de Jeanne de France ; — 2° par traité passé à Saint-Cloud le 28 août 1484, à *Catherine d'Armagnac*, morte à Moulins le 2 mars 1486 (v. st.) ou 1487 (n. st.); Catherine d'Armagnac et son fils *Jean de Bourbon* furent enterrés à Souvigny ; — 3° par traité passé en l'hôtel de l'abbaye de Saint-Jouin en Poitou, en avril 1487, à *Jeanne de Bourbon*.

Page 13.

Mathieu, bâtard de Bourbon, fut surnommé le *grand bâtard de Bourbon* à cause de sa taille. Ce fut un des plus braves chevaliers de son temps. Il mourut le 19 mars 1504, au château de Chambéon en Forez, et fut enterré en l'église collégiale de Notre-Dame, à Montbrison.

Marie, bâtarde de Bourbon, fut mariée à *Jacques de Sainte-Colombe* par contrat passé au château de Beseneins en Dombes le 27 janvier 1470.

Marguerite, bâtarde de Bourbon. Son contrat de mariage fut passé à Moulins.

Jean II eut un quatrième fils naturel : *Pierre*, bâtard de Bourbon, chanoine dans l'église collégiale de Notre-Dame, à Montbrison, qui mourut jeune.

Pierre II, duc de Bourbon. — Né le 1er décembre 1438 ; mort le 10 octobre 1503, âgé de soixante-quatre ans dix mois et neuf jours, en son château de Moulins.

Page 14.

Charles de Bourbon, comte de Clermont, mort jeune en 1498, était le filleul du roi Charles VIII.

Suzanne de Bourbon a été fiancée à Charles III, duc de Bourbon, à Paris, en février 1505.

Page 15.

Louis Ier. — Marié : 1° par traités des 9 octobre et 8 décembre 1426, à *Jeanne*, comtesse de Clermont ; née en 1411 ; morte le 26 mai 1436, âgée de vingt-cinq ans ; — 2° par traité du 15 février 1442 (v. st.) ou 1443 (n. st.), à *Gabrielle de la Tour*, cousine germaine et héritière de sa première femme, ce qui assura à Louis Ier la possession du dauphiné d'Auvergne.

Page 16.

Gilbert, comte de Montpensier, marié le 24 février 1481 (v. st.) ou 1482 (n. st.).

François de Bourbon, duc de Châtellerault. — Appelé *François Monsieur*.

Page 17.

André de Chauvigny, premier mari de *Louise de Bourbon*, mort en 1502.

Louise de Bourbon. Son second mariage est du 21 mars 1503 (v. st.) ou 1504 (n. st.).

Anne de Bourbon, morte en 1510.

Charles III, connétable de Bourbon ; appelé dans sa famille *Charles Monsieur*. — Né le 17 février 1489 (v. st.) ou 1490 (n. st.). — Fait connétable par François Ier le 12 janvier 1515.

Page 18.

François de Bourbon, comte de Clermont. — Baptisé en la chapelle du château de Moulins, tenu par le roi François Ier et Anne de Beaujeu, sa grand'mère. — Mort en 1518.

N... et **N...**, jumeaux, morts presque aussitôt après leur naissance, qui eut lieu peu de temps après la mort de leur frère François, comte de Clermont.

Catherine, bâtarde de Bourbon. — Le connétable de Bourbon n'a pas eu de fille naturelle, et cette Catherine est de pure invention.

Page 25.

Jeanne de Bourbon, la jeune. — Son troisième mari, François de la Pause, était le fils de son maître d'hôtel.

Page 26.

François de Bourbon, comte de Vendôme. — Son contrat de mariage fut passé à Ham le 8 septembre 1487.

Page 35.

Catherine de Bourbon-Carency. La fille naturelle de Pierre de Bourbon, seigneur de Carency, s'appelait *Jeanne* et non pas Catherine. Elle fut mariée, par contrat passé à Moulins le 21 mai 1469, à *Bertrand de Sallemard*, seigneur de Ressis en Beaujolais.

Page 41.

Louis II, duc de Montpensier. — Par traité conclu à Orléans le 27 novembre 1560 avec le roi François II, il eut, de l'héritage du connétable de Bourbon : le duché de Montpensier, la principauté de Dombes, la baronnie de Beaujolais et les seigneuries de la Roche-en-Rénier et de Thiers ; le reste de la succession passa à Louise de Savoie, et par elle à la couronne de France.

Page 66.

Charles, bâtard de Bourbon, fils naturel de Jean II, duc de Bourbon, et de Jeanne d'Albret, dame d'Estouteville. — Marié en 1487 à *Louise de Léon*.

VI

Sur les comtes de Busset.

Page 48.

César de Bourbon, comte de Busset, eut une fille naturelle, *Antoinette*, mariée : 1° le 12 février 1607 ou le 10 février 1615, à *Quintien de Pons*, sieur du Grippel ; — 2° à *François de Laramas*, seigneur de Beaucouteau. (*Le Morvand*, par l'abbé Baudiau, t. II, p. 249 et 351. — Communiqué par M. le comte de Chastellux.)

Page 49.

Charles de Bourbon, baron de Vézigneux, eut deux enfants naturels : 1° *Jeanne*, mariée le 27 février 1648 à Jean-Louis Nauret, procureur fiscal de Soussey ; — 2° *Louis de Razout*, né de Marguerite Madelénat, qui fut capitaine-gouverneur des villes haute et basse de Châlus en Limousin ; il se maria le 6 novembre 1661 à Françoise Madelénat, veuve de Jean Morizot, marchand à Saint-Martin-du-Puits. Louis de Razout est le chef de la famille de Razout, issue des Bourbon-Busset, mais ne portant pas le nom de Bourbon. (*Le Morvand*, par l'abbé Baudiau ; registres de la paroisse de Saint-Martin-du-Puits. — Communiqué par M. le comte de Chastellux.)

Page 52.

Antoine-François de Bourbon, baron de Vézigneux. Il a eu une fille, née au château de Vézigneux en 1720, et qui fut ondoyée dans la chapelle dudit château. (Registres de Saint-Martin-du-Puits. — Communiqué par M. le comte de Chastellux.)

Page 59.

Gaspard-Louis-Joseph de Bourbon, comte de Châlus. — D'après son acte de baptême, inscrit sur les registres de la paroisse de l'Assomption, à Paris (conservés aujourd'hui à la Madeleine), il s'appelle *Louis-Joseph-Gaspard* ; il est né le 20 janvier 1819 et a été baptisé en l'église de l'Assomption le 26 novembre 1821, tenu par son grand-père, Louis-François-Joseph de Bourbon, comte de Busset, représenté par Aimé-Marie-Gaspard, marquis de Clermont-Tonnerre, et par Marie-

Louise-Joséphine de Montaut, vicomtesse de Gontaut-Biron, sa grand'-
mère maternelle.

Page 60.

Charles-Ferdinand de Bourbon, comte de Busset. — Né le 20
janvier 1819, d'après l'acte de baptême de son frère, le comte de
Châlus.

Achevé d'imprimer le 15 avril 1872.

TABLE

———

PREMIÈRE PARTIE

LA MAISON DE BOURBON AVANT HENRI IV

DEUXIÈME PARTIE

LA MAISON DE BOURBON DEPUIS ANTOINE DE BOURBON

TROISIÈME PARTIE

LES BRANCHES ÉTRANGÈRES

QUATRIÈME PARTIE

LES BRANCHES BATARDES LÉGITIMÉES
ISSUES DE LA BRANCHE ROYALE

APPENDICE

PARIS. — IMP. SIMON RAÇON ET COMP., RUE D'ERFURTH, 1.

ERRATA

P. 55. *Louis-Antoine-Paul de Bourbon-Busset* est mort le 11 novembre, et non pas le 10 juin 1753.

P. 171. *Louise-Charlotte de Bourbon*, comtesse de Roussillon, est morte le 4 octobre 1754, d'après les registres de Saint-Sulpice. (*Communiqué par M. le comte de Chastellux.*)

P. 188. *Le chevalier de Vauréal* serait, d'après quelques-uns, fils du prince de Conty, Louis-François-Joseph.

BIBLIOTHEQUE NATIONALE DE FRANCE
3 7502 01954314 1